# 大巡典經

天師 幼少時의 筆跡

天師 幼少時의 筆跡

天師 幼少時의 筆跡

# 雄勁
# 絕俗

天師 幼少時의 筆跡

銅谷藥房 南쪽 기둥에 새긴 天師의 筆跡

계묘 사월에 천사 청련암에서 박금곡에게 써주신 필적인데
갑술년 구월에 이중성에게 전하여 지금까지 보전하여 왔음

# 서(序)

　큰 밝음은 빛 없고 큰 음파는 소리 없나니 오직 빛 없는 빛이라야 능히 삼원(三元)을 뚫어 밝히고 소리 없는 소리라야 능히 천지(天地)를 뒤 흔들며 신인(神人)은 공(功) 없고 지덕(至德)은 이름 없나니 오직 공(功) 없는 공(功)이라야 능히 우주(宇宙)를 고쳐 바루고 이름 없는 이름이라야 능히 만화(萬化)를 골라 다스리는지라 생각컨대 증산선생(甑山先生)께서 삼원(三元)에 대순(大巡)하여 모든 선천(先天)의 그른 기틀을 뜯어 없애시고 우주(宇宙)를 다듬질하여 후천(後天)의 도수(度數)를 재정(裁正)하시고 신명공사(神明公事)를 행(行)하여 만고(萬古)의 원(寃)을 풀으시고 불을 묻어 극(克)을 제(除)하여 상생(相生)의 도(道)를 드러내 밝히사 써 조화선경(造化仙境)의 밑터를 닦아 정하시되 천하는 알지 못하고 깨닫지 못하니 다름 아니라 삼원(三元)에 대순(大巡)하는 빛은 곧 빛없는 빛이요 우주(宇宙)를 다듬질 하는 소리는 곧 소리 없는 소리이므로 천하(天下)의 보고들음에 빠진 까닭이며 만고해원(萬古解寃)의 공(功)은 곧 공(功)없는 공(功)이요 상생대도(相生大道)의 이름은 곧 이름없는 이름이므로 천하(天下)의 말과 생각에 끊어진 까닭이니 보고들음에 빠졌고 말과 생각에 끊어졌음이 오직 선생(先生)의 신성(神聖)하신 공화(功化)의 상징이라 이에 보고들음의 빠진 곳에서 만일(萬一)의 보고들음을 구(求)하며 말과 생각이 끊어진 곳에서 만일(萬一)의 말과 생각을 구하여 써 일심대중(一心大衆)의 귀의방향(歸依方向)을 틔워 인도하며 조화선경(造化仙境)의 공작지침(工作指針)을 제공하려 함이 대순전경(代巡典經)을 지은 까닭이니라 아- 전경(典經)짓기를 어찌 쉽게 이르리요 폭잡을 수 없는 대순의세大巡醫世의 이상理想을 오직 보고들음과 말과 생각의 테밖에서 천견박식淺見博識으로 그 참법과 깊은 뜻을 들쳐내 밝히기에 거의 다 말하기 어려우며 또한 수십 년 뒤에서 수십 년 전 일을 밝혀 말하기가 더욱 어려울지라 그러나 성명性命을 공부工夫함에 털끝만한 빛을 붙잡으면 큰 광명이 따라 열리며 과학科學을 연구硏究함에 기본이법基本理法을 뚫어내면 온 문제問題가 따라 풀리나니 삼원중리三元衆理와 은현만상隱顯萬象이 모두 정연整然한 질서의 체계體系를 떠나지 못한 까닭이라

이에 선생先生의 순유巡遊하시던 지대地帶를 답사踏査하며 친자종도親炙從徒들을 방문訪問하며 또 선생先生의 재세시在世時에 지면知面이 있던 산山 노인老人과 들 사람을 찾아서 모든 법언성적法言聖蹟을 수집蒐輯하기에 전력全力을 들인 바 육 년의 공력功力을 쌓아 이제야 비로소 성편成篇을 보게 되었노니 구 년동안 행行하신 공사公事와 일대교훈一代教訓에 대對하여는 실實로 항하恒河의 한 모래에 지나지 못하여 써 대순의세大巡醫世의 이상理想의 온 내용內容을 흘림 없이 회膾쳐 벌림에는 이르지 못하였으나 이로써 빛없는 데서 텃빛을 붙잡으며 소리 없는 데서 가녀린 진동을 맞춰 올리며 공없는 데서 조화자취를 추구追求하며 이름없는 데서 숨은 법을 발적發摘하는 데는 족足히 그 기준표점基準標點을 지을 수 있을 것을 확실確實히 믿는 바이다. 십삼분장十三分章에 간략簡略하고 자세字細함이 같지 아니하니 기행이적奇行異蹟과 치병治病은 수집蒐輯된 재료材料가 극히 많으나 명확明確한 뜻이 없는 것은 덜어버렸으며 천지공사天地公事는 그 재료材料를 충분充分히 수집할 길이 없을 뿐 아니라 이미 수집된 재료材料 중에도 그 뜻이 분명치 못한 것이 적지 아니함은 유감遺憾됨을 이기지 못하

는 바이라 그러나 십삼분장$^{十三分章}$이 서로 맥락$^{脈絡}$이 관련되었으니 이끌어 서로 대조$^{對照}$하여 깊이 미루어 연구$^{研究}$하면 뜻의 경개$^{梗槪}$를 찾기가 어렵지 아니할 줄 믿노라

기사$^{己巳}$ 삼월$^{三月}$ 기망$^{旣望}$에 후학$^{後學}$ 이상호$^{李祥昊}$는 근서$^{謹序}$ 하노라

# 찬贊

　선천백대<sup>先天百代</sup>는 천도편중시대<sup>天道偏重時代</sup>라 공상<sup>空想</sup>의 환몽<sup>幻夢</sup>으로 허령내세<sup>虛靈來世</sup>의 추구<sup>追求</sup> 괴롭더니 대공사<sup>大公事</sup>가 행<sup>行</sup>한 뒤에 후천운<sup>後天運</sup>이 열리며 천지대도<sup>天地大道</sup> 밝았도다 현실을 긍정<sup>肯定</sup>하사 영육<sup>靈肉</sup>으로 병진<sup>並進</sup>하시니 현실복록<sup>現實福祿</sup> 무량<sup>無量</sup>하리로다

　선천백대<sup>先天百代</sup>는 지운비색시대<sup>地運否塞時代</sup>라 계역<sup>界域</sup>의 획한<sup>劃限</sup>으로 도비종족<sup>都鄙種族</sup>의 차별<sup>差別</sup> 공극<sup>孔劇</sup>터니 대공사<sup>大公事</sup>가 행<sup>行</sup>한 뒤에 후천운<sup>後天運</sup>이 열리며 대지기운<sup>大地氣運</sup> 돌았도다 산하<sup>山河</sup>의 종령<sup>鐘靈</sup>을 뽑아 모아 통일<sup>統一</sup>하시니 사해일가<sup>四海一家</sup> 동락<sup>同樂</sup>하리로다

　선천백대<sup>先天百代</sup>는 신계혼란시대<sup>神界混亂時代</sup>라 음신<sup>淫神</sup>의 도량<sup>跳梁</sup>으로 위구불안<sup>危구不安</sup>의 세태험란<sup>世態險亂</sup>터니 대공사<sup>大公事</sup>가 행<sup>行</sup>한 뒤에 후천운<sup>後天運</sup>이 열리며 조화정부<sup>造化政府</sup> 열렸도다 신명<sup>神明</sup>을 통제<sup>統制</sup>하사 도수<sup>度數</sup>를 획정<sup>劃定</sup>하시니 무위이화<sup>無爲以化</sup> 절로 되리로다

　선천백대<sup>先天百代</sup>는 중리착종시대<sup>衆理錯綜時代</sup>라 유리<sup>謬理</sup>의 남장<sup>濫張</sup>으로 인류이성<sup>人類理性</sup>의 현혹<sup>眩惑</sup> 극심<sup>極甚</sup>터니 대공사<sup>大公事</sup>가 행<sup>行</sup>한 뒤에 후천운<sup>後天運</sup>이 열리며 귀일진법<sup>歸一眞法</sup> 나왔도다 만고진액통수<sup>萬古津液統收</sup>하사 집중리이대성<sup>集衆理以大成</sup>하시니 인세문운광명<sup>人世文運光明</sup>하리로다

　선천백대<sup>先天百代</sup>는 병겁도탕시대<sup>病劫滔蕩時代</sup>라 쇠약<sup>衰弱</sup>의 유전<sup>遺傳</sup>으로 사회고황<sup>社會膏肓</sup>에 병원<sup>病源</sup> 깊었더니 대공사<sup>大公事</sup>가 행<sup>行</sup>한 뒤에 후천운<sup>後天運</sup>이 열리며 만국의원<sup>萬國醫院</sup> 열렸

도다. 의통醫統을 전수傳授하사 세계世界를 의치醫治하시니 불로불사강녕不老不死康寧하리로다

　선천백대先天百代는 원만건곤시대冤滿乾坤時代라 척신의 횡행橫行으로 인세복록人世福祿의 불균자심不均滋甚터니 대공사大公事가 행行한 뒤에 후천운後天運이 열리며 해원일월解冤日月 밝았도다 역신逆神을 조화調和하사 세계世界를 준리準理하시니 사회정면평성社會正面平成하리로다

　선천백대先天百代는 상극사배시대相剋司配時代라 여기癘氣의 충격衝擊으로 투쟁살벌鬪爭殺伐의 재앙참혹災殃慘酷터니 대공사大公事가 행行한 뒤에 후천운後天運이 열리며 상생혜택相生惠澤 흘렸도다 화괴火塊를 매장埋藏하사 검극劍戟을 수속收束하시니 화평연월유구和平煙月悠久하리로다

　대공사大公事를 마치신 후 대신문大神門을 닫으시고 천지天地에 질정質正하사 우주화기宇宙化機 굳게 정定하시니 도수度數 돌아닿는 대로 새 기틀이 열릴지라 우시호于是乎 천지天地가 대성공大成功하여 정상禎祥이 무르녹는 조화선경造化仙境 열리리로다

　대공사大公事를 마치신 후 남조선南朝鮮 배 돛을 달고 혈식군자血食君子 배질시켜 고해苦海에 두둥실 띄우시니 범피중류泛彼中流 저 앞 길에 풍랑風浪도 없을지라 우시호于是乎 일심대중一心大衆 실어다가 행복幸福이 무르녹는 조화선경造化仙境이 되리로다

　대공사大公事를 마치신 후 인문공정人文公庭 열으시고 화민정세化民靖世를 명命하사 신명神明시켜 공작감시工作監視하니 천지녹사天地祿士 모여들어 불일성지不日成之 쉬울지라 우시호于是乎 적충일심근면赤衷一心勤勉으로 만복길상萬福吉祥 무르녹는 조화선경造化仙境 세우리로다

어황천사<sup>於皇天師</sup>는 대순<sup>大巡</sup>의 신<sup>神</sup>이시니 새 생명<sup>生命</sup>의 빛이시며 조화선경<sup>造化仙境</sup>의 왕<sup>王</sup>이시라 왕고불성갈앙이상<sup>往古佛聖渴仰理想</sup>의 표극<sup>表極</sup>이며 억조원대<sup>億兆願戴</sup>의 주<sup>主</sup>이시니 일월<sup>日月</sup>로 동거<sup>同居</sup>하사 홍대무변<sup>弘大無邊</sup>하신 화권신력<sup>化權神力</sup>으로 새 사회<sup>社會</sup>를 재성<sup>宰成</sup>하옵소서

천하지대금산<sup>天下之大金山</sup> 아래 용화도장<sup>龍華道場</sup> 넓은 기지<sup>基址</sup> 장엄<sup>莊嚴</sup>한 법탑<sup>法榻</sup>을 전설<sup>奠設</sup>할 적에 봉우리 봉우리 꽃송이요 모퉁이 모퉁이 승지강산<sup>勝地江山</sup>이라 양춘삼월<sup>陽春三月</sup> 호시절<sup>好時節</sup>에 열석자의 굳은 기약<sup>期約</sup> 화원<sup>花園</sup>둘러 인성<sup>人城</sup>속에 영광<sup>榮光</sup>의 선안<sup>仙顔</sup> 비치이사 중생<sup>衆生</sup>의 갈앙<sup>渴仰</sup> 풀어 주옵소서

기사<sup>己巳</sup> 삼월<sup>三月</sup> 기망<sup>既望</sup>에 대순전경<sup>代巡典經</sup> 성편<sup>成編</sup>되어 장엄<sup>莊嚴</sup>한 의식<sup>儀式</sup>으로 발행치성<sup>發行致誠</sup> 엄숙<sup>嚴肅</sup>하다 차생어수천재지하 이욕강명어수천재지전<sup>且生於數千載之下 而欲講明於數千載之前</sup> 역이난의<sup>亦已難矣</sup>한 소리로 제자<sup>弟子</sup> 근찬<sup>謹纂</sup>하고 보니 대신문<sup>大神門</sup>의 비약<sup>秘鑰</sup>이요 천지공사<sup>天地公事</sup>의 종건<sup>終件</sup>이라 어황천사<sup>於皇天師</sup>의 대순이상<sup>大巡理想</sup> 오직 전경<sup>典經</sup> 너 뿐이니 새 생명<sup>生命</sup>의 양식<sup>糧食</sup>되며 조화선경<sup>造化仙境</sup>의 지침<sup>指針</sup>되어 일월동거천사<sup>日月同居天師</sup> 모시어 이수무강<sup>爾壽無疆</sup> 할지어다


기사<sup>己巳</sup> 삼월<sup>三月</sup> 기망<sup>既望</sup>에 후학<sup>後學</sup> 이정립<sup>李正立</sup>은 근찬<sup>謹贊</sup>하노라

# 대순전경 大巡典經

## 목目 차次

제 일 장第一章 천사天師의 탄강誕降과 유소시대幼少時代 .... 17

제 이 장第二章 천사天師의 성도成道와 기행이적奇行異蹟 .... 31

제 삼 장第三章 문도門徒의 추종追從과 훈회訓誨 ............... 87

제 사 장第四章 천지공사天地公事 ................................. 147

제 오 장第五章 개벽開闢과 선경仙境 ............................ 227

제 육 장第六章 법언法言 ............................................ 241

제 칠 장第七章 교범教範 ............................................ 265

제 팔 장第八章 치병治病 ............................................ 273

제 구 장第九章 화천化天 ............................................ 301

# 제일장第一章 천사天師의 탄강誕降과 유소시대幼少時代

1: 1  천사天師의 성姓은 강姜이요 이름은 일순一淳이요 자字는 사옥士玉이요 호號는 증산甑山이시니 단군기원檀君紀元 사천이백사년四千二百四年 이조李朝 고종高宗 팔년八年 신미辛未 구월九月 십구일十九日(서력西曆 일천팔백칠십일년一千八百七十一年 십일월十一月 일일一日)에 조선 전라도 고부군 우덕면 객망리朝鮮 全羅道 古阜郡 優德面 客望里 지금 정읍시 덕천면 신월리(신기)井邑市 德川面 新月里 (新基)에서 탄생誕生하시니라

1: 2  부친父親의 이름은 흥주興周요 모친母親은 권씨權氏요 집은 고부군古阜郡 우덕면優德面 손바래기라 권씨權氏가 그 부근 답내면 서산리畓內面 西山里 친정親庭에 근친覲親하려고 가 있을 때에 하루는 하늘이 남북南北으로 갈라지며 큰 불덩이가 내려와서 몸을 덮음에 천하天下가 광명光明하여지는 꿈을 꾸고 이로부터 잉태孕胎하여 열 석달만에 천사天師를 낳으시니라

1: 3  낳으실 무렵에 부친父親이 비몽사몽간非夢似夢間에 두 선녀仙女가 하늘로부터 내려와서 산모産母를 간호看護하더니 이로부터 이상異常한 향기香氣가 온 집안에 가득하고 밝은 기운이 집을 둘러 하늘에 뻗쳐서 이레동안 계속하니라

1: 4  점차漸次 자라심에 얼굴이 원만圓滿하시고 솔성率性이 관후寬厚하시며 총명聰明과 혜식慧識이 출중出衆하시므로 모든 사람에게 경애敬愛를 받으시니라

1: 5  어려서부터 호생<sup>好生</sup>의 덕<sup>德</sup>이 많으사 나무 심으시기를 즐기시며 자라나는 초목<sup>草木</sup>을 꺾지 아니하시고 미세<sup>微細</sup>한 곤충<sup>昆蟲</sup>이라도 해<sup>害</sup>하지 아니하시며 혹<sup>或</sup> 위기<sup>危機</sup>에 빠진 생물<sup>生物</sup>을 보시면 힘써 구하시니라

1: 6  일곱 살 되시던 정축년<sup>丁丑年</sup>에 농악<sup>農樂</sup>을 보시고 문득 혜각<sup>慧覺</sup>이 열리셨으므로 장성<sup>長成</sup>하신 뒤에도 다른 굿은 구경<sup>求景</sup>치 아니하시되 농악<sup>農樂</sup>은 흔히 구경<sup>求景</sup>하시니라

1: 7  이 해에 부친<sup>父親</sup>이 훈장<sup>訓長</sup>을 구하여 천사<sup>天師</sup>께 천자문<sup>千字文</sup>으로 글을 가르칠 새 하늘천자<sup>天字</sup>와 따지자<sup>地字</sup>를 가르칠 때에는 따라 읽으시나 검을현자<sup>玄字</sup>와 누루황자<sup>黃字</sup>를 가르칠 때에는 따라 읽지 아니하시거늘 훈장<sup>訓長</sup>이 만단개유<sup>萬端改諭</sup>하되 종시<sup>終是</sup> 읽지 아니하심으로 할 일 없이 그친지라 부친<sup>父親</sup>이 천사<sup>天師</sup>를 안방으로 불러들여 연고<sup>緣故</sup>를 물으니 가라사대 하늘천자<sup>天字</sup>에 하늘 이치<sup>理致</sup>를 알았고 따지자<sup>地字</sup>에 땅 이치<sup>理致</sup>를 알았사오니 더 배울 것이 어디 있사오리까 남의 심리<sup>心理</sup>를 알지 못한 훈장<sup>訓長</sup>이 남 가르치는 책임<sup>責任</sup>을 감당<sup>堪當</sup>치 못하리니 돌려보내사이다 하시거늘 부득이하여 그 훈장<sup>訓長</sup>을 보내니라

1: 8  아홉 살 되시던 기묘년<sup>己卯年</sup>에 부친<sup>父親</sup>께 청<sup>請</sup>하여 후원<sup>後園</sup>에 별당<sup>別堂</sup>을 짓고 홀로 거처<sup>居處</sup>하사 외인<sup>外人</sup>의 출입<sup>出入</sup>을 금<sup>禁</sup>하시고 간일<sup>間日</sup>하여 암꿩 한 마리와 비단 두자 다섯치씩 구<sup>求</sup>하여 들이시더니 두 달 후에 문득 어디로 나가셨는데 방안에는 아무것도 남아 있는 것이 없더라 그 뒤에 집으로 돌아오사 자의<sup>自意</sup>로 외접<sup>外接</sup>에 다니면서 글을

배우시니라

1: 9  서당<sup>書堂</sup>에서 한문<sup>漢文</sup>을 배우실 때 한번 들은 것은 곧 깨달으시고 동무들과 더불어 글을 배우심에 항상 장원<sup>壯元</sup>을 하시니라 하루는 훈장<sup>訓長</sup>이 여러 학부형<sup>學父兄</sup>에게 미움을 받을까하여 문장<sup>文章</sup>이 다음 되는 다른 아이에게 장원<sup>壯元</sup>을 주려고 뜻을 정<sup>定</sup>하고 글을 뽑았더니 또 천사<sup>天師</sup>께로 장원<sup>壯元</sup>이 돌아가니 이는 훈장<sup>訓長</sup>의 뜻을 미리 알으시고 문체<sup>文體</sup>와 글씨를 변<sup>變</sup>하여 분별<sup>分別</sup>치 못하게 하신 까닭이라 모든 일에 이렇게 혜명<sup>慧明</sup>하시므로 보는 자가 다 이상<sup>異常</sup>히 여기니라

1: 10  부친<sup>父親</sup>이 정읍읍내<sup>井邑邑內</sup> 박부호<sup>朴富豪</sup>에게 수백냥<sup>數百兩</sup> 빚이 있어서 독촉<sup>督促</sup>이 심<sup>甚</sup>하므로 걱정으로 지내거늘 천사<sup>天師</sup> 부친<sup>父親</sup>께 청<sup>請</sup>하여 돈 오십냥<sup>五十兩</sup>을 준비<sup>準備</sup>하여 가지고 박부호<sup>朴富豪</sup>에게 가사 돈을 주시고 그 집 사숙<sup>私塾</sup>에 가서 학동<sup>學童</sup>들과 싸여서 노실 새 훈장<sup>訓長</sup>이 운자<sup>韻字</sup>를 불러 학동<sup>學童</sup>들로 하여금 시<sup>詩</sup>를 짓게 하니 천사<sup>天師</sup> 함께 글짓기를 청<sup>請</sup>하사 낙운성시<sup>落韻成詩</sup>하심에 시격<sup>詩格</sup>이 절묘<sup>絶妙</sup>하거늘 훈장<sup>訓長</sup>과 학동<sup>學童</sup>들이 크게 이상히 알며 박부호<sup>朴富豪</sup>도 심<sup>甚</sup>히 기이<sup>奇異</sup>히 여겨 집에 머물러 그 자질<sup>子姪</sup>들과 함께 글읽기를 청<sup>請</sup>하는지라 천사<sup>天師</sup> 부득이<sup>不得已</sup>하여 며칠동안 머무르시다가 부친<sup>父親</sup>의 빚을 걱정하시니 박부호<sup>朴富豪</sup>가 모든 일에 크게 기특<sup>奇特</sup>히 보고 심<sup>甚</sup>히 사랑하여 드디어 채권<sup>債權</sup>을 포기<sup>抛棄</sup>하고 증서<sup>證書</sup>를 불사르니라

1: 11  하루는 부친<sup>父親</sup>이 벼를 말리는데 새와 닭의 무리

를 심히 쫓으시니 천사天師 만류挽留하여 가라사대 새 짐승이 한 알씩 쪼아 먹는 것을 그렇게 못 보시니 사람을 먹일 수 있나이까 하시되 부친父親이 듣지 않고 굳이 쫓더니 뜻밖에 백일白日에 뇌우雷雨가 대작大作하여 말리던 벼가 다 표류漂流하여 한 알도 건지지 못하였더라

1: 12  열세살 되시던 계미년癸未年에 모친母親이 친親히 짠 모시베 예순자를 마을 사람 유덕안柳德安에게 들리사 정읍장井邑場에 팔러 가셨는데 덕안德安은 다른 일이 있어서 다른 곳에 가고 천사天師께서는 모시베를 포목전布木廛 곁에 놓고 앉으셨더니 문득 헛눈을 파는 사이에 모시베를 잃어버렸더라 덕안德安이 이 말을 듣고 빨리 돌아와서 찾으려하나 날은 저물고 많은 사람 중에 찾을 길이 없으므로 할 수 없이 집으로 돌아가시기를 청請하니 천사天師 듣지 아니하시고 즉시卽時 고창高敞으로 가시며 가라사대 내일來日 들어가리라 하시거늘 덕안德安은 어찌하는 수 없이 혼자 돌아가니라 이튿날 천사天師께서 모시베 값을 가지고 돌아와서 모친母親께 올리시니 온 집안이 이상異常히 여겨 사실事實을 물으매 가라사대 모친母親이 무한無限한 근고勤苦를 들여서 짜신 물건物件을 잃었음에 얼마나 애석哀惜히 생각生覺하실까 하여 오늘이 고창장高敞場이므로 반드시 장場에 나올 듯 싶어서 바로 고창高敞으로 갔더니 다행多幸히 찾아서 팔아왔나이다 하시니라

1: 13  열일곱 살 되시던 정해년丁亥年 어느날 외가外家에 가시더니 어떤 술주정꾼이 무고無辜히 패욕悖辱을 가加하거늘 천사天師 아무 대항對抗도 하지 아니하시더니 문득 어디서

큰 돌절구통이 떠내려 와서 주정꾼의 머리 위로 덮어 씌우니 주정꾼이 절구통 속에 갇혀서 벗어나지 못하는지라 천사(天師) 몸을 빼쳐 다른 곳으로 가시니라

1: 14  스물 네 살 되시던 갑오년(甲午年)에 태인(泰仁) 동골 사람 전봉준(全琫準)이 당시(當時)의 악정(惡政)에 분개(憤慨)하여 보국안민(輔國安民)의 표호(標號)로 동학(東學) 신도(信徒)를 모아 고부(古阜)에서 혁명(革命)을 일으키니 온 세상(世上)이 들끓는지라 천사(天師) 그 전도(前途)가 이롭지 못할 줄 알으시고 「월흑안비고 선우야둔도 욕장경기축 대설만궁도 月黑雁飛高 單于夜遁逃 欲將輕騎逐 大雪滿弓刀」란 옛글을 여러사람에게 외워주사 겨울에 이르러 패멸(敗滅)될 것을 예언(豫言)하시며 망동(妄動)치 말라고 효유(曉諭)하시니라

1: 15  이해 시월(十月)에 동골에 가사 동학접주(東學接主) 안윤거(安允擧)를 방문(訪問)하시니 마침 태인(泰仁) 닥뱀이 안필성(安弼成)이 한 마을에 사는 동학신도(東學信徒) 최두연(崔斗淵)과 함께 와서 윤거(允擧)에게 도담(道談)을 듣고 있더라 천사(天師) 마루에 걸터 앉으사 윤거(允擧)와 더불어 성명(姓名)을 통(通)하신 뒤에 일러 가라사대 고부(古阜)에서 난리(亂離)가 일어나서 동학군(東學軍)이 황토마루(黃土峴)에서 승리(勝利)를 얻었으나 필경(畢竟) 패망(敗亡)을 면(免)치 못하겠으므로 동학군(東學軍)의 발원지(發源地)인 이곳에 효유(曉諭)하러 왔노라 그대가 접주(接主)라 하니 삼가 전란(戰亂)에 참가(參加)하기를 회피(回避)하여 무고(無辜)한 생민(生民)을 전화(戰禍)에 몰아들이지 말라 섣달이 되면 그들이 전패(全敗)하리라 하시고 돌아가시는지라 윤거(允擧) 이 말씀을 듣고 드디어 접주(接主)를 사면(辭免)하고 전란(戰亂)에 참가(參加)치 아니하니 최두연(崔斗淵)은

민지 않고 윤거允擧의 대代로 접주接主 겸 명사장明查長이 되어 윤거允擧의 부하部下를 인솔引率하고 출전出戰하더라

1 : 16  필성弼成은 두연斗淵에게서 도道를 받은 뒤에 남원南原으로 와서 종군從軍하라는 군령軍令을 받고 스무날 닥뱀이를 떠나 남원南原으로 향向할 때 전주全州 구이면九耳面 정자리亭子里에 이르니 천사天師 길가에서 계시다가 필성弼成이 이르름을 보시고 일러 가라사대 그대가 올 줄을 알고 이곳에서 기다렸노니 함께 가자하시고 필성弼成으로 더불어 두어 마장을 행行하여 임실任室 마군단 주막酒幕에 이르러 가라사대 날이 차니 이곳에서 쉬어 기다리라 남원南原에 가서 만날 사람을 이곳에서 만나게 되리라 필성弼成이 가로대 여비旅費가 없으니 만날 사람을 만나지 못하면 곤란困難 하겠나이다 가라사대 밥 굶을 걱정은 하지말라 하시더니 두어시간時間이 지난 뒤에 문득 방포성放砲聲이 나며 과연果然 두연斗淵이 수천數千 군마軍馬를 거느리고 지나가며 필성弼成에게 남원南原으로 가지 말고 전주全州로 따라오라 하는지라 천사天師 필성弼成에게 일러 가라사대 군마軍馬의 뒤를 가까이 따라감이 불가不可하니 천천히 가자 하시고 전주全州 수통목에 이르러 가라사대 오늘은 전주全州에서 소란騷亂하여 살상殺傷이 있으리니 이곳에서 자고 내일來日 가자 하시고 필성弼成으로 더불어 수통목에서 쉬시니라

1 : 17  이튿날 필성弼成을 데리고 전주全州에 이르사 조용한 곳에 주인主人을 정定하시고 저녁에 필성弼成에게 일러 가라사대 거리에 나가면 볼 것이 있으리라 하시며 함께 나가사 한 곳에 이르니 세 사람의 머리가 길 바닥에 구르

는지라 가라사대 저것을 보라 이렇게 위험危險한 때에 어찌 경솔輕率하게 몸을 움직이리오 하시더라 필성弼成은 이곳에서 천사天師와 작별作別하니라

1: 18  그믐께 동학대군東學大軍이 전주全州를 떠나서 경성京城으로 향할 때 필성弼成이 종군從軍하여 여산礪山에 이르니 천사天師 길 가에 서 계시다가 필성弼成을 불러 물어 가라사대 이제 종군從軍하느냐 대對하여 가로대 그러 하나이다 가라사대 이 길이 크게 불리不利하리니 조심操心하라 하시더라 필성弼成은 천사天師를 작별作別하고 종군從軍하여 진잠읍을 지나 유성 장터에서 쉬고 다시 하루를 행군行軍하여 다음날 새벽에 청주淸州병영兵營을 진공進攻할 새 삼십리三十里 가량 미치지 못하였는데 천사天師 또 길가에 서 계시다가 필성弼成을 불러 물어 가라사대 너의 군중軍中에 한 중이 있더냐 대對하여 가로대 있나이다 가라사대 너는 이 길을 따르지 말라 저희들이 요승妖僧의 말을 듣고 멸망滅亡을 당當하리라 필성弼成이 가로대 이런 중대重大한 일에 어찌 불길不吉한 말씀을 하시나이까 가라사대 나의 말을 믿지 아니 하는도다 내가 어찌 저희들을 미워함이리오 저희들의 불리不利한 장래將來를 알므로 한 사람이라도 화禍를 면免케 하려 함이로다 가로대 그러면 선생先生은 어찌 이곳까지 오셨나이까 가라사대 나는 동학東學에 종군從軍하여 온 것이 아니요 구경求景하러 왔노라 하시니라

1: 19  이때에 김형렬金亨烈이 필성弼成의 곁에 있다가 천사天師 필성弼成과 수작酬酌하시는 말씀을 듣고 인사人事를 청請하거늘 천사天師 형렬亨烈에게도 종군從軍하지 말라고 권勸하

시는지라 필성*弼成*과 형렬*亨烈*은 천사*天師*의 말씀을 믿지 않고 종군*從軍*하여 가다가 청주*淸州*병영*兵營* 앞 산골에 이르니 좌우*左右*에서 복병*伏兵*이 일어나서 포화*砲火*를 퍼부음에 동학군*東學軍*에 죽는 자 그 수*數*를 헤아릴 수 없는지라 필성*弼成*과 형렬*亨烈*은 황겁*惶怯*하여 몸을 빼어 송림*松林* 속으로 들어가니 천사*天師* 이곳에 계시다가 불러 가라사대 너희들은 잘 도망*逃亡*하여 왔도다 이곳은 안전*安全*하니 안심*安心*하라 하시니 형렬*亨烈*은 비로소 천사*天師*의 지감*知鑑*이 비상*非常*하심에 감복*感服*하니라 두 사람은 종일*終日* 먹지 못하여 주림을 이기지 못하거늘 천사*天師* 돈을 내어주시며 가라사대 저곳에 가면 떡집이 있으리니 주인*主人*이 없을지라도 떡값을 수효*數爻*대로 떡 그릇 안에 두고 떡을 가져오라 필성*弼成*이 명*命*하신대로 하여 떡을 가져오니 천사*天師* 두 사람에게 나누어 먹이시니라

1: 20  천사*天師* 두 사람에게 일러 가라사대 동학군*東學軍*이 미구*未久*에 쫓겨 오리니 우리가 먼저 감이 옳으리라 하시고 두 사람을 데리고 돌아오실 때 진잠*鎭岑*에 이르러 문득 가라사대 동학군*東學軍*이 이곳에서 또 많이 죽으리라 두 사람이 이 말씀을 듣고 심*甚*히 불쾌*不快*히 생각 하거늘 가라사대 저희들을 미워함이 아니요 사태*事態*의 진전*進展*될 기미*機微*를 말함이니 아무리 듣기 싫을지라도 불쾌*不快*히 생각하지 말라 하시니라 산중유벽*山中幽僻*한 곳에 쉬시더니 얼마 아니하여 총소리가 어지러이 일어나며 그 곳에서 격전*激戰* 끝에 동학군*東學軍*이 많이 사상*死傷*하니라

1: 21  이곳을 떠나 산 길을 행하시더니 문득 목탁*木鐸*소

리가 들리거늘 찾아가니 곧 계룡산鷄龍山 갑사甲寺더라 가라사대 해는 아직 이르나 더 가다가는 해害를 입으리니 이곳에서 자고 가자하시고 쉬시더니 얼마 아니하여 한 중이 이르러 말하대 동학군東學軍이 노성魯城에서 유진留陣하여 도망逃亡하는 군사軍士를 붙든다 하거늘 필성弼成과 형렬亨烈이 크게 근심하니 가라사대 이곳에서 쉬자는 것은 정正히 이러한 화禍를 피避하려 함이라 내일來日 아침에 떠나가면 아무 사고事故가 없으리니 염려 하지말라 하시더라

1: 22   이튿날 아침에 갑사甲寺를 떠나시면서 가라사대 그대들은 이로부터 큰 화禍가 없으리니 각기 갈려 가라 하시니 두 사람은 오히려 두려운 마음을 놓지 못하여 천사天師와 동행同行하기를 청請하거늘 허락許諾하시고 함께 여산礪山에 이르사 가라사대 만일萬一 읍내邑內를 지나면 옷을 빼앗기리라 하시고 샛길로 들어 고산高山 인내 장터로 향하시니라 이때에 여산읍礪山邑으로 지나는 동학군東學軍은 모두 읍邑사람에게 옷을 빼앗기고 벗은 몸으로 흩어져 가니 대개大槪 전번前番에 동학군東學軍들이 북상北上할 때에 읍邑사람들의 옷을 빼앗아 갔음을 보복報復 함이러라

1: 23   이 길로 전주全州에 이르사 두 사람을 각기 돌려보내실 때 필성弼成과 형렬亨烈이 숙박비宿泊費가 없음을 걱정하거늘 가라사대 내가 이곳에 있으니 염려念慮하지 말고 돌아가라 하시거늘 이에 천사天師께 작별作別하고 형렬亨烈은 구릿골로 필성弼成은 닥뱀이로 각기 돌아갔더니 이 뒤에 동학東學 전군全軍이 도망逃亡해 와서 섣달 열사흗날 원평院坪 접전接戰과 보름날 태인泰仁 접전接戰으로 연전연패連戰連敗하여 산망

제일장第一章   천사天師의 탄강誕降과 유소시대幼少時代 _25

散亡하여 버리니라

1: 24  스물 다섯 살 되시던 을미년乙未年 봄에 고부古阜 지방地方 유생儒生들이 평란平亂되었음을 축하祝賀하는 뜻으로 두승산斗昇山에 모여 시회詩會를 열 때 천사天師께서도 참여參與하였더니 한 노인老人이 천사天師를 조용한 곳으로 청請하여 작은 책冊 한 권을 전傳하거늘 천사天師 그 책을 통독通讀하시니라

1: 25  하루는 송광사松廣寺에 가서 여러 날 동안 지내시더니 어떤 중이 무례無禮하게 대접待接하는지라 천사天師 노怒하사 꾸짖어 가라사대 요망妖忘한 무리들이 산속에 모여 불법佛法을 빙자憑藉하고 백악百惡을 감행敢行하여 세간世間에 해독害毒을 끼치니 이 소굴巢窟을 뜯어버리리라 하시고 법당法堂 기둥을 손으로 잡아당기심에 기둥이 한 자나 물러나는지라 온 절이 크게 놀래어 여러 중들이 몰려와서 절하며 사죄謝罪하거늘 이에 노怒를 그치시고 그대로 두셨더니 그 뒤에 그 법당法堂을 여러번 수리修理하여도 물러난 기둥이 원상原狀대로 회복恢復되지 아니 하더라

1: 26  이 뒤에 전주全州에 가사 백남신白南信의 아우 소실小室 기생妓生의 친가親家에 사관舍館을 정하시고 오랫동안 머무르시더니 그 기생妓生이 천사天師의 우아優雅하신 의표儀表를 탐貪내어 하루는 밤을 타서 천사天師의 거처居處하신 방房으로 들어오거늘 천사天師 꾸짖어 보내셨더니 그 뒤에 다시 수차數次 들어오거늘 여전如前히 개유開諭하사 돌려보내시니라

1 : 27  혁명란<sup>革命亂</sup> 후<sup>後</sup>로 국정<sup>國政</sup>은 더욱 부패<sup>腐敗</sup>하여 세속<sup>世俗</sup>은 날로 악화<sup>惡化</sup>하고 관헌<sup>官憲</sup>은 오직 포학<sup>暴虐</sup>과 토색<sup>討索</sup>을 일삼고 선비는 허례<sup>虛禮</sup>만 숭상<sup>崇尙</sup>하며 불교<sup>佛敎</sup>는 무민혹세<sup>誣民惑世</sup>만 힘쓰고 동학<sup>東學</sup>은 혁명<sup>革命</sup> 실패<sup>失敗</sup> 후<sup>後</sup>에 기세<sup>氣勢</sup>를 펴지 못하여 거의 자취를 거두게 되고 서교<sup>西敎</sup>(예수 신<sup>新</sup>·구교<sup>舊敎</sup>)는 세력<sup>勢力</sup>을 신장<sup>伸長</sup>하기에 진력<sup>盡力</sup>하니 민중<sup>民衆</sup>은 고궁<sup>苦窮</sup>에 빠져서 안도<sup>安堵</sup>할 길을 얻지 못하고 사위<sup>四圍</sup>의 현혹<sup>眩惑</sup>에 싸여 의지할 바를 알지 못하여 위구<sup>危懼</sup>와 불안<sup>不安</sup>이 온 사회<sup>社會</sup>를 엄습<sup>掩襲</sup>하거늘 천사<sup>天師</sup> 개연<sup>蓋然</sup>히 광구<sup>匡救</sup>할 뜻을 품으사 유불선<sup>儒佛仙</sup> 음양<sup>陰陽</sup> 참위<sup>讖緯</sup>의 모든 글을 읽으시고 다시 세태<sup>世態</sup>와 인정<sup>人情</sup>을 체험<sup>體驗</sup>하기 위하여 정유<sup>丁酉</sup>로부터 유력<sup>遊歷</sup>의 길을 떠나시니라

1 : 28  충청도<sup>忠淸道</sup> 연산<sup>連山</sup>에 이르사 역학자<sup>易學者</sup> 김재일<sup>金在一</sup>에게 들르시니 이때 재일<sup>在一</sup>의 꿈에 하늘로부터 천사<sup>天使</sup>가 내려와서 강사옥<sup>姜士玉</sup>과 함께 옥경<sup>玉京</sup>에 올라 오라는 상제<sup>上帝</sup>의 명을 전하거늘 재일<sup>在一</sup>이 천사<sup>天師</sup>와 함께 옥경<sup>玉京</sup>에 올라가 요운전<sup>曜雲殿</sup>이라고 액자<sup>額子</sup>가 써 붙여진 장려<sup>壯麗</sup>한 금궐<sup>金闕</sup>에 들어가서 상제<sup>上帝</sup>께 뵈이니 상제<sup>上帝</sup>가 천사<sup>天師</sup>께 대<sup>對</sup>하여 광구<sup>匡救</sup> 천하<sup>天下</sup>하려는 뜻을 칭찬<sup>稱讚</sup>하며 극히 우대하는지라 재일<sup>在一</sup>이 크게 이상히 여겨 이 일을 말한 뒤에 요운<sup>曜雲</sup>이란 도호<sup>道號</sup>를 천사<sup>天師</sup>께 드리고 심<sup>甚</sup>히 경대<sup>敬待</sup>하니라

1 : 29  이 길로 경기<sup>京畿</sup> 황해<sup>黃海</sup> 강원<sup>江原</sup> 평안<sup>平安</sup> 함경<sup>咸鏡</sup> 경상<sup>慶尙</sup> 각지<sup>各地</sup>를 차례<sup>次例</sup>로 유력<sup>遊歷</sup>하시니 천사의 혜식<sup>慧識</sup>은 박학<sup>博學</sup>과 광람<sup>廣覽</sup>을 따라 명철<sup>明徹</sup>하여 지시므로 이르는

곳마다 신인神人이라는 칭송稱頌이 높더라

　1：30　이렇게 수년數年동안 유력遊歷하시다가 경자년庚子年에 고향故鄕으로 돌아오시더니 이때에 전주全州 이동면伊東面 전용리田龍里 이치안李治安이 구혼차求婚次 충청도忠淸道로 향하다가 주막酒幕에서 천사天師를 만나 하룻밤을 같이 자고 그 이튿날 떠나려 할 때 천사天師 치안治安에게 일러 가라사대 그대가 이제 구혼차求婚次 길을 떠났으나 반드시 헛걸음이 될 것이니 이 길을 가지 말고 다시 집으로 돌아가라 그러면 전일前日부터 의혼議婚하여 오던 곳에서 매파媒婆를 보내 정혼定婚하기를 구하리라 만일 이 기회機會를 놓치면 혼로婚路가 열리기 어려우니 빨리 돌아가라 치안治安은 천사天師께서 자기自己의 사정事情을 밝히 알고 말씀하심을 신기神奇하게 여겨 비로소 성명姓名을 통通하고 천사天師의 주소住所를 자세仔細히 물은 뒤에 곧 집으로 돌아오니 과연果然 말씀하신 바와 같으니라

　1：31　이 뒤로 치안治安이 천사天師의 신기神奇하심을 흠모欽慕하여 자기自己집으로 모셔 오니라 치안治安의 아들 직부直夫는 그 마을 이장里長이라 마침 그 마을 인구人口를 긴급히 조사할 일이 있다 하거늘 천사天師 수數를 놓으신 뒤에 호수戶數와 남녀男女 인구人口를 자세仔細히 일러 주시고 사흘 안에 한 사람이 적어질 것을 말씀하시거늘 직부直夫는 믿지 아니하고 온 마을을 돌아 낱낱이 조사한 즉 과연 한 집 한 사람도 틀림이 없고 또 사흘만에 한 사람이 죽는지라 직부直夫가 비로소 놀라 천사天師의 신기神奇하심에 감복感服하니라

1: 32   서른한 살 되시던 신축년$^{辛丑年}$ 가을에 집에 들어오자 선령$^{先靈}$의 공명첩$^{功名帖}$을 불사르시니라

1: 33   정씨부인$^{鄭氏夫人}$이 간곡$^{懇曲}$히 말씀하여 가로대 이제는 그만 돌아다니시고 집에서 남과같이 재미있게 살림이나 하사이다 하니 천사$^{天師}$ 가라사대 그렇게 적은 말이 어디있느뇨 하시고 이로부터는 집에 가까이 아니 하시니라

# 제이장第二章 천사天師의 성도成道와 기행奇行 이적異蹟

2: 1  천사天師 여러 해 동안 각지를 유력遊歷하사 많은 경험經驗을 얻으시고 신축辛丑에 이르러 비로소 모든 일을 자유자재自由自在로 할 권능權能을 얻지 않고는 뜻을 이루지 못할 줄을 깨달으시고 드디어 전주全州 모악산母岳山 대원사大願寺에 들어가 도道를 닦으사 칠월七月 오일五日 대우大雨 오룡허풍五龍噓風에 천지대도天地大道를 깨달으시고 탐음진치貪淫瞋癡 사종마四種魔를 극복克服하시니 이때 그 절 주지主持 박금곡朴錦谷이 수종隨從들었더라

2: 2  이해 겨울에 본댁에서 비로소 천지공사天地公事를 행하실 새 창문窓門에 종이를 붙이지 아니 하시고 부엌에 불을 때지 아니하시며 홑옷을 입으시고 식음食飮을 전폐全廢하사 아흐레 동안을 지내시니 새가 벼 말리는 뜰에 내리지 않고 이웃 사람은 공포증恐怖症이 들어 문 앞으로 지나기를 어려워 하더라

2: 3  임인壬寅 사월四月에 천사天師 금구군金溝郡 수류면水流面 (지금至今 김제군金堤郡 금산면金山面) 원평院坪장을 지나시다가 전주부全州府 우림면雨林面 하운동夏雲洞 김형렬金亨烈을 만나시니 대저 형렬亨烈은 이왕부터 천사天師와 지면知面이 있었는데 천사天師께서 성도成道하셨다는 소문所聞을 듣고 뵈옵기를 원願하던 차이므로 크게 기뻐하여 자기自己 집에 오시기를 간청懇請 하였더니 이달 열 사흗날 형렬亨烈의 집에 이르사 곧 형렬亨烈에게 일러 가라사대 그대의 집에 삼신三神이 들어가니 산기産氣가 있을지라 빨리 안방에 들어가 보라 하시거늘 형

렬&lt;sup&gt;亨烈&lt;/sup&gt;이 안방에 들어가니 과연 그 아내가 셋째 아들을 낳더라

2: 4  형렬<sup>亨烈</sup>의 아내가 자래<sup>自來</sup>로 산후<sup>産後</sup>에는 반드시 복통<sup>腹痛</sup>이 나서 여러날 동안 앓는 예증<sup>例症</sup>이 있어서 또 복발<sup>復發</sup>하므로 형렬<sup>亨烈</sup>이 크게 근심하거늘 천사<sup>天師</sup> 위로<sup>慰勞</sup>하여 가라사대 이 뒤로는 모든 일에 나를 믿고 근심을 놓으라 형렬<sup>亨烈</sup>이 명하신 대로 다만 천사<sup>天師</sup>만 믿고 근심을 놓았더니 과연 아내의 복통<sup>腹痛</sup>이 곧 그치고 그밖에 천촉<sup>喘促</sup>과 해수<sup>咳嗽</sup>같은 별증<sup>別症</sup>도 다 나으니라

2: 5  천사<sup>天師</sup> 형렬<sup>亨烈</sup>에게 일러 가라사대 이제 말세<sup>末世</sup>를 당<sup>當</sup>하여 앞으로 무극대운<sup>無極大運</sup>이 열리나니 모든 일에 조심<sup>操心</sup>하여 척을 짓지 말고 죄<sup>罪</sup>를 멀리하여 순결<sup>純潔</sup>한 마음으로 천지공정<sup>天地公庭</sup>에 참여<sup>參與</sup>하라 나는 삼계대권<sup>三界大權</sup>을 주재<sup>主宰</sup>하여 조화<sup>造化</sup>로써 천지<sup>天地</sup>를 개벽<sup>開闢</sup>하고 불로장생<sup>不老長生</sup>의 선경<sup>仙境</sup>을 열어 고해<sup>苦海</sup>에 빠진 중생<sup>衆生</sup>을 건지려 하노라 하시고 이로부터 형렬<sup>亨烈</sup>의 집에 머무르사 천지공사<sup>天地公事</sup>를 행하실 때 형렬<sup>亨烈</sup>에게 신안<sup>神眼</sup>을 열어주어 신명<sup>神明</sup>의 회산<sup>會散</sup>과 청령<sup>聽令</sup>을 참관<sup>參觀</sup>케 하시니라

2: 6  여름을 지나실 때 형렬<sup>亨烈</sup>의 집이 가난하여 공궤<sup>供饋</sup>가 조략<sup>粗略</sup>하고 또 남새 밭이 메말라서 채소<sup>菜蔬</sup>가 잘 자라나지 아니하므로 형렬<sup>亨烈</sup>이 근심하거늘 천사<sup>天師</sup> 일러 가라사대 산중에는 별미<sup>別味</sup>가 없나니 채소<sup>菜蔬</sup>나 잘되게 하여주리라 하시더니 이로부터 약간 심어두었던 악마디 된 채소가 잘 걸우어 가꾸지 아니하여도 저절로 자라나서 반찬

거리가 넉넉하게 되니라

2: 7  유월六月 어느날 형렬亨烈에게 예수교서耶蘇敎書 한 권을 구하여 오라 하시거늘 형렬亨烈이 이웃 마을 오동정梧桐亭 김경안金京安에게서 예수교서耶蘇敎書를 빌려다 올리니 천사天師 받아서 불사르시니라 그 뒤에 형렬亨烈이 천사天師를 모시고 오동정梧桐亭 차윤필車允必의 집에 가니 경안京安이 와서 빌려 간 책을 돌려주기를 청함에 형렬亨烈이 대답치 못하거늘 천사天師 가름하여 대답하시대 곧 돌려 주리라 하시더니 마침 한 붓 장사가 지나거늘 천사天師 불러들이사 술을 먹이신 뒤에 그 붓 상자箱子를 열어 보이기를 청請하신대 붓 장사가 열어 보이니 예수교서耶蘇敎書 한 권이 있는지라 천사天師 가라사대 그대는 반드시 예수耶蘇를 믿지 아니하니 이 책이 쓸데 없을지라 나에게 전함이 어떠하뇨 붓 장사가 허락許諾하거늘 천사天師 그 책을 받아서 경안京安에게 주시니라

2: 8  그 뒤에 불가서佛家書 천수경千手經과 한자漢字 옥편玉篇과 사요史要와 해동명신록海東名臣錄과 강절관매법康節觀梅法과 대학大學과 형렬亨烈의 채권부債權簿를 불사르시니라

2: 9  구월九月에 농가農家에서 보리갈이로 분주奔走하거늘 천사天師 한숨 지으시며 가라사대 이렇게 신고辛苦하여도 수확을 얻지 못하리니 어찌 가석可惜치 아니하리오 하시거늘 형렬亨烈이 이 말씀을 듣고 드디어 보리농사를 폐廢하였더니 계묘년癸卯年 봄에 이르러 천후天候가 순조順調하여 보리가 크게 풍등豊登할 징조徵兆가 있는지라 김보경金甫京등 모든 종도從徒와 이웃 사람들이 모두 형렬亨烈을 조소嘲笑하거늘 천사天

師 가라사대 이 일은 신명공사神明公事에서 결정決定된 것이니 아직 결실기結實期에 이르지 못하여 어찌 풍작豊作이라고 단언斷言하리요 하시더니 과연果然 오월五月 오일五日 큰 비로 인因하여 보리 이삭이 다 말라서 수확收穫이 아주 없게 되고 쌀값이 올라서 한말에 일곱냥(일원사십전一圓四十錢)이 되니 이로부터 모든 사람이 천사天師께 신복信服하니라

2: 10 겨울에 형렬亨烈이 천사天師를 모시더니 마침 큰 눈이 오거늘 형렬亨烈이 여쭈어 가로대 전설傳說에 송우암宋尤庵이 거처居處하는 지붕에는 눈이 쌓이지 못하고 녹는다 하니 진실로 천지天地 지령지기至靈至氣를 타고난 사람인가 하나이다 천사天師 가라사대 진실眞實로 그러하랴 이제 나 있는 곳을 살펴보라 형렬亨烈이 밖에 나가보니 날이 차고 눈이 많이 내려 쌓이되 오직 그 지붕에는 눈 한점도 없고 맑은 기운이 하늘에 뻗쳐 구름이 가리지 못하고 푸른 공중이 통하여 보이더라 이로부터 형렬亨烈이 항상恒常 유의留意하여 살피니 언제든지 천사天師께서 머무시는 곳에는 반드시 맑은 기운이 푸른 하늘을 통하여 구름이 가리지 못하며 비록 큰 비가 오는 때에도 그러하더라

2: 11 매양 출타出他하실 때에는 신명神明에게 치도령治道令을 써서 불사르사 여름이면 바람을 불려 길에 이슬을 떨어뜨리고 겨울이면 진 길을 얼어붙게 하신 뒤에 마른 신발로 다니시니라

2: 12 하운동夏雲洞은 산중山中으로 길이 심히 좁고 나무 숲들이 길에 우거져 얽혀서 이슬이 많을 뿐 아니라 장마

가 질 때에는 길에 물이 흘러 시내를 이루되 천사$^{天師}$의 신발은 항상$^{恒常}$ 깨끗하므로 마을 사람들이 모두 이상$^{異常}$히 여기니라


2: 13  또 출타$^{出他}$하실 때에는 반드시 동구$^{洞口}$ 양편$^{兩便}$에 구름기둥이 높이 서서 팔자형$^{八字形}$을 이루므로 종도$^{從徒}$들이 그 이유를 물은대 천사$^{天師}$ 가라사대 이는 장문$^{將門}$이라 하시니라


2: 14  하루는 종도$^{從徒}$들에게 일러 가라사대 제갈량$^{諸葛亮}$이 제단$^{祭壇}$에서 칠일칠야$^{七日七夜}$동안 공을 들여 동남풍$^{東南風}$을 불렀다는 것이 우스운 일이라 공들이는 동안에 일이 그릇되어 버리면 어찌하리오 하시고 즉시에 동남풍$^{東南風}$을 불러 보이시니라


2: 15  부평$^{富坪}$ 이선경$^{李善慶}$의 장모$^{丈母}$가 하운동$^{夏雲洞}$에 살 때에 천사$^{天師}$ 그 집에서 공사$^{公事}$를 행$^{行}$하실 새 그 집 주인$^{主人}$에게 일러 가라사대 네 아내가 사십구일$^{四十九日}$ 동안 정성$^{精誠}$을 드릴 수 있는가 잘 상의$^{相議}$하여 보라 주인$^{主人}$이 아내에게 상의$^{相議}$하니 그 아내는 진작부터 천사$^{天師}$의 신성$^{神聖}$하시다는 말씀을 많이 들었으므로 굳게 결심$^{決心}$하고 허락$^{許諾}$하거늘 천사$^{天師}$ 다시 다짐을 받게 하신 뒤에 공사$^{公事}$를 행하실 때 날마다 머리 빗고 목욕$^{沐浴}$한 후에 떡 한 시루씩 찌게 하시니라 여러 날을 지남에 그 아내가 심히 괴로워하여 불평을 품었더니 이 날 떡은 한짐 나무를 때어도 익지 아니 하거늘 크게 당황$^{唐慌}$하여 어찌할 바를 모르더니 천사$^{天師}$ 주인$^{主人}$에게 일러 가라사대 그대 아내의 성심$^{誠心}$이

풀려서 떡이 익지 아니하여 걱정하는 듯 하니 내 앞에 나와서 사과<sup>謝過</sup>하게 하라 나는 비록 용서<sup>容恕</sup>하고자 하나 신명<sup>神明</sup>들이 듣지 아니하느니라 주인<sup>主人</sup>이 아내에게 이 말씀을 고<sup>告</sup>하니 아내가 깜짝 놀래어 사랑에 나와서 천사<sup>天師</sup>께 사과한 후에 부엌에 들어가서 시루를 열어보니 떡이 잘 익었더라 이로부터 한 결 같이 정성<sup>精誠</sup>을 들여 사십구일<sup>四十九日</sup>을 마치니 천사<sup>天師</sup> 친<sup>親</sup>히 부엌에 들어가 그 정성<sup>精誠</sup>을 치하<sup>致賀</sup>하시니 그 아내가 정성을 한결 같이 드리지 못하였음을 미안해 하거늘 천사<sup>天師</sup> 위로<sup>慰勞</sup>하여 가라사대 그대의 성심<sup>誠心</sup>이 신명<sup>神明</sup>에게 사무쳤나니 믿지 않거든 저 증거<sup>證據</sup>를 보라 하시며 하늘에 오색채운<sup>五色彩雲</sup>이 달을 끼고 있는 것을 가리켜 보이시니라

2: 16  계묘<sup>癸卯</sup> 칠월<sup>七月</sup>에 쌀값이 오르고 농작물<sup>農作物</sup>에 충재<sup>蟲災</sup>가 성하여 인심이 불안하거늘 천사<sup>天師</sup> 종도<sup>從徒</sup>들에게 일러 가라사대 신축년<sup>辛丑年</sup> 이후<sup>以後</sup>로는 연사<sup>年事</sup>를 내가 맡았으니 금년 농사를 잘 되게 하여 민록<sup>民祿</sup>을 넉넉케 하리라 하시고 크게 우뢰와 번개를 일으키시니 이로부터 충재<sup>蟲災</sup>가 그치고 농사<sup>農事</sup>가 크게 풍등<sup>豊登</sup>하니라

2: 17  가을에 구릿골 김성천<sup>金成天</sup>의 남새밭에 뜨물과 석음이 일어 채소<sup>菜蔬</sup>가 전멸<sup>全滅</sup>케 되었거늘 천사<sup>天師</sup> 보시고 가라사대 죽을 사람에게 기운을 붙여 회생<sup>回生</sup>케 함이 이 채소<sup>菜蔬</sup>를 소생<sup>蘇生</sup>케 함과 같으니라 하시고 곧 비를 내리시더니 그 뒤에 출타<sup>出他</sup>하셨다가 돌아오사 김자현<sup>金自賢</sup>에게 물어 가라사대 전일<sup>前日</sup>에 뜨물과 석음으로 전멸<sup>全滅</sup>케 되었던 김성천<sup>金成天</sup>의 남새밭이 어떻게 되었느냐 자현<sup>自賢</sup>이 대<sup>對</sup>

하여 가로대 거번<sup>去番</sup> 비 뒤로 다시 소생하여 이 부근<sup>附近</sup>에 으뜸이 되었나이다 가라사대 사람의 일도 이와 같이 병<sup>病</sup>든 자와 죽는 자에게 기운만 붙이면 일어나느니라

2: 18  하루는 원평<sup>院坪</sup>서 술을 잡수시고 여러 사람을 향하여 외쳐 가라사대 이제 우박<sup>雨雹</sup>이 올 터이니 장독 덮개를 새끼로 잘 얽어 놓으라 그렇지 아니하면 편편파쇄<sup>片片破碎</sup>하리라 하시니 여러사람은 무심<sup>無心</sup>히 듣고 오직 최명옥<sup>崔明玉</sup>이 말씀대로 행하였더니 과연 두어시간 후에 큰 우박<sup>雨雹</sup>이 와서 여러집 장독이 모두 깨어지니라

2; 19  천사<sup>天師</sup>의 아우 영학<sup>永學</sup>이 항상<sup>恒常</sup> 도술<sup>道術</sup> 통<sup>通</sup>하기를 천사<sup>天師</sup>께 발원<sup>發願</sup>하더니 하루는 천사<sup>天師</sup> 부채에 학<sup>鶴</sup>을 그려서 영학<sup>永學</sup>에게 주며 가라사대 집에 돌아가서 이 부채를 부치면서 칠성경<sup>七星經</sup>을 무곡<sup>武曲</sup> 파군<sup>破軍</sup>까지 읽고 이어서 대학<sup>大學</sup>을 읽으라 그러면 도술<sup>道術</sup>을 통하리라 영학<sup>永學</sup>이 부채를 가지고 집으로 돌아가다가 정남기<sup>鄭南基</sup> (천사<sup>天師</sup>의 처남<sup>妻男</sup>) 집에 들르니 남기<sup>南基</sup>의 아들이 그 부채의 아름다움을 탐<sup>貪</sup>내어 빼앗고 주지 아니하거늘 영학<sup>永學</sup>이 부득이<sup>不得已</sup>하여 그 사유<sup>事由</sup>를 말하고 돌려 주기를 간청<sup>懇請</sup>하니 남기<sup>南基</sup>의 아들은 더욱 탐<sup>貪</sup>내어 주지 아니하므로 할일 없이 빼앗기고 돌아가니라

2; 20  그 뒤에 남기<sup>南基</sup>의 아들이 그 부채를 부치면서 대학<sup>大學</sup>을 읽으매 문득 신력<sup>神力</sup>이 통하여 능히 신명<sup>神明</sup>을 부리고 물을 뿌려 비를 오게 하는지라 남기<sup>南基</sup>가 기뻐하여 아들을 교사<sup>敎唆</sup>하여 천사<sup>天師</sup>의 도력<sup>道力</sup>을 빼앗으라 하고 아

들로 더불어 하운동夏雲洞에 이르니 천사天師 그 일을 알으시고 남기南基의 무의無義함을 꾸짖고 그 아들의 신력神力을 다 거두신 뒤에 돌려 보내시니라

2; 21   갑진甲辰 정월正月에 백남신白南信이 관액官厄에 걸려서 어찌할 바를 알지 못하여 거처居處를 감추고 김병욱金秉旭을 통하여 천사天師께 풀어주시기를 간청懇請하거늘 천사天師 가라사대 부자富者는 돈을 써야하나니 돈 십만냥十萬兩의 증서證書를 가져오라 남신南信이 곧 십만냥十萬兩의 증서證書를 올렸더니 그 뒤로 남신南信의 관액官厄이 곧 풀리는지라 천사天師 증서證書를 불사르시니라

2; 22   갑진甲辰 정월正月 십오일十五日에 천사天師 술을 마시고 혼몽昏懜히 주무실 때 장흥해張興海의 유아幼兒가 급병急病이 발發하여 죽게되므로 흥해興海의 부父 효순孝淳이 급急히 와서 시료施療를 청하거늘 천사天師 누워 일어나지 아니하시고 혼몽중昏懜中에 냉수冷水나 먹이라고 말씀하셨더니 효순孝淳이 병아病兒에게 냉수冷水를 먹임에 곧 죽는지라 효순孝淳은 본래 성질性質이 사나워서 부중府中 사람들이 천동天動이라고 부르는 터인데 병아病兒의 죽음을 보고 크게 노怒하여 천사天師를 원망하여 가로대 이는 고의故意로 약을 그릇 일러주어 죽임이라 손으로 만져서 죽은 사람을 일으키며 말 한마디로 위태危殆한 병病을 고침은 내가 직접直接 본 바이니 만일 고의가 아니면 물은 고사姑捨하고 흙을 먹였을지라도 그 신이神異한 도술道術로 능能히 낫게 하였을 것이라 하고 드디어 곤봉棍棒을 가지고 와서 천사天師를 난타亂打하여 유혈流血이 낭자狼藉케 한지라 천사天師께서 비로소 잠을 깨어 일어나시

니 효순<sup>孝淳</sup>이 천사<sup>天師</sup>를 결박<sup>結縛</sup>하여 장방청<sup>長房廳</sup>으로 갔다가 문득 뉘우친 듯이 끄르며 가로대 이것이 다 나의 잘못이라 유아<sup>幼兒</sup>가 급증<sup>急症</sup>으로 죽었거늘 어찌 선생<sup>先生</sup>을 원망<sup>怨望</sup>하리오 하고 전교<sup>前交</sup>를 회복<sup>回復</sup>하기를 청하며 자기집으로 동행하기를 구하거늘 천사<sup>天師</sup> 듣지 아니하시고 서원규<sup>徐元圭</sup>의 집으로 가서 유<sup>留</sup>하시고 다음날 이직부<sup>李直夫</sup>의 집으로 가시니라 대개<sup>大槪</sup> 효순<sup>孝淳</sup>이 천사<sup>天師</sup>를 용서<sup>容恕</sup>하여 장방청<sup>長房廳</sup>으로부터 돌아가시게 한 것은 백남신<sup>白南信</sup>에게 받은 돈 십만냥<sup>十萬兩</sup>의 증서<sup>證書</sup>가 있음을 알고 돈을 요구<sup>要求</sup>하려 함이러라

2; 23  다음 날 효순<sup>孝淳</sup>이 원규<sup>元圭</sup>의 집에 가서 천사<sup>天師</sup>의 아니 계심을 보고 대노<sup>大怒</sup>하여 살인범<sup>殺人犯</sup>으로 도피<sup>逃避</sup>하였다 하고 사방<sup>四方</sup>으로 수색<sup>搜索</sup>하더라 그때에 천사<sup>天師</sup>의 성솔<sup>省率</sup>은 전주<sup>全州</sup> 우전면<sup>雨田面</sup> 화정리<sup>花亭里</sup> 이경오<sup>李京五</sup>의 집 협실<sup>夾室</sup>에 이거<sup>移居</sup>하였는데 효순<sup>孝淳</sup>의 가족<sup>家族</sup>이 화정리<sup>花亭里</sup>에 와서 행패<sup>行悖</sup>하니라 김형렬<sup>金亨烈</sup>은 효순<sup>孝淳</sup>의 일을 알지 못하고 천사<sup>天師</sup>의 소식<sup>消息</sup>을 들으려고 화정리<sup>花亭里</sup>에 오니 효순<sup>孝淳</sup>의 집 사람들이 형렬<sup>亨烈</sup>을 결박하여 원규<sup>元圭</sup>의 집으로 가서 천사<sup>天師</sup>의 행방<sup>行方</sup>을 묻되 가르켜 주지 아니하므로 그들은 더욱 분노<sup>憤怒</sup>하여 형렬<sup>亨烈</sup>과 원규<sup>元圭</sup>를 무수<sup>無數</sup>히 구타<sup>毆打</sup>하니라 이로 인하여 천사<sup>天師</sup>의 성솔<sup>省率</sup>은 태인<sup>泰仁</sup> 굴치<sup>屈峙</sup>로 피화<sup>避禍</sup>하고 형렬<sup>亨烈</sup>은 원규<sup>元圭</sup>의 집에서 밤중에 도피하고 원규<sup>元圭</sup>는 그들의 연일<sup>連日</sup> 행패<sup>行悖</sup>에 견디지 못하여 약국을 폐쇄<sup>閉鎖</sup>하고 가권<sup>家眷</sup>을 거느리고 익산<sup>益山</sup>으로 피화<sup>避禍</sup>하니라

2 ; 24  하루는 종도從徒들이 여쭈어 가로대 선생의 권능權能으로 어찌 장효순張孝淳의 난難을 당하였나이까 천사天師 가라사대 교중敎中에나 가중家中에 분쟁紛爭이 일어나면 신정神政이 문란紊亂하여 지나니 그대로 두면 세상世上에 큰 재앙災殃이 이르게 되므로 내가 자신自身으로 그 기운氣運을 받아서 해소解消함이로다 하시니라(장효순張孝淳의 난難 즉전卽前에 고부古阜 가정家庭에 분란紛亂이 있었음)

2; 25  하루는 이직부李直夫의 집에 머무르시더니 직부直夫의 부친 치안治安이 그 해 신수身數를 묻거늘 천사天師 백지 한 장에 글을 써서 불사르시고 다시 글을 써서 밀봉密封하여 주시며 가라사대 급한 일이 있거든 떼어보라 하신지라 치안治安이 깊이 갈머두었더니 그 뒤에 그 며느리가 난산難産으로 위경危境에 이르렀음을 듣고 그 일을 가르치심인가 하여 봉서封書를 가지고 간즉 이미 순산順産하였거늘 다시 갈머두었더니 세말歲末에 치안治安이 병病들어서 위독危篤한지라 직부直夫가 봉서封書를 떼어 보니 소시호탕小柴胡湯 두 첩帖이라 썼거늘 그 약藥을 써서 곧 나으니라

2; 26  이월二月에 밤재에 계실 때 영학永學에게 대학大學을 읽으라 하였더니 영학永學이 듣지 아니하고 술서術書에 착미着味하거늘 천사天師 탄식歎息하여 가라사대 멀지 아니하여 영학永學을 못 보게되리라 하시고 이도삼李道三을 보내사 '골폭사장전유초 혼반고국조무친骨暴沙場纏有草 魂返故國弔無親,' 이란 글 한 귀를 전하여 영학永學으로 하여금 살펴 깨닫게 하시되 영학永學이 종시終是 살펴 깨닫지 못하니라

2; 27  그 뒤에 영학永學이 병들어 위독危篤한지라 천사天師 들으시고 김갑칠金甲七을 데리고 밤재에 가실때 중로中路에서 한 주막酒幕에 드시니 한 사람이 허리가 굽어서 엎디어 기어다니거늘 천사天師 그 허리펴지 못한 이유理由를 물으시니 대하여 가로대 십여년十餘年 전前부터 곱사가 되어서 고치지 못하였나이다 하거늘 천사天師 손으로 그 허리를 펴주시고 사금謝金 열닷냥을 가져오라 하시니 그 사람이 기뻐 뛰놀며 가로대 선생先生은 실로 재생지은再生之恩이 있사오니 그 은혜恩惠를 갚으려 할진 대 태산泰山이 오히려 가벼우나 지금은 몸에 지닌 돈이 없으니 무엇으로 갚사오리까 천사天師 가라사대 물품物品도 가可하니라 그 사람이 가로대 내가 널 장사를 하오니 널로 드림이 어떠하나이까 널 한벌 값이 열닷냥이옵니다 천사天師 가라사대 그도 좋으니 잘 가려두라 하시고 집에 돌아가시니 영학永學이 이미 죽었거늘 그 널을 가져다가 장사葬事지내시니라

2; 28  보름날 김갑칠金甲七을 데리고 부안扶安 고부古阜 등지等地를 순유巡遊하실 때 저녁에 고부古阜 검은 바위 주막酒幕에 들르시니 이때에 화적火賊이 많이 일어나서 대낮에 횡행橫行하므로 순검巡檢 한 사람이 미복微服으로 야순夜巡하려고 이 주막酒幕에 들었거늘 천사天師 주모酒母에게 일러 가라사대 저 사람에게 주식酒食을 주지말라 만일 술과 밥을 먹였다가 값을 받지 못하면 넉넉지 못한 영업營業에 손해損害가 아니냐 하시니 순검巡檢이 이 말씀에 크게 성내어 천사天師를 구타毆打하며 무례無禮한 말을 한다고 꾸짓거늘 천사天師 웃어 가라사대 다 죽은 송장에게 맞아서 무엇이 아프랴 하시고 밖으로 나가시니 주모酒母가 순검巡檢에게 이르되 저 양반의

말씀이 이상異常하니 반드시 무슨 까닭이 있을지니 나가서 사과謝過하고 그 연고緣故를 물어보라 하거늘 순검巡檢이 옳게 여겨 천사天師의 뒤를 따르며 사과謝過한 뒤에 연고緣故를 물으니 천사天師 가라사대 오늘 밤에는 사무事務를 폐廢하고 다른 곳으로 몸을 피避하라 순검巡檢이 명하신대로 몸을 피하였더니 이윽고 밤이 깊음에 화적火賊들이 몰려와서 주모酒母를 구타毆打하며 순검巡檢의 간 곳을 물으니 이는 곧 여러 화적火賊들이 순검巡檢을 죽이려고 미리 약속約束한 일이 있음이라 이튿날 순검巡檢이 천사天師의 계신 곳을 찾아와서 살려주신 은혜恩惠를 감사感謝하니라

2; 29　오월五月에 천사天師 밤재에 계실 때 갑칠甲七이 구릿골로부터 이르거늘 천사天師 물어 가라사대 너의 지방地方에 농황農況이 어떠하뇨 갑칠甲七이 대하여 가로대 가뭄이 심하여 이종移種을 못하므로 민심民心이 소동騷動 되나이다 천사天師 가라사대 네가 비를 빌려왔도다 네게 우사雨師를 붙이노니 곧 돌아가되 길에서 비를 맞을지라도 피하지 말라 이는 네 몸에 천지공사天地公事를 띠고 가는 연고緣故니라 갑칠甲七이 명을 받고 돌아 갈 새 얼마 아니가서 비가 시작始作하여 잠시暫時에 냇물이 넘치는지라 이로부터 물이 풍족豊足하여 수일數日 동안에 모심기를 마치니라

2; 30　유월六月에 형렬亨烈을 데리고 태인泰仁 신배新培를 지나실 때 그 마을 어떤 집에 불이나서 모진 바람에 기세氣勢가 크게 성盛하거늘 천사天師 민망悶惘히 여겨 가라사대 저 불을 그대로 두면 이 바람에 온 마을이 재가 되리니 맞불을 놓아 끄리라 하시고 형렬亨烈을 명하사 섶으로써 불을

피우시니 곧 바람이 자고 불이 꺼지니라

2;31  팔월八月 스무 이렛날 익산益山 만중리萬中里 황사성黃土成의 집에 이르시니 마침 어떤 사람이 노기怒氣를 띠고 있거늘 그 마을 정춘심鄭春心의 집으로 옮겨가시니라 원래 사성土成의 부친父親 숙경叔京이 전주全州 용진면龍進面 용바위 황참봉黃參奉에게 빚이 있었더니 황참봉黃參奉이 죽은 뒤에 그 아들이 사람을 보내서 빚을 재촉하며 만일 갚지 아니하면 경무청警務廳에 고소告訴하여 옥중獄中에다 썩히면서 받겠다고 위협威脅하는지라 이날 밤에 사성土成 부자父子가 춘심春心의 집에 와서 천사天師께 이 일을 아뢰며 무사無事하도록 끌러 주시기를 간청懇請하거늘 천사天師 숙경叔京에게 명하사 무명베 한 필을 사다가 옷 한 벌을 지어 입으시고 숙경叔京에게 일러 가라사대 일이 잘 풀리리니 근심을 놓으라 무명베 한 필은 채권債權과 채무債務 사이에 길을 닦는 것이니라 하시더니 그 뒤에 순검巡檢이 와서 숙경叔京을 잡아 가려고 하거늘 숙경叔京이 순검巡檢으로 더불어 채권자債權者의 집에 가서 갚을 기한期限을 물리기로 하고 화해和解를 청請하여도 채권자債權者가 듣지 아니하고 고집固執하거늘 그 모친母親이 아들을 불러 꾸짖어 가로대 저 어른은 네 부친父親의 친구親舊인데 이제 옥獄에 가두려 하니 이는 금수禽獸의 행위行爲를 하려 함이라 하고 그 증서證書를 빼앗아 불살라 버리니 채권자債權者가 할일 없어 숙경叔京에게 사과謝過한 뒤에 드디어 고소告訴를 취하取下하고 빚을 탕감蕩減하여 버리니라

2;32  구월九月 열흘날 함열咸悅 회선동會仙洞 김보경金甫京의 집에 가시니 보경甫京이 여쭈어 가로대 이 근처近處에는 요

사이 도적盜賊이 출몰出沒하여 밤마다 촌락村落을 터는데 내 집이 비록 넉넉치는 못하나 밖에서는 부자富者인 줄 알므로 실實로 두려워서 마음을 놓지 못하오니 청請컨대 도난盜難을 면免케하여 주옵소서 천사天師 웃으시며 문門 앞에 침을 뱉으시고 일러 가라사대 이 뒤로는 마음을 놓으라 도적盜賊이 저절로 멀리 가리라 하시더니 과연果然 그 뒤로는 도적盜賊의 자취가 없어지니라

2; 33 동짓달十一月에 전주부全州府에 이르시니 마침 민요民擾가 일어나서 인심人心이 소동騷動하는지라 보경甫京에게 일러 가라사대 김병욱金秉旭이 국가國家의 중진重鎭에 처處하였으니 소동騷動된 인심人心을 잘 진압鎭壓하여 그 직책職責을 다하여야 할지라 그 방략方略을 어떻게 정하였는지 물어오라 보경甫京이 병욱秉旭을 찾아 명하신 바를 전하니 병욱秉旭이 천사天師께 와 뵙고 가로대 무능無能한 저로서는 물끓듯 하는 민요民擾를 진압鎭壓할 수 없으니 오직 선생先生의 힘만 믿나이다 천사天師 가라사대 내가 가름하여 진압鎭壓하리라 하시고 이날 저녁부터 비와 눈을 크게 내리시며 기후氣候를 혹독酷毒히 춥게 하시니 방한설비防寒設備가 없이 한데 모였던 군중群衆은 할일 없이 해산解散하여 집으로 돌아가고 비와 눈은 사흘동안을 계속繼續하므로 군중群衆은 다시 모이지 못하고 소동騷動은 스스로 진정鎭定되니라

2; 34 섣달에 원평院坪에 계실 새 그 때에 어사御使 박재빈朴齋斌이 전라북도全羅北道 일곱 고을 군수郡守를 파면罷免하고 장차將次 전주全州에 출도出道하려 함에 군수郡守 권직상權直相의 지위地位도 위태危殆하게 된지라 김병욱金秉旭은 이때에 전주全

州 육군陸軍 장교將校로서 권직상權直相과 친분이 있을 뿐 아니라 권직상權直相이 파면罷免되면 자기自己의 일에도 또한 낭패狼狽될 일이 많으므로 그 일을 근심하여 천사天師께 그 대책對策을 묻거늘 천사天師 가라사대 그 일은 무사無事하도록 끌러주리니 근심치 말라 하시더니 그 뒤에 박어사朴御使가 권직상權直相을 파면罷免하려고 전주부全州府에 들어오자 때마침 박어사朴御使의 면관비훈免官秘訓이 전주부全州府에 이르니라

2; 35  하루는 종도從徒들을 데리시고 모악산母岳山 용안대龍眼臺에 이르사 여러날 머무르실 새 마침 눈이 크게 내려 교통交通이 두절杜絶케 되었는데 양미糧米가 두끼 지을 것 밖에 남지 아니 하였으므로 종도從徒들이 서로 걱정하거늘 천사天師 들으시고 그 남은 양식糧食으로 식혜를 지으라 하시니 종도從徒들은 부족不足한 양식糧食을 털어서 식혜를 지으면 더욱 부족不足하여 굶게 될 것을 걱정하며 식혜를 지어 올리는지라 천사天師 종도從徒들과 나누어 잡수시니 곧 눈이 그치고 일기日氣가 화난和暖케 되어 장설丈雪로 쌓인 눈이 경각頃刻에 다 녹아 도로道路가 통通하므로 곧 돌아오시니라

2; 36  을사乙巳 정월正月 그믐날 형렬亨烈로 더불어 부안扶安 성근리成根里 이환구李桓九의 집에 가사 여러날 머무르실 새 환구桓九가 부안읍扶安邑 사람 신원일辛元一을 자주 천거薦擧하거늘 천사天師께서 원일元一을 부르시니 원일元一이 와 뵈옵고 천사天師를 자기自己집으로 모셔오니 원일元一의 부친父親과 아우는 천사天師를 믿지 아니하고 오래 머무르심을 싫어하는지라 원일元一이 청하여 가로대 가친家親이 본래 고기잡이를 즐겨하여 해마다 경영經營하다가 거년去年에는 폭풍暴風으

로 인<sup>因</sup>하여 큰 손해<sup>損害</sup>를 보았으니 금년<sup>今年</sup>에는 풍재<sup>風災</sup>를 없게 하여 고기잡이를 잘되게 하여주시면 가친<sup>家親</sup>을 위하여 다행<sup>多行</sup>이겠나이다 천사<sup>天師</sup> 가라사대 그 일은 어렵지 아니하니 많은 이익<sup>利益</sup>을 얻은 뒤에 천 냥을 나누어 오라 장차<sup>將次</sup> 쓸데가 있노라 원일<sup>元一</sup> 부자<sup>富者</sup>가 기뻐하여 허락<sup>許諾</sup>하더니 이 해에 과연<sup>果然</sup> 풍재<sup>風災</sup>가 없고 칠산<sup>七山</sup> 바다에서 원일<sup>元一</sup> 부친<sup>父親</sup>의 고기잡이가 제일<sup>第一</sup> 잘되어 큰 돈을 번지라 천사<sup>天師</sup> 원일<sup>元一</sup> 부친<sup>父親</sup>에게 사람을 보내어 허락<sup>許諾</sup>한 돈 천냥<sup>千兩</sup>을 보내라 하시니 원일<sup>元一</sup> 부친<sup>父親</sup>이 전<sup>前</sup> 언약<sup>言約</sup>을 어기고 보내지 아니하거늘 천사<sup>天師</sup> 원일<sup>元一</sup>에게 일러 가라사대 이는 대인<sup>大人</sup>을 속임이라 내 일은 모든 것을 신명<sup>神明</sup>으로 더불어 작정<sup>作定</sup>하는 것이므로 한가지라도 사사로히 못하노니 이 뒤로는 그대 부친<sup>父親</sup>의 고기잡이가 철폐<sup>撤廢</sup>하게 되리라 하시더니 그 뒤로는 고기가 한마리도 잡히지 아니하므로 마침내 고기잡이를 폐지<sup>廢止</sup>하니라

2; 37  삼월<sup>三月</sup>에 일진회원<sup>一進會員</sup>과 전주<sup>全州</sup> 아전이 서로 다투어 정창권<sup>鄭昌權</sup>이 부중<sup>府中</sup> 백성<sup>百姓</sup>을 모아 사대문<sup>四大門</sup>을 잠그고 일진회원<sup>一進會員</sup>의 입성<sup>入城</sup>을 막으며 사방<sup>四方</sup>으로 통문<sup>通文</sup>을 돌려서 민병<sup>民兵</sup>을 모집<sup>募集</sup>하여 일진회<sup>一進會</sup>를 초멸<sup>剿滅</sup>하려 하거늘 천사<sup>天師</sup> 가라사대 어렵게 살아난 것이 또 죽게되니 구원<sup>救援</sup>하여 주리라 하시고 화정리<sup>花亭里</sup> 이경오<sup>李京五</sup>에게 돈 일흔 냥을 청구<sup>請求</sup>하시니 경오<sup>京五</sup>가 돈이 없다고 거절<sup>拒絶</sup>하거늘 다른데서 일곱 냥을 주선<sup>周旋</sup>하여 오사 가라사대 이 일곱 냥이 능히 일흔 냥을 대신<sup>代身</sup>하리라 하시고 형렬<sup>亨烈</sup>을 데리고 전주<sup>全州</sup> 용머리 고개 주막<sup>酒幕</sup>에 이르사 행인<sup>行人</sup>을 많이 청<sup>請</sup>하여 술을 먹이시고 종이에 글을 써서

그 집 문 돌저귀와 문고리를 연결連結하시더니 이날 석양夕陽에 이르러 일진회一進會와 아전이 화해和解하여 사대문四大門을 열고 일진회원一進會員의 입성入城을 허락許諾하니라 이날에 쓴 돈이 엿냥이라 천사天師 형렬亨烈에게 일러 가라사대 옛 사람은 바둑 한점으로 십만병十萬兵을 물리쳤다 하는데 이제 나는 돈 엿냥으로 일진회一進會와 아전의 싸움을 끌렀으니 내가 옛사람만 같지 못하다 하시니라

2; 38 이날 밤에 도적盜賊이 화정리花亭里 이경오李京五의 집을 털어서 돈 일흔 냥을 빼앗아 갔다 하거늘 천사天師 들으시고 가라사대 그 돈에 적신賊神이 범犯하였음을 알고 사람 살리는 일에나 쓰기 위하여 청구請求하였더니 경오京五가 듣지 않고 없다고 거절拒絶하였다 하시니라

2: 39 이 뒤로 두어달 동안 손바라기 앞 주막酒幕에서 공사公事를 행하실 때 종도從徒들의 내왕來往이 빈번頻繁하여 주막주인酒幕主人 오동팔吳東八이 돈을 많이 모았더니 그 뒤에 경비經費가 부족不足함을 보고 심히 냉대冷待하거늘 종도從徒들이 그 무의無義함을 성낸대 천사天師 일러 가라사대 어리석은 자가 의리義理를 알리요 우리가 만일 그 무의無義함을 성내면 그가 반드시 큰 화禍를 받으리니 나의 지나는 길에 덕德을 흘리지 못하고 도리어 화禍를 끼치면 어찌 온당穩當하리오 하시니라

2; 40 이 뒤에 태인읍泰仁邑에 이르사 밤중에 종도從徒들을 데리고 산山에 올라 공사公事를 행行하신 뒤에 일러 가라사대 이제 대신명大神明들이 모였으니 그 해산解散 끝에는 참

혹 惨酷한 응징懲懲이 있으리라 말씀을 마치시자 문득 태인읍
泰仁邑에서 군중群衆의 고함高喊소리가 나는지라 종도從徒들이
천사天師를 모시고 산에서 내려와 사유事由를 탐문探問하니 김
기년金基年의 주막酒幕이 군중群衆에게 엄습掩襲되어 세간과 술
독이 모두 부서졌더라 원래元來 기년基年이 술장사를 함에
읍내邑內 소년少年들의 동정同情을 얻어서 많은 돈을 벌었더니
그 뒤에 소년少年들이 궁핍窮乏하여짐에 기년基年이 심히 냉대
冷待하거늘 소년少年들이 그 무의無義함에 성내어 이렇게 엄습
掩襲함이라 이튿날 천사天師 기년基年의 집에 가시니 기년基年
부부夫婦가 울며 다른 데로 옮기려 하거늘 천사天師 일러 가
라사대 원래元來 이해득실利害得失이 모두 제 몸에 있고 위치
位置에 있지 아니하나니 이 뒤로는 삼가하여 모든 사람에게
온정溫情을 베풀라 그러면 앞길이 펴지고 영업營業이 흥왕興旺
하리라 하시니라

2; 41 그날 밤에 오동팔吳東八의 주막酒幕에는 뜻밖에 우
뢰같은 소리가 나며 집이 저절로 드날려서 뜻밖에 엎어지
고 사람과 세간은 상傷한바 없는지라 동팔東八이 재목材木을
수습收拾하여 다시 집을 짓다가 두 번이나 거듭 전과 같이
엎어지므로 할일 없이 공사를 중지中止하고 의막依幕을 치고
지내더니 하루는 어떤 사람이 지나다가 그 경상景狀을 보고
불쌍히 여겨 자진自進하여 겨우 서너 시간時間 동안에 집을
지어주고 품삯도 받지 아니하고 가더라 대저大抵 그 집을
지으려면 보통목수普通木手 십여일十餘日 품이 들 것이므로 이
웃 사람들은 크게 이상異常히 여기고 종도從徒들은 모두 태
인泰仁 산 위에서 천사天師께서 말씀하신 일을 생각하여 그
집이 엎어진 것은 신명神明들이 해산解散할 때 응징懲懲한 바

요 다시 그 이상異常한 구조救助를 받은 것은 곧 천사天師의 권능權能이라고 생각하니라

2; 42  매양 천지공사天地公事를 행行하실 때 모든 종도從徒들에게 마음을 잘 닦아 앞에 오는 좋은 세상世上을 맞으라 하시므로 종도從徒들이 하루바삐 그 세상世上이 이르기를 바라더니 하루는 신원일辛元一이 청請하여 가로대 선생先生이 천지天地를 개벽開闢하여 새 세상世上을 건설한다 하신지가 이미 오래이며 공사公事를 행行하시기도 여러번이로되 시대時代의 현상現象은 조금도 변變함이 없으니 제자弟子의 의혹疑惑이 자심滋甚하나이다 선생先生이시여 하루바삐 이 세상世上을 뒤집어서 선경仙境을 건설建設하사 남의 조소嘲笑를 받지않게 하시고 애타게 기다리던 우리에게 영화榮華를 주옵소서 하거늘 천사天師 일러 가라사대 인사人事는 기회機會가 있고 천리天理는 도수度數가 있나니 그 기회機會를 지으며 도수度數를 짜 내는 것이 공사公事의 규범規範이라 이제 그 규범規範을 버리고 억지로 일을 꾸미면 이는 천하天下에 재앙災殃을 끼침이요 억조億兆의 생명生命을 빼앗음이라 차마 할 일이 아니니라 원일元一이 굳이 청請하여 가로대 지금 천하天下가 혼란무도混亂無道하여 선악善惡을 가리기 어려우니 마땅히 속速히 진멸殄滅하고 새 운수運數를 열음이 옳으니이다 천사天師 괴로히 여기사 칠월七月에 원일元一과 두어 종도從徒를 데리고 변산邊山 개암사開岩寺에 가사 손가락으로 물을 찍어서 부안扶安 석교石橋로 향하여 뿌리시니 문득 그 쪽으로 구름이 모여들며 큰 비가 쏟아지고 개암사開岩寺 부근附近은 청명淸明하더라 천사天師 원일元一을 명하사 속速히 집에 갔다오라 하시니 원일元一이 명을 받고 집에 돌아간 즉 그 아우의 집이 비에 무너

져서 그 권속眷屬이 자기自己의 집에 모여 있거늘 원일元一이 슬픔을 이기지 못하여 곧 돌아와서 천사天師께 그 사유事由를 아뢰니 천사天師 일러 가라사대 개벽開闢이란 것은 이렇게 쉬운 것이라 천하天下를 물로 덮어 모든 것을 멸망滅亡케 하고 우리만 살아 있으면 무슨 복福이 되리요 대저大抵 제생의세濟生醫世는 성인聖人의 도道요 재민혁세災民革世는 웅패雄覇의 술術이라 이제 천하天下가 웅패雄覇에게 괴롭힘을 당한지 오래라 내가 상생相生의 도道로써 만민萬民을 교화敎化하며 세상世上을 평안平安케 하려 하노니 새 세상을 보기가 어려운 것이 아니요 마음을 고치기가 어려운 것이라 이제부터 마음을 잘 고치라 대인大人을 공부工夫하는 자는 항상 남 살리기를 생각하여야 하나니 어찌 억조億兆를 멸망滅亡케 하고 홀로 잘 되기를 도모圖謀함이 옳으리요 하시니 원일元一이 이로부터 두려워하여 무례無禮한 말로 천사天師를 괴롭게 한 일을 뉘우치고 원일元一의 아우는 그 형이 천사天師께 추종追從하면서 집을 돌보지 아니함을 미워하여 항상恒常 천사天師를 욕辱하더니 형兄으로부터 이 이야기를 듣고는 천사天師께 욕辱한 죄罪로 집이 무너짐이나 아닌가 하여 이로부터 마음을 고치니라

2; 43 원일元一의 부친父親이 서울 사람에게서 수만냥數萬兩 빚을 얻어서 고기잡이를 하다가 실패失敗함에 채권자債權者가 내려와서 원일元一의 집에 유留하며 채무債務를 갚으라고 성화星火같이 독촉督促하더니 이때에 천사天師 원일元一의 집에 이르사 그 정상情狀을 보고 민망悶惘히 여기사 채권자債權者에게 일러 가라사대 오늘 비가 오고 아니올 것으로써 채무탕감債務蕩減할 내기를 함이 어떠하뇨 채권자債權者가 허락許諾

하거늘 가라사대 그대가 비오리라 하면 나는 아니 온다 할 것이요 그대가 아니 오리라 하면 나는 온다 하리니 잘 생각하여 말하라 하시니 채권자債權者는 구름 한 점 없는 좋은 일기日氣임을 보고 비오지 않겠다 하거늘 천사天師는 반드시 비 오리라 하시고 곧 비를 크게 내리시니 채권자債權者가 할 수 없이 그 빚을 탕감蕩減하니라

2: 44  이 뒤에 고부古阜 선돌立石 박창국朴昌國의 집에 이르시니 창국昌國의 아내는 천사天師의 누이라 마침 벗은 발로 밖에 다니는 것을 보고 민망悶惘히 여기사 가라사대 이 도량에 독사毒蛇가 있으니 벗은 발을 물면 어찌 하리요 하시고 길게 휘파람을 부시니 문득 독사毒蛇 한 마리가 풀밭으로부터 기어나와서 뜰 밑에 이르러 머리를 들고 가만히 엎드리더니 이윽고 창국昌國이 밖으로부터 들어오다가 독사毒蛇를 보고 깜짝 놀래어 곧 상장喪杖을 들어서 때려 죽이거늘 천사天師 한숨 지으며 가라사대 독사毒蛇를 상자喪者가 보면 상장喪杖으로 쳐 죽이고 도승道僧이 보면 선장禪杖으로 쳐 죽이건마는 누이에게는 아무것도 제어制御할 것이 없도다 하시고 독사의 피가 땅에 있음을 보고 가라사대 이 피를 벗은 발로 밟으면 해害가 있으리라 하시고 친親히 그 피를 밟아 독기毒氣를 제除하시니라

2: 45  섣달에 함열咸悅로부터 구릿골로 가실 때 길이 심히 질어서 길 걷기가 어려운지라 천사天師 「칙령치도신장어재함라산하 이어우전주동곡勅令治道神將 御在咸羅山下 移御于全州銅谷」이라 써서 불사르시니 진 길이 곧 얼어붙어서 굳어지거늘 이에 마른 신발로 떠나시니라

2: 46  구릿골 앞에서 술장사 하는 정괴산丁槐山이 극極히 가난하되 매양 천사天師를 지성至誠으로 공대供待하더니 하루는 천사天師 그 집에 가시니 괴산槐山이 천사天師께 공대供待하려고 질솥에 개장국을 끓이다가 문득 질솥이 깨어짐에 괴산槐山의 아내가 낙담落膽하여 울고 섰거늘 천사天師 불쌍히 여기사 신경원辛京元을 명命하사 그 경영經營하는 솥점에서 철솥 한 개를 가져다 주었더니 이로부터 괴산槐山의 가세家勢가 점점 넉넉하여 지니라 그 뒤에 괴산槐山이 태인泰仁 방아다리로 이사移徙할 때에 그 철솥을 환평環坪 정동조鄭東朝에게 팔았더니 괴산槐山은 도로 가난하여 지고 동조東朝는 넉넉하게 되었으므로 모든 사람들이 그 철솥을 복솥이라고 일컬으니라

2: 47  하루는 용화동龍華洞 박봉민朴奉敏의 주막酒幕에 이르사 술을 찾으시니 마침 술이 떨어졌다 하거늘 천사天師 술 빚어 넣었던 독을 가져오라 하사 물을 채워 부으시고 손으로 저으신 뒤에 마시시며 종도從徒들에게 나누어 주시니 그 맛이 본래本來 빚었던 술맛과 같더라

2: 48  스무 하룻날 신원일辛元一이 와서 여쭈어 가로대 내가 일찍이 궁감宮監이 되어 궁도조宮賭租 백수석百數石을 범포犯捕하였더니 그 궁宮에서 부안군수扶安郡守에게 부탁付託하여 독촉督促이 심甚할 뿐 아니라 장차將次 가산家産을 적몰籍沒하려 하므로 할 수 없이 피避하여 왔나이다 천사天師 가라사대 그 일을 끄르기는 어렵지 아니하니 이곳에 머물러 있으라 원일元一이 가로대 이 일을 끄르려 하면 국조國朝를 변혁變革하거나 법제法制를 고치거나 두 도리道理 밖에 없는데 한 사람

의 액<sup>厄</sup>을 끄르기 위하여 이렇듯 중대<sup>重大</sup>한 일은 이루기가 어렵지 아니 하나이까 천사<sup>天師</sup> 가라사대 한 사람의 소리가 곧 대중<sup>大衆</sup>의 소리니라 하시더라 원일<sup>元一</sup>이 달포를 머무른 뒤에 천사<sup>天師</sup>를 모시고 서울을 다녀와서 집에 돌아가니 궁토<sup>宮土</sup>의 제도<sup>制度</sup>가 혁파<sup>革罷</sup>되고 따라서 여러 궁감<sup>宮監</sup>의 범포<sup>犯抱</sup>도 모두 면제<sup>免除</sup>되었거늘 원일<sup>元一</sup>이 여러 사람을 대하여 말하되 나로 인하여 까다로운 궁폐<sup>宮廢</sup>가 없어지고 여러 궁감<sup>宮監</sup>들이 모두 살 길을 얻었도다 하더라

2: 49 하루는 금산사<sup>金山寺</sup> 청련암<sup>靑蓮庵</sup> 승僧 김현찬<sup>金玄贊</sup>에게 명당<sup>明堂</sup>쓰기를 원<sup>願</sup>하느냐 현찬<sup>玄贊</sup>이 대하여 가로대 평생소원<sup>平生所願</sup>이로소이다 가라사대 믿고 있으라 하시고 그 뒤에 또 김병욱<sup>秉旭</sup>에게 일러 가라사대 명당<sup>明堂</sup>을 쓰려느냐 병욱<sup>秉旭</sup>이 대하여 가로대 고소원<sup>固所願</sup>이로소이다 가라사대 믿고 있으라 하시더니 그 뒤로 수년<sup>數年</sup>을 지내도록 다시 말씀치 아니하시므로 두 사람은 다만 천사<sup>天師</sup>의 뜻만 바라고 있다가 하루는 병욱<sup>秉旭</sup>이 여쭈어 가로대 전에 허락<sup>許諾</sup>하신 명당<sup>明堂</sup>은 언제나 주시려나이까 천사<sup>天師</sup> 가라사대 네가 아들을 원<sup>願</sup>하므로 그때에 명당<sup>明堂</sup>이 쓰였나니 이미 발음<sup>發蔭</sup>되었느니라 하시니 원래<sup>元來</sup> 병욱<sup>秉旭</sup>이 자식<sup>子息</sup> 없음을 한하다가 명당<sup>明堂</sup>을 허락<sup>許諾</sup>하신 뒤에 작은 집을 얻어서 아들을 낳았더니 그 일을 이르심이라 병욱<sup>秉旭</sup>이 심히 허탄<sup>虛誕</sup>하게 여기거늘 가라사대 선천<sup>先天</sup>에는 백골<sup>白骨</sup>을 묻어서 장사<sup>葬事</sup>하였으되 후천<sup>後天</sup>에는 백골<sup>白骨</sup>을 묻지않고 장사<sup>葬事</sup>하느니라 하시더라 그 뒤에 현찬<sup>玄贊</sup>이 또 묻거늘 가라사대 명당<sup>明堂</sup>은 이미 써서 발음<sup>發蔭</sup>이 되었느니라 하시니 대저<sup>大抵</sup> 현찬<sup>玄贊</sup>도 명당<sup>明堂</sup>을 허락<sup>許諾</sup>하신 뒤에 퇴속<sup>退俗</sup>하여 장가들

어 아들을 낳았으므로 이 일을 이르심이러라

2: 50  김갑칠金甲七이 친산親山을 면례緬禮하려고 모든 기구器具를 준비準備하였더니 천사天師 일러 가라사대 내가 너를 위하여 면례緬禮하여 주리라 하시고 준비準備한 널과 모든 물품物品을 모두 불사르신 뒤에 그 재를 앞내에 버리며 하늘을 보라 하시거늘 갑칠甲七이 명命하신대로 하늘을 우러러 보니 문득 이상異常한 기운이 북北쪽에서 남南쪽까지 뻗쳤더라

2: 51  병오丙午 정월正月 오일五日에 모든 종도從徒들에게 일러 가라사대 오늘은 호소신好笑神이 올 것이니 너희들은 웃음을 조심操心하라 만일 웃는 자가 있으면 이 신명神明이 공사公事를 보지 아니하고 돌아가리니 그가 한번 가면 어느 때 다시 올지 모르리라 하시거늘 여러 사람이 특별特別히 조심操心하더니 뜻밖에 정성백鄭成伯이 웃으므로 일좌一座가 다 함께 웃으니라 그 날 오후午後에 성백成伯이 문득 오한대통惡寒大痛하여 삼일간三日間을 위석委席하였더니 천사天師께서 앞에 뉘이시고 어루만지시니 곧 나으니라 이때에 천사天師 날마다 양지洋紙에 물형약도物形略圖를 그려서 불사르시니라

2: 52  서울에 가셨을 때에 진고개 극장劇場에 가셔서 여러가지 마술魔術을 보시다가 그 입으로 화괴火塊를 먹고 또 양지洋紙를 오린 긴 종이를 한없이 뽑아내는 것을 보시다가 각 종도從徒들에게 좌수左手를 골말 속에 넣고 있으라 하시므로 그대로 하였더니 그 술사術士가 문득 혼도昏倒하여 극장劇場이 크게 혼란混亂하여 자상천답自相踐踏하므로 헌병憲兵까

지 출동하였으나 쉽게 진압<sup>鎭壓</sup> 되지 않는지라 천사<sup>天師</sup>께서 다른 곳으로 피하사 냉수<sup>冷水</sup>를 머금어 품으시니 곧 큰 비가 쏟아져서 대중<sup>大衆</sup>이 스스로 흩어지게 하시니라

2: 53  시월<sup>十月</sup>에 전주<sup>全州</sup> 문태윤<sup>文泰潤</sup>이 와 뵈옵거늘 천사<sup>天師</sup> 그가 지고 온 보따리를 보시고 가라사대 이 방은 한적<sup>閑寂</sup>한 공부방<sup>工夫房</sup>이라 속 모르는 사람을 그대로 들이지 아니하나니 그 보따리를 끌러보이라 그 속에 반드시 전쟁<sup>戰爭</sup>의 장본<sup>張本</sup>이 있으리라 태윤<sup>泰潤</sup>이 부끄러운 빛으로 보따리를 끄르니 그 숙질간<sup>叔姪間</sup>에 재산<sup>財産</sup> 관계<sup>關係</sup>로 송사<sup>訟事</sup>하는 문서<sup>文書</sup>가 들어 있는지라 태윤<sup>泰潤</sup>이 여쭈어 가로대 이런 좋지 못한 일이 있으므로 선생<sup>先生</sup>께 해결책<sup>解決策</sup>을 물으러 와서 부끄러운 마음으로 차마 아뢰지 못하였나이다 천사<sup>天師</sup> 가라사대 전쟁<sup>戰爭</sup>은 가족전쟁<sup>家族戰爭</sup>이 큰 것이니 한 집안 난리<sup>亂離</sup>가 온 천하<sup>天下</sup>의 난리<sup>亂離</sup>를 끌어 내느니라 하시고 한 봉서<sup>封書</sup>를 주시며 가라사대 이 봉서<sup>封書</sup>를 그대 조카의 집에 가서 불사르라 하시거늘 태윤<sup>泰潤</sup>이 그대로 하였더니 그 뒤에 과연<sup>果然</sup> 화해<sup>和解</sup>되니라

2: 54  청도원<sup>淸道院</sup>에서 청국<sup>淸國</sup> 공사<sup>公事</sup>를 행<sup>行</sup>하시고 구릿골로 돌아 오시어 가라사대 풍운우로상설뢰전<sup>風雲雨露霜雪雷電</sup>을 일으키기는 쉬우나 오직 눈 뒤에 곧 비 내리고 비 뒤에 곧 서리치게 하기는 천지조화<sup>天地造化</sup>로도 오히려 어려운 법이라 내가 오늘 저녁에 이와같이 일을 행하리라 하시고 글을 써서 불사르시니 과연 눈이 내린 뒤에 비가 오고 비 개이자 곧 서리치니라

2: 55  이 달에 신원일辛元一이 건재乾材 약국藥局을 배설排設하고 약藥을 사러 공주영公州營에 갈 새 천사天師께 와 뵈옵고 여쭈어 가로대 지금 길이 질어서 길 걷기가 극極히 어려우니 청請컨대 공중公衆의 교통交通을 편리便利케 하기 위하여 길을 얼어붙게 하여지이다 천사天師 허락許諾하시고 술을 가져오라 하사 마시니 그날 밤부터 길이 얼어 붙어서 세말歲末까지 녹지 아니하니라

2: 56  약방藥房에 계실 새 하루는 조조早朝에 해가 떠서 앞 제비산 봉우리에 반쯤 떠 오르거늘 천사天師께서 여러 종도從徒들에게 일러 가라사대 이러한 난국難局에 처處하여 정세靖世의 뜻을 품은 자는 능能히 일행日行을 멈추게 하는 권능權能을 가지지 못하면 불가不可할지니 내 이제 시험試驗하여 보리라 하시고 축인 담배 세대를 갈아 피우시되 해가 산전山巓을 솟아 오르지 못하더니 천사天師께서 연죽煙竹을 떼어 땅에 터시니 해가 문득 수장數丈을 솟아 오르니라

2: 57  김익찬金益贊을 데리고 전주全州 세내를 지나실 때 일본日本 사냥꾼이 기러기 떼가 많이 앉아 있는 곳을 향하여 총銃을 겨누고 쏘려 하거늘 천사天師 가라사대 군자君子 차마 보지 못 할 일이라 하시고 왼발로 땅을 한번 구르며 서시니 그 총銃이 쏘아지지 아니한지라 사냥꾼이 이유理由를 알지 못하고 총銃을 검사檢查하고 헤매던 차에 기러기 떼가 다 날아가거늘 이에 발을 옮겨 걸으시니 총銃은 그제야 발사되니라

2: 58  불가지佛可止 김성국金成國의 집에 머무르실새 텃 밭

에 꿩 떼가 많이 내리거늘 성국成國이 김덕찬金德贊과 더불어 홀치를 많이 만들어 그 밭에 놓아 잡으려고 하는지라 천사天師 가라사대 너희는 잡을 공부工夫를 하라 나는 살릴 공부工夫를 하리라 하시더니 이로부터 꿩 떼가 많이 내리되 한마리도 홀치에 걸리지 아니하니라

2: 59  불가지佛可止로부터 전주全州로 가실 새 동남東南으로부터 큰 비가 몰려 오거늘 천사天師 길 가운데 흙을 파고 침을 뱉어 묻으시니 몰려오던 비가 문득 두갈래로 나뉘어져 한 갈래는 동東쪽으로 향向하고 한 갈래는 서西쪽으로 향向하여 몰려 가니라

2: 60  황응종黃應鍾 김갑칠金甲七을 데리고 원평院坪을 지나실 새 원평院坪 앞 다리를 지나시면서 왼발로 길을 한번 구르시고 길가에 서시더니 이윽고 말탄 사람 세 명이 오다가 다리 건너편에 이르러 말 발굽이 땅에 붙어서 옮기지 못하므로 마부馬夫가 무수無數히 힘들여 끌다가 할일 없이 멈추고 섰더니 한 마부馬夫가 고삐를 놓고 다리를 건너와서 천사天師께 절하고 비켜 서시기를 빌거늘 천사天師 웃으시며 비켜서시니 말이 비로소 달려가니라

2: 61  정미丁未 사월四月에 고부古阜 손바래기로부터 태인泰仁으로 가실 새 먼저 원일元一을 보내시어 여관旅館을 정하게 하시고 이튿날 손바래기를 떠나 그 앞 주막酒幕에 이르사 형렬亨烈에게 일러 가라사대 나는 여기서 자리니 너는 먼저 가서 원일元一과 함께 자고 내일來日 아침에 하마정下馬亭에서 나를 기다리라 형렬亨烈이 명命을 받고 태인泰仁에 이르러 원

일元一을 만나 함께 자고 이튿날 원일元一과 더불어 하마정下馬亭에 이르니 마침 장날이라 사람이 많이 모여들더라 천사天師 형렬亨烈과 원일元一을 만나 길가 술집에 앉으시고 원일元一에게 일러 가라사대 내가 오늘 벼락을 쓰리니 술을 가져오라 원일元一이 술을 올림에 천사天師 잔을 드사 두어번 두르신 뒤에 마시시니 문득 바람이 일어나고 소나기가 쏟아지며 우뢰와 번개가 크게 일어나더니 이윽고 비가 개이거늘 원일元一을 명命하여 가라사대 신경원辛京元의 집에 가면 알 일이 있으리니 빨리 다녀오라 원일元一이 명命을 받고 경원京元의 집에 가니 마침 나무장사가 비를 피避하여 경원京元의 집에 들어와서 말하여 가로대 나는 오늘 놀라운 일을 보았노라 오는 길에 늙은 여인女人과 젊은 여인女人이 길에서 싸우는 것을 보았는데 그 내용內容을 들은즉 젊은 여인女人은 늙은 여인女人의 며느리라 아들을 낳은지 이레가 못되어 어젯밤에 상부喪夫하였는데 초상初喪도 치르지 아니하고 갓난애를 버리고 도망逃亡하므로 늙은 여인女人이 쫓아와서 어린애를 데리고 가서 기르라고 애걸하되 며느리가 듣지 않고 서로 다투다가 문득 벼락을 맞아서 며느리가 죽었으니 이를 볼진대 천도天道가 소명昭明하도다 하거늘 원일元一이 돌아와서 들은 말을 아뢰니 가라사대 내가 오늘 아침에 물망리物望里 주막酒幕을 지날 때에 한 젊은 여인女人이 이슬을 털며 빨리 지나가더니 그 뒤로 늙은 여인이 달려오며 젊은 여인의 자취를 묻는고로 그 사실을 자세仔細히 들으니 실로 인도상人道上 용서容恕치 못할 죄악罪惡이라 하물며 그 작배作配는 저희들 끼리 스스로 지은 것이라 하니 대저大抵 부모父母가 지어준 것은 인연人緣이요 스스로 지은 것은 천연天緣이라 인연人緣은 오히려 고칠 수 있으되 천연天緣은 고치지 못하는 것이어늘 이제 인도<sup>人道</sup>에 거슬리고 천연<sup>天緣</sup>의 의<sup>義</sup>를 저버리니 어찌 천벌<sup>天罰</sup>이 없으리요 하시니라

2: 62  오월<sup>五月</sup> 단양절<sup>端陽節</sup>에 종도<sup>從徒</sup>들과 마을 사람들이 천사<sup>天師</sup>를 모시고 학선암<sup>學仙庵</sup>으로 소풍<sup>消風</sup>하러 갈 새 중로<sup>中路</sup>에서 소나기가 크게 몰려 오거늘 천사<sup>天師</sup> 담뱃대로 몰려 오는 비를 향하여 한번 두르시니 문득 비가 다른 곳으로 몰려 가더니 학선암<sup>學仙庵</sup>에 이른 뒤에 비로소 비가 몰려 오니라

2: 63  유월<sup>六月</sup>부터 두어 달 동안 대흥리<sup>大興里</sup> 경석<sup>京石</sup>의 집에 계실 때 공우<sup>公又</sup>가 종유<sup>從遊</sup>하기 달포전<sup>前</sup>에 천원장<sup>川原場</sup>에서 예수교인<sup>耶蘇敎人</sup>과 다투다가 큰 돌에 맞아서 가슴뼈가 상<sup>傷</sup>하여 한참 혼도<sup>昏倒</sup>하였다가 겨우 일어나서 수십일<sup>數十日</sup> 동안 치료<sup>治療</sup>를 받은 뒤에 겨우 다니기는 하되 아직까지 가슴에 손을 대지 못하고 크게 고통<sup>苦痛</sup>하는 중임을 아뢰니 가라사대 네가 이전<sup>以前</sup>에 어느 길가에서 남의 가슴을 쳐서 사경<sup>死境</sup>에 이르게 한 일이 있으니 그 일을 생각하여 잘 뉘우치라 또 네가 몸이 쾌<sup>快</sup>한 뒤에는 가해자<sup>加害者</sup>를 찾아서 죽이려고 생각하나 네가 상해<sup>傷害</sup>한 척이 그에게 붙어서 갚은 바이니 오히려 그만 하기가 다행<sup>多幸</sup>이라 네 마음을 잘 풀어 가해자<sup>加害者</sup>를 은인<sup>恩人</sup>과 같이 생각하라 그러면 곧 나으리라 공우<sup>公又</sup> 이 말씀에 크게 감복<sup>感服</sup>하여 가해자<sup>加害者</sup>를 미워하던 마음을 풀어 버리고 후일<sup>後日</sup>에 만나면 반드시 잘 대접<sup>待接</sup>하리라는 생각을 두었더니 수일<sup>數日</sup> 후에 천원<sup>川原</sup> 예수교회<sup>耶蘇敎會</sup>에 열두 고을 목사<sup>牧師</sup>가 모여서 대전도회<sup>大傳道會</sup>를 연다는 말이 들리거늘 천사<sup>天師</sup> 공우<sup>公又</sup>에게

일러 가라사대 네 상처傷處를 낫게하기 위하여 열두 고을 목사牧師를 움직였노라 하시더니 그 뒤 사흘 만에 공우公又의 상처傷處가 완전完全히 나으니라

2: 64  하루는 가물치 회膾를 올렸더니 천사天師 잡수신 뒤에 문밖을 거닐으시다가 하늘을 우러러 보시고 웃어 가라사대 그 기운이 빠르다 하시거늘 종도從徒들이 하늘을 우러러 보니 구름과 같은 이상異常한 기운이 가물치 모양貌樣을 이루어 동쪽을 향하여 떠가더라

2: 65  하루는 종도從徒들이 금사琴師를 불러서 가야금伽倻琴을 타게하고 유쾌愉快히 놀더니 천사天師 금지禁止하사 가라사대 저 허공虛空을 보라 나는 모든 일을 함부로 하기 어려우니라 종도從徒들이 모두 우러러 보니 구름과 같은 이상異常한 기운이 가야금伽倻琴 타는 형상形狀과 오륙인五六人이 벌려 앉은 모형貌型을 이루어 허공虛空에 떠있더라

2: 66  중복中伏 날 종도從徒들에게 일러 가라사대 오늘 번개가 나지 아니하면 충재蟲災가 생겨서 농작물農作物이 큰 해害를 입으리니 잘 살피라 하시거늘 모두 주의注意하여 저물도록 살피되 번개가 나지 아니하거늘 천사天師 하늘을 우러러 가라사대 천지天地가 어찌 생민生民의 재앙災殃을 이렇듯 돌보지 아니하느뇨 하시며 마른 짚을 끊어서 화로火爐에 꽂아 사르시니 문득 북방北方에서 번개가 치는지라 또 가라사대 북방北方 사람만 살고 다른 지방地方 사람은 다 죽어야 옳으리요 하시니 다시 사방四方에서 번개가 번쩍이더라

2: 67  하루는 원일元一 공우公又외 서너 사람을 데리고 태인泰仁 살포정에 이르사 주막酒幕에 들어 쉬시려니 문득 우뢰가 일어나며 번개가 크게 일어나 집에 내리려 하거늘 천사天師 허공虛空을 향하여 꾸짖으시니 우뢰와 번개가 곧 그치는지라 공우公又는 대흥리大興里에서 글을 써서 벽壁에 붙여 우뢰를 크게 일으키시고 또 이번에 우뢰와 번개를 꾸짖어 그치게 하심을 보고는 비로소 천사天師께서 천지天地조화造化를 마음대로 쓰시는 줄 알고 이로부터 더욱 경외敬畏하더니 하루는 공우公又에게 일러 가라사대 네가 오랫동안 식고食告를 잘하였으나 이제 만날 사람 만났으니 식고食告는 내게로 돌릴지어다 하시니 공우公又 더욱 기뻐하여 평생平生 소원所願을 이룬 줄 깨달으면서 곧 그리 하겠나이다 라고 대답對答하니라 원래元來 공우公又는 동학東學 신도信徒의 통례通例와 같이 「대신사응감大神師應感」이라는 식고食告를 하지않고 항상恒常 「하느님 뵈여지이다」라는 발원發願으로 식고食告하더니 이제 천사天師께서 말씀하신 바를 들건대 반드시 마음으로 생각하는 것을 통찰洞察하심이며 또 천지조화天地造化를 마음대로 쓰시는 것을 볼진대 분명分明히 하느님으로서 강림降臨하심이 의심疑心없다고 생각하니라

2: 68  하루는 경석京石에게 일러 가라사대 네 선조先祖의 뫼에 구월산九月山 금반사치金盤死雉의 기운을 옮겨 오리라 하시고 경석京石으로 하여금 춤추게 하시고 공우公又로 하여금 북을 치게 하시니라

2: 69  하루는 정남기鄭南基의 집에 이르시니 남기南基의 아들이 무슨 일로 부친父親에게 꾸지람을 듣고 불순不順한

말로 대답<sup>對答</sup>한 뒤에 밖으로 나가다가 다시 안으로 향하여 들어오더니 문득 문 앞에 우뚝 서서 움직이지 못하고 땀을 흘리며 연<sup>連</sup>하여 소리를 지르매 온 집안 사람들이 크게 놀래어 어찌 할 바를 모르는지라 이윽고 천사<sup>天師</sup> 돌아보시며 가라사대 어찌 그렇게 고통<sup>苦痛</sup>하느냐 하시니 그제야 능히 움직이며 정신<sup>精神</sup>을 돌리거늘 집안 사람들이 그 까닭을 물으니 대<sup>對</sup>하여 가로대 뜻밖에 정신<sup>精神</sup>이 혼미<sup>昏迷</sup>하여 지며 숨이 막혀서 호흡<sup>呼吸</sup>을 통<sup>通</sup>치 못하며 골절<sup>骨節</sup>이 굳어져서 굴신<sup>屈身</sup>을 못하였노라 천사<sup>天師</sup> 물어 가라사대 그 때에 네 가슴이 답답하더냐 대<sup>對</sup>하여 가로대 심<sup>甚</sup>히 답답하여 견딜 수 없더이다 가라사대 네가 당한 바로써 네 부친<sup>父親</sup>의 가슴을 헤아려 보라 네 부친에게 그렇게 불경<sup>不敬</sup>한 말을 하였으니 그 가슴이 어떠하였으랴 이 뒤로는 허물을 뉘우쳐 다시는 그리하지 말지어다 하시니라

2∶70  하루는 경석<sup>京石</sup>에게 일러 가라사대 너는 강령<sup>降靈</sup>을 받아야 하리라 하시고 원황정기<sup>元皇正氣</sup> 내합아신<sup>來合我神</sup>을 읽히시며 방문<sup>房門</sup>을 여시니 경석<sup>京石</sup>이 문득 소리를 내어 통곡<sup>痛哭</sup>하다가 이윽고 그치거늘 가라사대 그 울음은 신명<sup>神明</sup>에게 벌<sup>罰</sup>을 받는 소리니라 하시니라

2∶71  천사<sup>天師</sup> 대신명<sup>大神明</sup>이 들어설 때 마다 손을 들어 머리로 올려 예<sup>禮</sup>하시니라

2∶72  박공우<sup>朴公又</sup>가 대흥리<sup>大興里</sup>에서 천사<sup>天師</sup>를 모시고 구릿골로 올 때 과교리<sup>科橋里</sup>를 지나다가 문득 울음이 나오며 동학<sup>東學</sup>으로 다년간<sup>多年間</sup> 고생<sup>苦生</sup>하던 일이 생각<sup>生覺</sup>나서

더욱 서럽게 울어지는 지라 천사<sup>天師</sup> 돌아보시며 가라사대 무슨 일로 그다지 우느냐 공우<sup>公又</sup> 목메인 소리로 대<sup>對</sup>하여 가로대 어쩐 일인지 부지중<sup>不知中</sup>에 울게 되고 전날 고생<sup>苦生</sup>하던 일이 낱낱이 생각나서 능<sup>能</sup>히 그치지 못하나이다 가라사대 잘되게 하여 주리니 그만 그치라 하시니 울음이 곧 그쳐지더라

2: 73  동짓달에 구릿골에 계실 새 공우<sup>公又</sup>가 뵈이러 오는 길에 우연<sup>偶然</sup>히 흥<sup>興</sup>이 나서 「모시러 가자 모시러 가자 부처님 모시고 우리 집으로 돌아가자」라고 노래를 불렀더니 구릿골에 이르러 천사<sup>天師</sup>께 뵈이니 가라사대 내가 네 집에 가기를 원<sup>願</sup>하느냐 하시거늘 공우<sup>公又</sup> 기뻐하여 가로대 소원<sup>所願</sup>이로소이다 하고 천사<sup>天師</sup>를 모시고 돌아오다가 용암리<sup>龍岩里</sup> 물방아 집에 들어 쉴 새 천사<sup>天師</sup> 문을 열고 남쪽 하늘을 바라보시며 높다 높다 하시거늘 공우<sup>公又</sup>가 바라보니 구름이 가득 끼었는데 하늘이 방석 한 닢 넓이 쯤 통하여 바람이 쓸쓸히 불고 눈이 내리거늘 천사<sup>天師</sup> 공우<sup>公又</sup>에게 일러 가라사대 나와 친구<sup>親舊</sup>로 지내자 하시니 공우<sup>公又</sup>는 그 말씀이 황공<sup>惶恐</sup>하기도 하고 이상히도 여겼더니 또 가라사대 기운이 작다 하시거늘 공우<sup>公又</sup> 부지중<sup>不知中</sup>에 여쭈어 가로대 바람이 좀 더 불리이다 하였더니 과연<sup>果然</sup> 바람이 크게 부는지라 또 가라사대 나와 친구로 지내자 하시며 기운이 작다 하시거늘 공우<sup>公又</sup> 또 가로대 바람이 더 높아지리이다 하였더니 그때는 바람이 크게 일어나서 모래와 돌을 날리는지라 천사<sup>天師</sup> 가라사대 용호대사<sup>龍虎大師</sup>의 기운을 공우<sup>公又</sup>에게 붙여 보았더니 그 기운이 작도다 하시니라

2: 74  하루는 공우公又를 데리고 정읍井邑으로 가실 때 공우公又에게 마음으로 풍운조화風雲造化를 외우라 하심으로 그대로 외우다가 문득 잊어버리고 그릇 천문지리天文地理를 외우더니 천사天師 돌아보시며 가라사대 그릇 외우니 다시 생각하라 하시거늘 공우公又 놀래어 생각하니 과연果然 그릇 외웠는지라 이로부터 고쳐 외우며 대흥리大興里까지 왔더니 이날 밤에 비와 눈이 섞여 오거늘 가라사대 네가 한번 그릇 생각함으로 인因하여 천기天氣가 한결 같지 못하도다 하시니라

2: 75  하루는 정읍井邑 수통점店에서 유숙留宿하실 때 공우公又가 시측侍側하였더니 이도삼李道三이 와서 그 이웃 버들리里에서 이십세二十歲쯤 된 여자가 범에게 물려갔다는 말을 고하거늘 천사天師께서 공우公又에게 하늘에 충성蟲星이 보이는가 보라 하시므로 공우公又 나가서 우러러 보고 나타나 있음을 아뢰니 천사天師께서 목침木枕으로 마루를 치시며 충성蟲星아 어찌 사람을 해害하느냐 하시더니 이튿날 그 여자가 살아 왔는데 의복衣服은 파열破裂되었으나 몸의 상해傷害는 크지 아니하더라

2: 76  섣달에 고부古阜 와룡리臥龍里 신경수申京洙의 집에서 공사公事를 보실 때 원일元一에게 일러 가라사대 네가 일찍이 동천東天을 향向하여 붉은 옷을 입고 구름을 타고 앉은 사람에게 사배四拜한 일이 있으니 이제 다시 그와 같이 절하라 내가 곧 그 사람이로다 원일元一이 곧 일어나서 사배四拜하거늘 종도從徒들이 원일元一에게 연고緣故를 물으니 대답對答하여 가로대 연전年前에 우연偶然히 병病이 들어서 죽게 되

었더니 정신$^{精神}$이 황홀$^{恍惚}$한 중$^{中}$에 어떤 큰 사람이 사인교$^{四人轎}$를 타고 와서 내게 말하되 네가 새 옷을 입고 문밖에 나가서 동천$^{東天}$에 붉은 옷을 입고 구름을 타고 앉은 어른에게 절하라 그러면 네 병$^{病}$이 나으리라 하므로 그 말대로 새 옷을 입고 문밖에 나가서 동천$^{東天}$을 바라보니 과연$^{果然}$ 붉은 옷을 입고 구름을 타고 앉은 어른이 계시므로 사배$^{四拜}$를 올렸더니 그때부터 병$^{病}$이 곧 나았는데 집 안 사람들은 새 옷 입고 밖에 나가는 것을 해괴$^{駭怪}$하게 여겼다 하더라

2: 77  무신$^{戊申}$ 이월$^{二月}$에 종도$^{從徒}$들을 데리고 어디를 가실 때 보리밭 가로 지나시더니 종도$^{從徒}$들이 서로 말하되 이 세상$^{世上}$에 빈부$^{貧富}$의 차별$^{差別}$로 인$^{因}$하여 곡식$^{穀食}$중에 오직 먹기 어려운 보리가 빈민$^{貧民}$의 양식$^{糧食}$이 되어 먹을 때에 항상$^{恒常}$ 괴로움을 느끼니 보리를 없이 하여 버려야 먹는데 차별$^{差別}$이 없이 일치$^{一致}$하리라 하거늘 천사$^{天師}$ 들으시고 가라사대 너희들의 말이 유리$^{有理}$하니 보리를 없이 하여 버리자 하셨더니 사월에 크게 가물어서 보리가 다 말라죽으니 농민$^{農民}$들이 크게 소동$^{騷動}$하는지라 종도$^{從徒}$들이 이 일을 아뢰어 가로대 이제 만일 보리 흉년$^{凶年}$이 들면 굶어 죽는 자가 많으리라 하거늘 천사$^{天師}$ 꾸짖어 가라사대 전자$^{前者}$에 너희들이 보리를 없애 버림이 옳다하고 이제 다시 보리 흉년을 호소하느냐 나의 일은 비록 농담$^{弄談}$ 한마디라도 도수$^{度數}$에 박혀 천지$^{天地}$에 울려 나가나니 이 뒤로는 모든 일에 실없는 말을 삼가하라 하시고 전주$^{全州}$ 용머리 고개에 가사 김낙범$^{金洛範}$을 명$^{命}$하여 거친 보리밥 한 그릇과 된장국 한 사발을 가져오라 하사 가라사대 궁민$^{窮民}$의 음식$^{飮食}$

제이장$^{第二章}$  천사$^{天師}$의 성도$^{成道}$와 기행$^{奇行}$이적$^{異蹟}$  _65

이 이러하리라 하시고 된장국에 밥을 말아서 다 잡수시니 문득 검은 구름이 일어나며 비가 내려서 보리가 다시 생기生氣를 얻어 풍작豊作을 이루니라

2: 78  공우公又가 종사從事함으로부터 천사天師의 순유巡遊에 많이 모시고 다녔는데 어디서든지 머무르시다가 다른 곳으로 떠나려 하실 때에는 밤이면 달머리가 나타나고 낮이면 햇머리가 나타나는 것을 징험徵驗하였으므로 언제든지 달머리나 햇머리만 나타나면 출입出入하실 줄 알고 먼저 신발과 행장行裝을 단속團束하여 명을 기다리면 반드시 부르사 가자 하시며 떠나셨나니 대저大抵 천사天師께서는 어디를 가시든지 미리 말씀을 아니 하셨더라

2: 79  김보경金甫京이 곰개에 작은 집을 두고 본가本家를 돌보지 아니하거늘 천사天師 글을 써 주시며 가라사대 네 작은 집을 면대面對하여 불사르라 그러면 좋은 일이 있으리라 보경甫京이 그대로 하였더니 뜻밖에 임질淋疾을 얻어 본가本家로 돌아와서 달포를 머물렀더니 그 동안에 작은 집이 다른 곳으로 간지라 천사天師 보경甫京을 불러 경계警戒하여 가라사대 이제는 집안이 편안하여 좋은 운수運數가 열리리니 본처本妻를 사랑하여 저버리지 말라 하시고 임질淋疾을 낫게 하여 주시니라

2: 80  하루는 여러 종도從徒들을 데리고 솜리를 지나실 때 나룻터에 이르니 사공이 없고 빈 배만 떠 있거늘 천사天師 몸소 노櫓를 저어 건너신 뒤에 하늘을 우러러 보시고 웃으시거늘 모두 우러러 보니 구름 같은 이상한 기운이

노를 저어가는 모형<sup>模型</sup>을 이루어 천천히 떠가더라

2: 81  이 뒤에 태인<sup>泰仁</sup> 금상리<sup>今上里</sup>를 지나실 때 마침 날이 가물어서 모심기를 못하더니 동학<sup>東學</sup> 신도<sup>信徒</sup> 유한필<sup>柳漢弼</sup>이 그 전날 구름이 끼임을 보고 비가 올까 하여 마른 논에 호미로 모를 심었더니 이내 비가 오지 아니하여 모가 마르거늘 극히 초민<sup>憔憫</sup>하여 가로대 가뭄이 이렇게 심<sup>甚</sup>하여 비 올 뜻이 없으니 호미심기 한 것을 갈아 엎어서 콩이나 심을 수 밖에 없도다 하며 탄식<sup>歎息</sup>하거늘 천사<sup>天師</sup> 들으시고 가라사대 모심은 것을 갈아 엎어 다른 곡식<sup>穀食</sup>을 심는 것은 변괴<sup>變怪</sup>가 아니냐 하시며 한필<sup>漢弼</sup>을 앞세우고 그곳에 가서 참혹<sup>慘酷</sup>한 광경<sup>光景</sup>을 보시고 서쪽 하늘을 향하여 만수<sup>萬修</sup>를 부르시니 문득 검은 구름이 피어 오르며 소나기가 내리거늘 한필<sup>漢弼</sup>은 무슨 까닭인지 알지 못하고 다만 미리 아는 법이 있는가 하여 이상히 여기더라

2: 82  어떤 여인이 간부<sup>姦夫</sup>를 보아 자식<sup>子息</sup>을 낳았으나 본부<sup>本夫</sup>는 모르더니 하루는 천사<sup>天師</sup> 그 여인에게 일러 가라사대 저 아해<sup>兒孩</sup>가 혈통<sup>血統</sup>이 바르지 못하니 어찌 모호<sup>模糊</sup>하게 하여 큰 죄<sup>罪</sup>를 짓느냐 하시니 그 여인이 사실을 자백<sup>自白</sup>하니라

2: 83  유월<sup>六月</sup>에 김병욱<sup>金秉旭</sup>이 사람을 보내어 백남신<sup>白南信</sup>의 친산<sup>親山</sup>에 묘적<sup>墓賊</sup>이 들어서 두골<sup>頭骨</sup>을 도적<sup>盜賊</sup>하여 갔다는 사유를 아뢰거늘 천사<sup>天師</sup> 등불을 밝혀 사흘밤을 철야<sup>徹夜</sup>하사 상가<sup>喪家</sup>와 같이 지내시고 남신<sup>南信</sup>에게 말씀을 전하여 가라사대 두골<sup>頭骨</sup>을 찾으려 힘쓰지 말고 조용한 곳에

거처$^{居處}$하여 외인$^{外人}$ 교제$^{交際}$를 끊으라 처서절$^{處暑節}$에는 스스로 두골$^{頭骨}$을 가져오게 하리라 하시니라 이 때에 사흘밤 철야$^{徹夜}$하심을 종도$^{從徒}$들이 즐겨하지 아니하니 가로대 이같이 힘을 들이되 당사자는 알지 못하니 무슨 공로$^{功勞}$를 알리이까 가라사대 두골$^{頭骨}$만 찾게 할 뿐이요 그의 알고 모름은 관계할 바 아니니라 하시니라 남신$^{南信}$이 명하신 대로 유벽$^{幽僻}$한 백운정$^{白雲亭}$에 처하더니 칠월에 그 묘하촌$^{墓下村}$에서 동장$^{洞長}$이 자발적$^{自發的}$으로 동회$^{洞會}$를 열고 의논$^{議論}$하되 우리가 이 묘하촌$^{墓下村}$에 살면서 범연$^{凡然}$히 지낼 수 없으니 온 동리$^{洞里}$가 나서서 이 근처$^{近處}$를 수색$^{搜索}$하여 만일 두골$^{頭骨}$을 찾는 사람이 있으면 묘주$^{墓主}$에게 말하여 상을 주게 함이 가하다 하고 온 마을 사람을 동원$^{動員}$하여 근처 산 기슭을 수색$^{搜索}$하니 이때에 묘적$^{墓賊}$이 생각하되 묘주$^{墓主}$가 돈을 들여서 두골$^{頭骨}$을 찾으려 하지 아니하니 차라리 이 기회에 두골$^{頭骨}$을 찾아가면 도적이란 이름도 면하고 상당한 상을 받으리라 하고 두골$^{頭骨}$을 가지고 동장$^{洞長}$에게 가서 말하되 내가 여러 곳을 수색$^{搜索}$하여 다행히 찾았노라 하거늘 동장이 그 사람을 데리고 백운정$^{白雲亭}$에 오니 이 날이 곧 처서절$^{處暑節}$이러라

2: 84 이튿날 아침에 용머리 고개에 가셨더니 병욱$^{秉旭}$이 와서 두골$^{頭骨}$ 찾은 일을 아뢰거늘 가라사대 묘적$^{墓賊}$은 어떻게 하였느뇨 대$^{對}$하여 가로대 경무청$^{警務廳}$으로 보냈나이다 가라사대 잘 설유$^{設諭}$하여 돌려 보냄이 가하거늘 어찌 그리하였느냐 하시고 검은 옷 한 벌을 지어오라 하사 불사르시며 가라사대 징역$^{懲役}$에나 처하게 하리라 하시더니 과연 그 사람이 징역$^{懲役}$에 처하니라 종도$^{從徒}$들이 반드시

처서날에 찾게 된 까닭을 물으니 가라사대 매양 사사<sup>私事</sup>일이라도 천지공사<sup>天地公事</sup>의 도수<sup>度數</sup>에 붙여 두기만 하면 그 도수<sup>度數</sup>에 이르러 공사<sup>公事</sup>와 사사<sup>私事</sup>가 다 함께 끌리느니라 하시니라

2: 85  김덕찬<sup>金德贊</sup>이 천사<sup>天師</sup>께 대<sup>對</sup>하여 항상<sup>恒常</sup> 거만<sup>倨慢</sup>하더니 하루는 공사<sup>公事</sup>를 보실 새 크게 우뢰와 번개를 쓰시니 덕찬<sup>德贊</sup>이 두려워하여 자리를 옮기거늘 일러 가라사대 네가 죄<sup>罪</sup>지은 바 없거늘 어찌 두려워하느냐 덕찬<sup>德贊</sup>이 더욱 겁내며 어찌 할 바를 모르더니 그 뒤로는 천사<sup>天師</sup>께 극히 공경<sup>恭敬</sup>하니라

2: 86  남신<sup>南信</sup>의 일가<sup>一家</sup> 용안<sup>容安</sup>이 술도가 면허<sup>免許</sup>를 얻고 전주<sup>全州</sup> 부중<sup>府中</sup>에 있는 수백<sup>數百</sup> 술집에 술 빚는 것을 금<sup>禁</sup>하니 이때에 천사<sup>天師</sup> 용머리 고개 김주보<sup>金周甫</sup>의 주막<sup>酒幕</sup>에 계실 때 주보<sup>周甫</sup>의 아내가 가슴을 치며 가로대 다른 벌이는 없고 다만 술장사로 가권<sup>家眷</sup>이 살아 왔는데 이제 술을 빚지 못하면 무슨 벌이로 살아가리요 하거늘 천사<sup>天師</sup> 불쌍히 여기사 종도<sup>從徒</sup>들에게 일러 가라사대 어찌 남장군<sup>男將軍</sup>만 있으리오 마땅히 여장군<sup>女將軍</sup>도 있으리라 하시고 종이에 여장군<sup>女將軍</sup>이라 써서 불사르시니 주보<sup>周甫</sup>의 아내가 문득 신기<sup>神氣</sup>를 얻어서 부중<sup>府中</sup>을 돌며 호령<sup>號令</sup>하여 잠시<sup>暫時</sup>에 수백<sup>數百</sup> 주모<sup>主母</sup>를 모아 거느리고 용안<sup>容安</sup>의 집을 엄습<sup>掩襲</sup>하여 형세<sup>形勢</sup>가 불온<sup>不穩</sup>하거늘 용안<sup>容安</sup>이 크게 놀래어 군중<sup>群衆</sup>에게 사과<sup>謝過</sup>하고 술도가를 중지하니라

2: 87  용머리 고개에 봉사 한사람이 항상<sup>恒常</sup> 길 가에

앉아서 피리를 불어 돈을 벌더니 하루는 천사天師 지나시다가 일러 가라사대 네 돈으로 술 한 잔盞을 사먹으려 하노니 뜻이 어떠하뇨 대하야 가로대 몇 잔盞이던지 사 잡수시기를 원하나이다 천사天師 웃으시고 돈 한 돈을 집어서 술 한 잔을 사 잡수시면서 가라사대 불쌍하니 편히 먹게 하리라 하시더니 그 뒤에 얼마 아니 되어 전주全州 부호富豪 과부寡婦가 데려다가 같이 있게 되니라

2: 88 하루는 신경원辛京元이 급히 사람을 보내어 아뢰되 경관警官의 조사가 심하여 날마다 와서 선생先生의 주소를 묻나이다 천사天師 온 사람에게 글을 써주시며 가라사대 이 글을 경원京元에게 전하여 한번 읽고 곧 불사르라 하시니 그 글은 이러하니라

「천용우로지박즉 필유만방지원 지용수토지박즉 필유만물지원 인용덕화지박즉 필유만사지원 천용지용인용 통재어심 심야자 귀신지추기야 문호야 도로야 개폐추기 출입문호 왕래도로신 혹유선 혹유악 선자사지 악자개지 오심지추기문호도로 대어천지 天用雨露之薄則 必有萬方之怨 地用水土之薄則 必有萬物之怨 人用德化之薄則 必有萬事之怨 天用地用人用 統在於心 心也者 鬼神之樞機也 門戶也 道路也 開閉樞機 出入門戶 往來道路神 或有善 或有惡 善者師之 惡者改之 吾心之樞機門戶道路 大於天地」

경원京元이 받아 읽은 뒤에 곧 불살랐더니 그 뒤로 경관警官의 조사調查가 그치니라

2: 89  김병욱金秉旭의 차인差人 김윤근金允根이 와 뵙고 여쭈어 가로대 요사이 날이 가물어서 농작물農作物이 다 마르오니 선생先生은 단비를 주사 만민萬民의 초조焦燥한 마음을 녹이소서 천사天師 덕찬德贊을 명命하사 그 집에 기르는 돝 한마리를 잡아서 종도從徒들로 더불어 함께 잡수실 새 미처 마치지 못하여 우뢰가 일어나며 비가 크게 내리거늘 윤근允根이 기뻐하여 가로대 선생先生은 진실로 만민萬民을 살리는 하느님이시로다 하니라

2: 90  구릿골 이장里長 정성원鄭成元이 여쭈어 가로대 내가 가난하여 살 수가 없사오니 청컨대 가난을 면할 길을 가르쳐 주옵소서 천사天師 웃으시며 가라사대 금년에 그대가 받는 마을의 세금稅金을 상납上納하지 말고 그대가 쓰라 뒷일은 내가 끌러 주리라 성원成元이 대하여 가로대 너무 심한 말씀이로소이다 국세國稅를 받아쓰고 어찌 생명을 보전保全하리이까 하고 물러가더니 그 뒤에 고의故意는 아니나 세금 수천냥을 범포犯抱하게 되어 기유己酉년 봄에 이르러 관청官廳에서 독촉督促이 심한지라 성원成元이 술이 취하여 마을 고샅으로 돌아다니며 외쳐 가로대 내가 국세國稅를 받아썼으니 누구든지 내 배를 가르라 하거늘 천사天師 들으시고 불러서 위로慰勞하여 가라사대 염려하지 말라 무사하게 하여주리라 하시니 모든 사람이 다 믿지 아니하였더니 그 뒤에 과연 무기戊己 세금稅金이 면제됨에 성원成元의 일이 끌리니라

2: 91  하루는 공사公事를 보실 새 양지洋紙에 글을 쓰시며 보경甫京을 명하사 동방東方에 별이 나타났는가 보라 하시니

보경<sup>甫京</sup>이 나가 보고 들어와 아뢰되 검은 구름이 잔뜩 끼고 별이 보이지 아니 하나이다 천사<sup>天師</sup> 문을 열으시고 동천<sup>東天</sup>을 향하여 후 하고 한번 부시니 구름이 흩어지고 별이 나타나더라

2: 92  태인<sup>泰仁</sup> 백암리<sup>白岩里</sup> 김명칠<sup>金明七</sup>이 산중<sup>山中</sup> 경사지<sup>傾斜地</sup>를 개간<sup>開墾</sup>하여 담배를 심었는데 거름을 하고 북돋았더니 문득 소나기가 오므로 명칠<sup>明七</sup>이 가슴을 치며 울어 가로대 내 농사는 담배농사 뿐 인데 거름하고 북돋운 뒤에 이렇게 소나기가 퍼부으니 사태<sup>沙汰</sup>가 밀어 내려서 다 버리게 되리라 하거늘 천사<sup>天師</sup> 들으시고 불쌍히 여겨 가라사대 근심을 풀라 그 재앙<sup>災殃</sup>을 면케 하여 주리라 하시더니 비 개인 뒤에 명칠<sup>明七</sup>이 가보니 조금도 피해가 없고 다른 사람의 담배밭은 모조리 사태<sup>沙汰</sup>의 해를 입어서 이 해에 담배농사가 크게 흉년<sup>凶年</sup>이 드니라

2: 93  하루는 정괴산<sup>丁槐山</sup>의 주막<sup>酒幕</sup>을 지나실 때 마침 고부<sup>古阜</sup> 화란<sup>禍亂</sup>에 면분<sup>面分</sup>이 있던 정순검<sup>鄭巡檢</sup>이 이르거늘 천사<sup>天師</sup> 술을 사서 접대<sup>接待</sup>하시더니 떠날 때에 돈 십원<sup>十圓</sup>을 요구하며 조끼 주머니에 손을 넣어 돈 십원<sup>十圓</sup>을 훔쳐 가는지라 천사<sup>天師</sup> 일러 가라사대 모든 일을 의<sup>義</sup>로써 할 것이어늘 어찌 이렇게 무례<sup>無禮</sup>하뇨 하시더라 정순검<sup>鄭巡檢</sup>이 전주<sup>全州</sup>에 가서 다시 편지<sup>便紙</sup>로 사십원<sup>四十圓</sup>을 청구하거늘 형렬<sup>亨烈</sup>을 명하사 돈 약간을 구하여 보내시며 가라사대 의롭지 못한 사람이라 하셨더니 며칠 후<sup>後</sup>에 정순검<sup>鄭巡檢</sup>이 고부<sup>古阜</sup>로 돌아가다가 정읍<sup>井邑</sup> 한 다리에서 도적<sup>盜賊</sup>에게 맞아 죽은지라 천사<sup>天師</sup> 들으시고 가라사대 도적<sup>盜賊</sup>을 징치<sup>懲治</sup>

하는 직책<sup>職責</sup>을 가진 순검<sup>巡檢</sup>이 도리어 분외<sup>分外</sup>의 재물<sup>財物</sup>을 즐기니 도적<sup>盜賊</sup>에게 죽음이 당연치 아니하랴 이것이 다 신명<sup>神明</sup>이 행하는 바니라 하시니라

2: 94  하루는 김영서<sup>金永西</sup>와 정남기<sup>鄭南基</sup>가 와 뵈인 뒤에 두 사람이 서로 사담<sup>私談</sup>할 새 남기<sup>南基</sup>는 일본 말 배운 사람을 부러워하여 가로대 요사이 일본 말을 아는 사람은 현달<sup>顯達</sup>되기도 쉽고 돈벌이도 잘하더라 하며 영서<sup>永西</sup>는 배우<sup>俳優</sup>를 부러워하여 가로대 요사이는 연극<sup>演劇</sup>을 잘 하여도 돈벌이가 잘되더라 하여 서로 그런 일에 등한<sup>等閑</sup>하였음을 뉘우치더니 문득 남기<sup>南基</sup>는 손을 흔들며 유창<sup>流暢</sup>한 어조<sup>語調</sup>로 일본말을 지껄이고 영서<sup>永西</sup>는 상자<sup>喪者</sup>라 상건<sup>喪巾</sup>을 흔들며 일어서서 상복<sup>喪服</sup>소매로 북치는 흉내를 내면서 춤과 노래를 연주<sup>演奏</sup>하여 등이 젖도록 땀이 흐르니 좌중<sup>座中</sup>이 크게 웃는지라 천사<sup>天師</sup> 웃으시며 가라사대 너희는 속히도 소원을 이루었도다 하시니 두 사람이 비로소 정신을 차려 부끄러워 하는지라 천사<sup>天師</sup> 다시 일러 가라사대 대인<sup>大人</sup>을 배우는 자 마땅히 마음을 정대<sup>正大</sup>히 하여 그칠 곳을 알아야 할 것이요 한 가지라도 분수<sup>分數</sup> 밖의 생각을 가지며 실없는 말을 함이 불가<sup>不可</sup>하니라 하시니라

2: 95  하루는 손병욱<sup>孫秉旭</sup>의 집에 가시니 종도<sup>從徒</sup>들이 많이 모인지라 병욱<sup>秉旭</sup>이 그 아내를 시켜서 점심을 지을 때 날이 심히 더우므로 병욱<sup>秉旭</sup>의 아내가 괴로워하여 홀로 불평하는 말을 하였더니 문득 와사증<sup>喎斜症</sup>이 일어나거늘 황응종<sup>黃應鍾</sup>이 보고 천사<sup>天師</sup>께 아뢰인대 가라사대 이는 불평하는 말을 하다가 조왕<sup>竈王</sup>에게 벌을 받음이니라 하시고 글

을 써 주사 병욱秉旭의 아내로 하여금 부엌에서 불사르며 사죄謝罪하라 하시니 병욱秉旭의 아내가 그대로 하여 곧 나으니라

2: 96  대흥리大興里에 계실 때 공우公又에게 물어 가라사대 네가 남과 싸움을 많이 하였느냐 대하여 가로대 그리하였나이다 다시 일러 가라사대 표단豹丹이 들어서 싸움을 즐기나니 이제 표단豹丹을 빼어내고 인단人丹을 넣으리라 하시더니 이 뒤로는 공우公又의 성질性質이 온순溫順하게 되어 싸움을 즐기지 아니하고 혹 싸우는 자가 있으면 두려운 마음이 생겨서 곧 멀리 피하니라

2: 97  팔월八月 어느날 덕찬德贊이 여쭈어 가로대 오늘 내 매가妹家에 잔치가 있으니 소풍消風 겸兼하여 나가사이다 가라사대 내 술을 먼저 마시라 덕찬德贊이 가로대 무슨 술이니이까 가라사대 좀더 기다리라 하시더니 이윽고 공우公又가 술과 수증계水蒸鷄를 가져와서 천사天師께 올리니라

2: 98  이 해 겨울 어느 날 아침에 대흥리大興里를 떠나 태인泰仁 새올 최창조崔昌祚의 집으로 가실 때 공우公又는 해가 오르면 길이 질까하여 진 신발을 하였더니 천사天師 보시고 진 신발을 하였느냐 하시며 손으로 동쪽 재에 떠오르는 해를 향하여 세 번 누르시니 해가 오르지 못하다가 살포정 주막에 들어 쉬시니 그제야 해가 문득 높이 솟아 오르더라

2: 99  최창조崔昌祚의 집에 이르사 벽력표霹靂表를 묻으시

니 곧 우뢰가 크게 일어나며 천지<sup>天地</sup>가 진동<sup>震動</sup>하는지라 곧 거두시고 이튿날 구릿골 약방<sup>藥房</sup>으로 가시니라

2: 100  창조<sup>昌祚</sup>의 집에서 공우<sup>公又</sup>에게 물어 가라사대 네가 눈을 많이 흘겨 보느냐 대하여 가로대 그리하나이다 다시 일러 가라사대 집으로 돌아가라 하시거늘 공우<sup>公又</sup> 집으로 돌아 올 때 길에서부터 눈이 가렵고 붓더니 집에 이름에 안질<sup>眼疾</sup>이 크게 나서 달포를 앓다가 하루는 밤을 쉬고 일어나니 씻은 듯이 나았는지라 천사<sup>天師</sup>께 와 뵈이니 가라사대 안질<sup>眼疾</sup>로 고생<sup>苦生</sup>하였느냐 하시고 웃으시더라 원래<sup>元來</sup> 공우<sup>公又</sup>는 성질<sup>性質</sup>이 사나워서 싸움을 즐기고 눈짓이 곱지 못하더니 이로부터 성질<sup>性質</sup>이 부드러워지고 눈짓이 고와지니라

2: 101  공우<sup>公又</sup> 술이 과하여 주실<sup>酒失</sup>이 많더니 하루는 천사<sup>天師</sup> 가라사대 네가 술을 즐기니 주량<sup>酒量</sup>을 보리라 하시고 술을 많이 주시거늘 공우<sup>公又</sup> 연<sup>連</sup>하여 받아 마시고 취<sup>醉</sup>한지라 다시 가라사대 한잔<sup>盞</sup> 술 밖에 못된다 하시더니 이 뒤로는 한 두잔만 마셔도 곧 취<sup>醉</sup>하여 견디지 못하니라

2: 102  덕찬<sup>德贊</sup>이 아들 혼인<sup>婚姻</sup>을 지내려 할 때 여러 사람들이 물품<sup>物品</sup>과 돈으로 부조<sup>扶助</sup>하거늘 천사<sup>天師</sup> 가라사대 나는 부조<sup>扶助</sup>할 것이 없으니 일기<sup>日氣</sup>로나 부조<sup>扶助</sup>하리라 하시더니 이때에 일기<sup>日氣</sup>가 연일 험악<sup>險惡</sup>하여 심히 염려<sup>念慮</sup>하던 중인데 그날에 이르러서는 뜻밖에 온화<sup>溫和</sup>하여지니라

2: 103  동짓달에 형렬<sup>亨烈</sup>에게 일러 가라사대 내가 정읍

井邑으로 가리니 이 길이 길행吉行이라 이 뒤에 일을 네게 알리리라 하시더니 이날 차윤경車輪京이 와 뵈옵고 고수부高首婦께서 안질眼疾로 고생함을 아뢰니 가라사대 이제 돌아갔다가 내일來日 태인泰仁 살포정에서 나를 만나라 윤경輪京이 곧 돌아갔다가 이튿날 살포정으로 오니 천사天師 아직 오시지 아니하였거늘 곧 소투원 주막酒幕에 이르니 주막酒幕 주인이 말하되 선생先生이 새올 최창조崔昌祚의 집으로 가시면서 윤경輪京이 와 묻거든 그곳으로 보내라 하셨다 하거늘 윤경輪京이 새올로 갈 새 일본日本군사軍士 수백명數百名이 길에 유진留陳하여 주소住所와 가는 곳과 출행出行 이유理由를 묻더라 새올에 이르러 천사天師께 뵈이니 날이 이미 저물더라 이날 밤에 윤경輪京을 명하사 밤새도록 자지말고 밖에서 돌아다니라 하시고 닭울음 소리가 난 뒤에 윤경輪京을 데리고 백암리白岩里로 향하여 떠나시니라

2: 104  경학京學의 집에 이르사 아침밥을 잡수시고 다시 정읍井邑으로 가실 때 혹 앞서기도 하고 혹 뒤서기도 하며 너댓 걸음을 걸으신 뒤에 가라사대 이 길에는 일본사람을 보는 것이 불가하다 하시니라 정읍井邑 노송정老松亭에 이르사 가라사대 좀 지체遲滯함이 가하다 하시고 반식경半食頃을 지내신 뒤에 다시 떠나사 그 모퉁이 큰 못가에 이르니 기병騎兵이 많이 오다가 되돌아간 자취가 있거늘 천사天師 그 자취를 보시고 가라사대 저희들이 어찌 대인大人의 앞길에 쫓아오리요 하시거늘 윤경輪京이 그 근처 사람에게 물으니 과연 기병騎兵 수십명數十名이 달려 오다가 그 곳에서 되돌아갔다 하더라

2: 105  거기서 대흥리<sup>大興里</sup>로 가려면 길이 두 갈래로 나뉘어 한 길은 정읍<sup>井邑</sup> 읍내<sup>邑內</sup>를 지나가는 큰 길이요 한 길은 샛길이라 윤경<sup>輪京</sup>이 어느 길로 갈 것인지 물으니 가라사대 군자<sup>君子</sup>가 어찌 샛길로 다니리요 하시고 큰 길로 접어들어 정읍 읍내를 지나시니 좌우측<sup>左右側</sup>에 즐비한 일본 사람의 상점<sup>商店</sup>에 한 사람도 밖에 나선 자가 없더라 대흥리<sup>大興里</sup>에 이르사 고수부<sup>高首婦</sup>의 안질<sup>眼疾</sup>을 낫게 하시고 천사<sup>天師</sup> 친히 그 안질<sup>眼疾</sup>을 하룻밤 대신<sup>代身</sup>하여 앓으신 뒤에 인<sup>因</sup>하여 무신납월공사<sup>戊申臘月公事</sup>를 행하시니라

2: 106  하루는 경석<sup>京石</sup>의 검은 두루마기를 가져오라 하사 입으시고 속옷을 벗으신 뒤에 긴 수건으로 허리를 매시고 모든 종도<sup>從徒</sup>들에게 물어 가라사대 이러하면 일본사람과 같으냐 모두 대하여 가로대 같으니이다 다시 벗으시고 가라사대 내가 어려서 서당<sup>書堂</sup>에 다닐 때에 한 아해<sup>兒孩</sup>로 더불어 먹 작난<sup>作亂</sup>을 하다가 그 아해<sup>兒孩</sup>가 지고 울며 돌아가서 다시 오지 아니하고 다른 서당<sup>書堂</sup>에 다니다가 그 후에 병<sup>病</sup>들어 죽었는데 그 신명<sup>神明</sup>이 원한<sup>怨恨</sup>을 품었다가 이제와서 나에게 해원<sup>解寃</sup>시켜 주기를 구<sup>求</sup>하므로 어떻게 하면 해원<sup>解寃</sup>이 될까 물으니 그 신명<sup>神明</sup>이 내가 일본 옷을 싫어하는 줄 알고 일본 옷을 입으라 하므로 내가 이제 그 신명<sup>神明</sup>을 위로<sup>慰勞</sup>함이러라 하시니라

2: 107  대흥리<sup>大興里</sup>에서 납월<sup>臘月</sup> 공사<sup>公事</sup>를 보시고 기유<sup>己酉</sup> 정월<sup>正月</sup> 초<sup>初</sup> 이튿날 관재<sup>官災</sup>를 피<sup>避</sup>하여 백암리<sup>白岩里</sup> 경학<sup>京學</sup>의 집으로 가셨더니 태인읍<sup>泰仁邑</sup>에 경학<sup>京學</sup>의 형이 사람을 보내어 경학<sup>京學</sup>을 불러 가거늘 천사<sup>天師</sup> 발을 만지시

며 가라사대 상말에 발복이라 하느니 모르는 길에 잘가면 다행이요 못가면 불행$^{不幸}$이라는 말이라 하시고 곧 떠나서 홀로 최창조$^{崔昌祚}$의 집에 가셨다가 다시 그 앞 솔밭을 지나 최덕겸$^{崔德兼}$의 집으로 가서 머무르시니 모든 사람이 계시는 곳을 알지 못하니라 원래 경학$^{京學}$의 형은 경학$^{京學}$이 술객$^{術客}$에게 홀려서 살림을 돌보지 아니한다는 말을 듣고 심히 염려$^{念慮}$하던 차에 관청$^{官廳}$에 탐문$^{探問}$되어 그 술객$^{術客}$과 경학$^{京學}$을 잡으려고 간다 하거늘 이에 그 사실을 통기$^{通寄}$하지 않고 다만 그 아우만 불러다가 숨기려 함이라 경학$^{京學}$이 집을 떠나 읍$^{邑}$으로 가다가 중로$^{中路}$에서 순검$^{巡檢}$에게 붙들려서 집으로 되끌려 와서 천사$^{天師}$를 찾다가 계시지 아니하므로 창조$^{昌祚}$의 집까지 끌려 가다가 천사$^{天師}$를 찾지 못하므로 돌아가니라

2:108 닷샛날 구릿골에 이르시니 수일$^{數日}$ 후에 태인$^{泰仁}$으로 부터 무사$^{無事}$히 된 전말$^{顚末}$을 보고$^{報告}$하거늘 천사$^{天師}$ 가라사대 정읍$^{井邑}$ 일은 하루 공사$^{公事}$인데 경석$^{京石}$에게 맡겼더니 하루 아침에 끄르고 태인$^{泰仁}$ 일은 하루 아침 공사$^{公事}$인데 경학$^{京學}$에게 맡겼더니 하루를 걸렸으니 경석$^{京石}$이 경학$^{京學}$보다 낫다 하시고 또 가라사대 경석$^{京石}$은 병판$^{兵判}$감이요 경학$^{京學}$은 위인$^{爲人}$이 직장$^{直腸}$이라 돌리기 어려우니 돌리기만 하면 착한 사람이 되리라 하시니라

2:109 하루는 공우$^{公又}$와 응종$^{應鍾}$을 데리고 태인읍$^{泰仁邑}$ 주막$^{酒幕}$에 이르사 신경원$^{辛京元}$에게 일러 가라사대 오늘은 백순검$^{白巡檢}$을 만나야 하겠으니 그를 데려오라 말씀을 마치자 백순검$^{白巡檢}$이 그 집 앞으로 지나거늘 경원$^{京元}$이 나가서

천사天師 계신 곳을 알리니 백순검白巡檢이 곧 뛰어 들어와서 천사天師를 포박捕縛하는지라 천사天師 공우公又에게 명하여 가라사대 네게 있는 돈 백냥百兩을 내게 전하고 창조昌祚의 집에 다녀오라 하시니 공우公又 대답對答하고 가거늘 또 응종應鍾과 경원京元을 각기 다른 곳으로 보내시고 백순검白巡檢에게 돈 백냥百兩을 주시며 가라사대 그대를 만나려고 이곳에서 기다린지 오래였노니 이것을 적다말고 용用에 보태어 쓰라 백순검白巡檢이 치사致謝한 뒤에 결박結縛을 끄르고 물러가니 대저大抵 그가 천사天師를 붙들어서 돈을 빼앗으려 하는 줄 알으시고 그 욕심慾心을 채워 주심이러라

2: 110　공우公又 천사天師를 뫼시고 신경수申京洙의 집에서 유숙留宿할 새 꿈에 불빛 같은 사람 수십인數十人이 하늘로부터 내려와서 천사天師 계신 문밖 뜰에서 절하고 뵈이니 공우公又는 두려워하여 천사天師의 등 뒤로 숨어 있었더니 다음날 천사天師 꿈에 본 일이 있느냐고 물으시거늘 공우公又 그 사유事由를 아뢴대 가라사대 그들이 곧 천상天上 벽악사자霹惡使者니라 하시니라

2: 111　김경학金京學이 일찍이 동학東學에 가입加入하여 삼개월三個月 동안 시천주侍天呪의 수련修鍊을 하던 중 어느 날 꿈에 천상天上에 올라 상제上帝를 뵈 온 일이 있었더니 하루는 천사天師께서 네 평생에 제일 좋은 꿈을 꾼 것을 기억하느냐 경학京學이 일찍이 상제上帝 뵈옵던 꿈을 아뢰며 선생先生의 형모形貌가 곧 그때에 뵈옵던 상제上帝의 형모形貌이신 것을 깨달았나이다 하니라

2: 112  사월四月에 전주全州 불가지佛可止 김성국金成國의 집에 계실 때 덕찬德贊이 모셨다가 천사天師의 무슨 말씀 끝에 속으로는 실없게 알면서 거짓 대답對答을 하였더니 다시 일러 가라사대 이제 용소리龍巢里 김의관金義官의 집에 가서 자고 오라 덕찬德贊이 명을 받고 용소리龍巢里에 갔다가 김의관金義官의 집 문앞에서 술주정꾼을 만나 패욕悖辱을 많이 당하고 분忿을 이기지 못하여 되돌아 오거늘 천사天師 문밖에 나서사 바라보시고 웃어 가라사대 왜 자지 아니하고 돌아오느냐 하시고 술을 주시며 가라사대 사람을 사귀임에 마음을 참되게 할 것이어늘 어찌 마음을 스스로 속이느냐 하시니 덕찬德贊이 처음에는 천사天師께서 무고無故히 용소리龍巢里에 보내어 패욕悖辱을 당하게 하신 것을 불평히 여겼다가 이 말씀을 듣고 비로소 천사天師의 말씀에 속으로는 실없이 알면서 거짓 대답對答한 것을 알으시고 실없는 취한 사람을 만나도록 징벌懲罰하심인 줄 깨닫고 이로부터 더욱 두려워하여 비록 한번 생각함과 작은 일에라도 극히 삼가하니라

2: 113  백암리白岩里 근처近處에 호환虎患이 많으므로 경학京學이 크게 근심하거늘 가라사대 그 짐승이 사람을 먹으니 없이하여야 하리라 하시고 호담요虎毯褥를 가져오라 하사 붓으로 먹을 찍어서 그 그림의 눈에 점을 치셨더니 그 후로는 각처各處에 호환虎患이 없어지니라

2: 114  오월五月에 백암리白岩里에 계실 때 글을 써서 경학京學에게 주시며 물동이에 외로 돌려서 적신 뒤에 불사르라 하시더니 그 뒤에 경학京學의 형 경은京殷의 집에서 불이 나서 사나운 남풍南風에 기세氣勢를 얻어 경학京學의 집을 넘

어뛰어서 이웃집 아홉 채를 살랐으되 경학$^{京學}$의 집은 무사하니라

2: 115    하루는 정읍군$^{井邑郡}$ 내장면$^{內藏面}$ 금붕리$^{琴朋里}$ 앞 모시 밭 가를 지나실 때 모시 밭 가에 농군$^{農軍}$들이 쉬어 앉았고 모시는 잎이 하나도 없고 대만 서 있는지라 그 이유를 농군들에게 물으시니 밭 임자가 대하여 가로대 전례$^{前例}$에 없던 큰 충재$^{蟲災}$로 인함이니다 천사$^{天師}$ 불쌍히 여기사 가라사대 내가 충재$^{蟲災}$를 제거$^{除去}$하여 주리니 근심치 말라 하시고 북쪽을 향하여 휘파람을 세번 부시니 뜻밖에 새 수천 마리가 모여들어서 그 해충$^{害蟲}$을 쪼아 없이 하였더니 그 뒤로 모시 잎이 다시 피어나서 예년$^{例年}$ 보다 더욱 번무$^{繁茂}$하여 모시 농사를 잘하게 되니라

2: 116    유월$^{六月}$에 구릿골에 계실 때 하루는 경학$^{京學}$이 이르러 오랫동안 날이 가물어서 모를 옮기지 못하여 민심$^{民心}$이 불안$^{不安}$함을 아뢴대 천사$^{天師}$ 갑칠$^{甲七}$을 명$^{命}$하사 청수$^{淸水}$ 한 동이를 길어오라 하시고 미리 양지$^{洋紙}$ 한축$^{軸}$에 글을 가득히 써 두었던 것을 경학$^{京學}$에게 내어주시며 가라사대 청수$^{淸水}$에 적시어 가루되게 부비라 경학$^{京學}$이 명하신대로 하여도 비가 오지 아니하거늘 갑칠$^{甲七}$에게 일러 가라사대 네게 장령$^{將令}$을 붙여 서양$^{西洋}$으로부터 우사$^{雨師}$를 불러 넘겨 만민$^{萬民}$의 갈앙$^{渴仰}$을 풀어주려 하였더니 네가 어제 저녁에 나의 명$^{命}$을 어기고 잠을 잤으므로 비가 오지 아니하니 옷을 벗고 청수$^{淸水}$앞에 합장$^{合掌}$하고 서서 사죄$^{謝罪}$하라 갑칠$^{甲七}$이 명하신 대로 하니 문득 서쪽 하늘로 부터 검은 구름이 일어나며 큰 비가 쏟아져서 삽시간$^{霎時間}$에 앞 내가

창일漲溢하거늘 경학京學이 여쭈어 가로대 이만하면 넉넉하겠나이다 천사天師 이에 부채를 들어 한번 흔드시니 비가 곧 그치거늘 명하사 청수淸水를 쏟아 버리고 옷을 입으라 하시며 모든 종도從徒들에게 일러 가라사대 너희들도 잘 수련修鍊하면 모든 일이 마음대로 되리라 하시니라

2: 117  이 때에 청주淸州에서 괴질怪疾(호열자虎列刺)이 창궐猖獗하고 나주羅州에서도 크게 성盛하여 민심民心이 들끓는지라 천사天師 가라사대 남북에서 마주 터지니 장차 무수한 생명을 죽이리라 하시고 이에 「칙령괴질신장 호불범제왕장상지가 범차무고창생지가호 勅令怪疾神將 胡不犯帝王將相之家 犯此無辜蒼生之家乎」라고 써서 불사르시며 가라사대 내가 이것을 대속代贖하리라 하시고 형렬亨烈을 명하여 새 옷 다섯 벌을 급히 지어서 한 벌씩 갈아 입으시고 설사泄瀉하여 버리신 뒤에 가라사대 약한 자가 걸리면 다 죽겠도다 하시더니 이 뒤로 괴질怪疾이 곧 그치니라

2: 118  원평院坪 장터 김경집金京執의 집에 단골 주인主人을 정하시고 오랫동안 머무르셨으므로 누구든지 천사天師의 말씀을 빙자憑藉하여 술밥을 청하면 값이 있고 없음을 묻지 않고 다 허락許諾하더니 태인泰仁 청석靑石골 강팔문姜八文이 술밥을 많이 먹은 뒤에 돈 가진 것을 주인主人에게 들켰으나 천사天師의 말씀이 있다고 거짓 빙자憑藉하여 값을 주지않고 갔더니 이로부터 협체狹滯하여 창증脹症을 이루어 죽게 되거늘 신경수申京洙가 그 사유를 아뢴대 천사天師 대답對答치 아니하시더니 그 뒤에 또 와서 위독危篤함을 아뢰니 가라사대 몹쓸 일을 행하여 신명神明에게 죄를 얻어 그릇 죽음을 하

게 되었으니 할 일 없다 하시더니 그 뒤에 곧 죽으니라

2: 119  종도<sup>從徒</sup>들이 매양 근심된 일이 있을 때에는 그 사유를 천사<sup>天師</sup>께 아뢰면 부지중<sup>不知中</sup>에 자연히 풀리게 되는데 만일 아뢴 뒤에도 오히려 근심을 놓지 아니하면 문득 위로<sup>慰勞</sup>하여 가라사대 내가 이미 알았으니 근심하지 말라 하시니라

2: 120  매양 종도<sup>從徒</sup>들에게 일을 명하심에 반드시 기한<sup>期限</sup>을 정하여 주사 어기지 않게 하시며 만일 명을 받은 자가 혹 기한<sup>期限</sup> 날에 일기<sup>日氣</sup>가 좋지 못하여 어김이 있을까 염려<sup>念慮</sup>하면 천사<sup>天師</sup> 일깨워 가라사대 내가 너희에게 어찌 좋지 못한 날을 일러 주겠느냐 하셨나니 대저<sup>大抵</sup> 천사<sup>天師</sup>께서 정하여 주신 날은 하루도 좋지 못한 날이 없었느니라

2: 121  매양 종도<sup>從徒</sup>를 어느 곳에 보내시되 무슨 일로 인하여 보낸다는 말씀을 아니하신 때가 많이 있었나니 종도<sup>從徒</sup>들은 항상<sup>恒常</sup> 그렇게 경험<sup>經驗</sup>하였으므로 다시 묻지 않고 명하신 곳에 가면 반드시 무슨 일이 있더라

2: 122  항상<sup>恒常</sup> 종도<sup>從徒</sup>들을 둘러 앉히사 몸을 요동<sup>搖動</sup>하지 못하게 하시고 잡념<sup>雜念</sup>을 떼고 정심<sup>正心</sup>하라 하시며 밤이면 닭이 운 뒤에 자게 하시고 겨울에는 흔히 문을 열어 놓고 마루에 앉아 계시되 방안에 있는 사람이 추움을 깨닫지 아니하며 혹 춥다고 말하는 자가 있으면 즉시<sup>即時</sup>에 더워지며 여름에는 모기가 머리 위에서만 소리하고 물지

아니하며 혹 더웁다고 말하는 자가 있으면 즉시<sup>卽時</sup>에 서늘한 기운<sup>氣運</sup>이 돌며 빈대 있는 방에 하루 저녁만 자시면 빈대가 없어지며 길 갈 때에 혹 더웁다고 말하는 자가 있으면 부채나 삿갓으로 한번 두르시면 문득 구름이 해를 덮고 바람이 서늘하게 일어나니라

2: 123 가물 때에 비를 주시되 청수<sup>淸水</sup> 동이에 오줌을 좀 타면 그 비로 인<sup>因</sup>하여 모든 곡물<sup>穀物</sup>이 풍양<sup>豊穰</sup>하고 충재<sup>蟲災</sup>가 있을 때에는 청수<sup>淸水</sup> 동이에 고춧가루를 풀어 넣으면 충재<sup>蟲災</sup>가 곧 걷히더라

2: 124 천사<sup>天師</sup>께서 천지대권<sup>天地大權</sup>을 임의<sup>任意</sup>로 사용<sup>使用</sup>하시되 일정한 법이 없고 매양 때와 장소<sup>場所</sup>를 따라서 임시<sup>臨時</sup>로 행하셨나니 예를 들면 큰 비가 올 때 비를 그치게 하실 때 혹<sup>或</sup> 종도<sup>從徒</sup>를 명하여 화로<sup>火爐</sup>의 불덩이를 문밖에 던지기도 하시고 혹 담뱃대를 두르기도 하시고 혹 술잔을 두르기도 하시고 혹 말씀으로도 하사 때를 따라 달리 하시니라

2: 125 더울 때에 출입<sup>出入</sup>하시면 구름이 일산<sup>日傘</sup>과 같이 태양<sup>太陽</sup>을 가려 볕이 쪼이지 아니하니라

2: 126 달밤에 길을 가실 때에 구름이 달을 가렸으면 손으로 달을 향하여 오른 쪽으로 둘러 구름을 둥그렇게 열어제치사 달빛을 내 비치게 하시며 가시는 곳에 이르신 뒤에는 다시 손으로 달을 향하여 왼쪽으로 두르시면 구름이 다시 합하여 원<sup>原</sup> 상태<sup>狀態</sup>로 회복<sup>恢復</sup>되니라

2: 127   매양 종도從徒들을 태좌법胎坐法으로 늘어앉히시고 조금도 움직이지 말라고 명하신 뒤에 만일 움직이는 자가 있으면 비록 벽을 향하여 누워 주무실 때에도 문득 꾸짖으시니 그 밝으심이 자고 깨심과 보고 안 보심과 멀고 가까움이 없으시니라

2: 128   공사公事를 친親히 보지 아니하시고 혹 종도從徒로 하여금 대신代身 행하게 하실 때도 있었나니 그런 때에는 그 대행代行하는 종도從徒로 하여금 능能히 화권化權을 행하게 하시니라

2: 129   천문天文을 보실 때에는 구름으로 온 하늘을 덮고 별을 하나씩 나타나게 하여 종도從徒들로 하여금 살피게 하시니라

2: 130   공사公事를 행行하실 때에는 반드시 술과 고기를 장만하여 여러 사람들로 더불어 함께 잡수시며 혹 식혜를 만들어 종도從徒들로 더불어 함께 마시시니라

2: 131   매양 출행出行하실 때에 하루 삼십리三十里를 넘겨 걷지 아니하시며 가라사대 대진大陣은 하루 삼십리三十里를 넘기지 않느니라 하시니라

2: 132   천사天師께서는 위엄威嚴이 씩씩하시고 화기和氣가 무르녹으사 누구든지 살에 붙고 가까이 하고 싶은데 각기 저의 아버지에게 비교하면 너무 엄嚴하고 사랑하여 주는 형님에게 비교하면 같으시다 하니라

2 : 133    천사<sup>天師</sup>께서는 항상<sup>恒常</sup> 돈 일이원<sup>一二圓</sup>씩을 몸에 갈머 두시니라

2 : 134    천사<sup>天師</sup>께서는 얼굴이 원만<sup>圓滿</sup>하사 금산미륵불<sup>金山彌勒佛</sup>과 흡사<sup>恰似</sup>하시며 양미간<sup>兩眉間</sup>에 불표<sup>佛表</sup>가 있으시고 왼 손 바닥에 북방임자<sup>北方壬字</sup> 무늬와 오른 손 바닥에 별무자<sup>戊字</sup> 무늬가 있으시니라

# 제삼장第三章  문도門徒의 추종追從과 훈회訓誨

3: 1  임인壬寅 사월四月에 천사天師 김형렬金亨烈의 집에 머무르시며 공사公事를 행行하시니 김자현金自賢 김갑칠金甲七 김보경金甫京 한공숙韓公淑 등이 차례로 따르니라

3: 2  계묘癸卯 정월正月에 전주부全州府에 이르사 서원규徐元圭 약방藥房에 머무르시니 원규元圭와 김병욱金秉旭 김윤찬金允贊 등이 따르니라

3: 3  한 사람이 물어 가로대 금년에는 어떤 곡종穀種을 심음이 좋으리이까 천사天師 가라사대 일본사람이 녹祿줄을 띠고 왔으니 일본종日本種을 취하여 심으라 또 생계生計의 모든 일에 그들을 본받으라 녹祿줄이 따라 들리라 하시니라

3: 4  장익모張益模가 그 어린 아들을 심甚히 사랑하거늘 천사天師 일러 가라사대 복福은 위로부터 내리는 것이요 아래에서 치오르지 아니 하나니 부모父母를 잘 공경恭敬하라 하시니라

3: 5  천사天師 비록 미천微賤한 사람을 대對할지라도 반드시 존경尊敬하시더니 형렬亨烈의 종 지남식池南植에게도 매양 존경尊敬하시거늘 형렬亨烈이 여쭈어 가로대 이 사람은 나의 종이오니 존경尊敬치 말으소서 천사天師 가라사대 이 사람이 그대의 종이니 내게는 아무 관계도 없느니라 하시며 또 일러 가라사대 이 마을에서는 어려서부터 숙습熟習이 되어 창졸간倉卒間에 말을 고치기 어려울지나 다른 곳에 가면 어

떤 사람을 대하던지 다 존경하라 이 뒤로는 적서<sup>嫡庶</sup>의 명분<sup>名分</sup>과 반상<sup>班常</sup>의 구별<sup>區別</sup>이 없느니라

3: 6  하루는 형렬<sup>亨烈</sup>이 어떤 친족<sup>親族</sup>에게 합의<sup>合意</sup>치 못한 일이 있어서 모질게 꾸짖거늘 천사<sup>天師</sup> 일러 가라사대 악장제거무비초<sup>惡將除去無非草</sup>요  호취간래총시화<sup>好取看來總是花</sup>니라 말은 마음의 소리요 행사<sup>行事</sup>는 마음의 자취라 말을 좋게 하면 복<sup>福</sup>이 되어 점점<sup>漸漸</sup> 큰 복<sup>福</sup>을 이루어 내 몸에 이르고 말을 나쁘게 하면 재앙<sup>災殃</sup>이 되어 점점<sup>漸漸</sup> 큰 재앙<sup>災殃</sup>을 이루어 내 몸에 이르느니라

3: 7  을사년<sup>乙巳年</sup> 봄에 함열<sup>咸悅</sup> 회선동<sup>會仙洞</sup> 김보경<sup>金甫京</sup>의 집에 이르사 여러날 동안 머무르실 때 보경<sup>甫京</sup>이 함열읍<sup>咸悅邑</sup> 사람 김광찬<sup>金光贊</sup>을 천거<sup>薦擧</sup>하여 추종<sup>追從</sup>케 하고 또 소진섭<sup>蘇鎭燮</sup>과 임피<sup>臨陂</sup> 군둔리<sup>軍屯里</sup> 김성화<sup>金性化</sup>가 차례<sup>次例</sup>로 따르니라

3: 8  하루는 임피<sup>臨陂</sup> 오성산<sup>五聖山</sup>에 가셔서 세상<sup>世上</sup>이 칭찬<sup>稱讚</sup> 할 만한 곳이라 하시니라

3: 9  하루는 심심하니 세상<sup>世上</sup>이 한번 욱끈하게 웃을 일을 꾸며 보리라 너희들은 앉아서 웃어 보아라 많이 미칠 것이라 하시니라

3: 10  하루는 천사<sup>天師</sup> 어렸을 적에 지은 글이라 하사 「운래중석하산원 장득척추고목추  運來重石何山遠  粧得尺椎古木秋」를 외워주시며  「선생문명 先生文明이 아닐런

가」라고 심고$^{心告}$하고 받으라 하시고 「상심현포청한국 석골청산수락추 霜心玄圃淸寒菊 石骨靑山廋落秋」를 「선령문명 先靈文明이 아닐런가」라고 심고$^{心告}$하고 받으라 하시고 「천리호정고도원 만방춘기일광원 千里湖程孤棹遠 萬方春氣一筐圓」을 「선왕문명 先王文明이 아닐런가」라고 심고$^{心告}$하고 받으라 하시고 「시절화명삼월우 풍류주세백년진 時節花明三月雨 風流酒洗百年塵」을 「선생선령선왕합덕문명 先生先靈先王合德文明이 아닐런가」라고 심고$^{心告}$하고 받으라 하시고 「풍상열력수지기 호해부유아득안 구정만리산하우 공덕천문일월처 風霜閱歷誰知己 湖海浮遊我得顔 驅情萬里山河友 供德千門日月妻」를 「우리의 득의추 得意秋 아닐런가」라고 심고$^{心告}$하고 받으라 하신 뒤에 「시세$^{時勢}$를 짐작$^{斟酌}$컨데 대인보국정지신 마세진천운기신 유한경심종성의 일도분재만방심 大人輔國正知身 磨洗塵天運氣新 遺恨警深終聖意 一刀分在萬方心」이라 창$^{唱}$하시며 가라사대 이 글은 민영환$^{閔泳煥}$의 만장$^{挽章}$이니 「일도분재만방심 一刀分在萬方心」으로 세상일을 알게 되리라 하시고 (이 뒤에 민영환$^{閔泳煥}$이 순절$^{殉節}$함) 또 가라사대 「사오세무현관四五歲無顯官하니 선령$^{先靈}$은 생유학사학생生幼學死學生이요 이삼십불공명二三十不功名하니 자손$^{子孫}$은 입서방출석사入書房出碩士」라 하시니라

3: 11 병오$^{丙午}$ 시월$^{十月}$에 예수교당$^{耶蘇敎堂}$에 가사 모든 의식$^{儀式}$과 교의$^{敎義}$를 문견$^{聞見}$하신 후에 종도$^{從徒}$들에게 일러 가라사대 족히 취할 것이 없다 하시니라

3: 12 하루는 종도$^{從徒}$들에게 일러 가라사대 이 세상에

학교<sup>學校</sup>를 널리 세워 사람을 가르침은 장차<sup>將次</sup> 천하<sup>天下</sup>를 크게 문명<sup>文明</sup>케하여 천지<sup>天地</sup>의 역사<sup>役事</sup>를 시키려 함인데 현하<sup>現下</sup>에 학교<sup>學校</sup> 교육<sup>敎育</sup>이 학인<sup>學人</sup>으로 하여금 비열<sup>卑劣</sup>한 공리<sup>功利</sup>에 빠지게 하니 그러므로 판 밖에서 성도<sup>成道</sup>하게 되었노라

3: 13 천사<sup>天師</sup>께서 함열<sup>咸悅</sup>에 많이 계셨는데 이것은 만인<sup>萬人</sup> 함열<sup>咸悅</sup>의 뜻을 취함이라 하시더라 천지공사<sup>天地公事</sup>를 행하심으로부터 두루 순회<sup>巡廻</sup>하시는 곳은 전북<sup>全北</sup> 칠군<sup>七郡</sup>이니 곧 전주<sup>全州</sup> 태인<sup>泰仁</sup> 정읍<sup>井邑</sup> 고부<sup>古阜</sup> 부안<sup>扶安</sup> 순창<sup>淳昌</sup> 함열<sup>咸悅</sup>이러라

3: 14 정남기<sup>鄭南基</sup>가 일진회원<sup>一進會員</sup>이 되어 천사<sup>天師</sup>의 가입<sup>加入</sup>을 강권<sup>强勸</sup>하며 회원<sup>會員</sup> 십여인<sup>十餘人</sup>으로 더불어 천사<sup>天師</sup>의 두발<sup>頭髮</sup>을 늑삭<sup>勒削</sup>코저하여 가위로 베이되 베어지지 않는지라 천사<sup>天師</sup>께서 머리 한 모습을 친<sup>親</sup>히 베시며 가라사대 내 이것으로써 여러 사람의 뜻을 풀어주노라 하시고 웃으시며 정남기<sup>鄭南基</sup>에게 일러 가라사대 나는 너의 보좌<sup>補佐</sup>가 되리라 하신 후 다시 남기<sup>南基</sup>에게 탈회<sup>脫會</sup>하기를 권하사 네가 내 말을 듣지 아니하면 일후<sup>日後</sup>에 후회막급<sup>後悔莫及</sup>이리라 하시더니 과연<sup>果然</sup> 그 후<sup>後</sup>에 남기<sup>南基</sup>는 패가망신<sup>敗家亡身</sup>하고 그 유족<sup>遺族</sup>이 유리<sup>流離</sup>하니라

3: 15 정미<sup>丁未</sup>년 사월<sup>四月</sup>에 신원일<sup>辛元一</sup>을 데리시고 태인<sup>泰仁</sup> 관왕묘<sup>關王廟</sup> 제원<sup>祭員</sup> 신경원<sup>辛京元</sup>의 집에 가서 머무르실새 경원<sup>京元</sup>에게 일러 가라사대 관운장<sup>關雲長</sup>이 조선<sup>朝鮮</sup>에 와서 극진<sup>極盡</sup>한 공대<sup>供待</sup>를 받았으니 보답<sup>報答</sup>으로 당연<sup>當然</sup>히

공사$^{公事}$에 진력$^{盡力}$ 협조$^{協助}$함이 가하리라 하시고 양지$^{洋紙}$에 글을 써서 불사르시니 경원$^{京元}$은 처음 보는 일이므로 이상$^{異常}$히 생각하더니 다음날 경원$^{京元}$이 다른 제원$^{祭員}$들로 더불어 관왕묘$^{關王廟}$에 들어가 봉심$^{奉審}$할 때 삼각수$^{三角鬚}$의 한 갈래가 떨어져 없어진지라 모든 제원$^{祭員}$들은 이상$^{異常}$하게 생각하되 오직 경원$^{京元}$은 천사$^{天師}$께서 전날 하신 일을 회상$^{回想}$하고 관운장$^{關雲長}$이 공사$^{公事}$에 진력$^{盡力}$ 협조$^{協助}$하였음을 표시하기 위하여 소상$^{塑像}$에 그 표적$^{表跡}$을 나타낸 것이라고 생각하니라 이 뒤로 신경원$^{辛京元}$ 김경학$^{金京學}$ 최창조$^{崔昌祚}$ 최내경$^{崔乃敬}$ 최덕겸$^{崔德兼}$ 등이 따르니 모두 태인$^{泰仁}$ 사람이더라

3: 16 오월$^{五月}$에 천사$^{天師}$ 형렬$^{亨烈}$의 집을 떠나시며 가라사대 이 길이 길행$^{吉行}$이라 한 사람을 만나려 함이니 장차$^{將次}$ 네게 알리리라 하시고 용암리 물방앗 집에 머무르시다가 그 앞 주막$^{酒幕}$에서 정읍$^{井邑}$ 사람 차경석$^{車京石}$을 만나시니라 경석$^{京石}$은 전주$^{全州}$로 가는 길에 이 주막$^{酒幕}$에서 잠깐 쉬더니 천사$^{天師}$ 대삿갓에 푸단님으로 김자현$^{金自賢}$등 두어 사람을 데리고 오시니 경석$^{京石}$이 그 소탈$^{素脫}$한 가운데 씩씩한 기운$^{氣運}$을 띠우신 의표$^{儀表}$와 순진$^{純眞}$한 가운데 꾸밈이 없는 언어동지$^{言語動止}$를 보고 비범$^{非凡}$히 여겨 말씀을 청$^{請}$하니 천사$^{天師}$ 온화$^{溫和}$하게 대답$^{對答}$하시고 술을 마시실 때 닭국 한 그릇을 경석$^{京石}$에게 권하시니 경석$^{京石}$이 받음에 문득 벌 한마리가 국에 빠지거늘 경석$^{京石}$이 수저를 멈추니 천사$^{天師}$ 가라사대 벌은 규모$^{規模}$있는 벌레니라 하시더라

3: 17 경석$^{京石}$이 물어 가로대 무슨 업$^{業}$을 하시나이까

천사天師 웃으시며 가라사대 의원醫員 노릇을 하노라 또 물어 가로대 어느 곳에 머무르시나이까 가라사대 나는 동역객서역객 천지무가객東亦客西亦客 天地無家客이로다 경석京石이 천사天師의 지식知識을 시험試驗코자하여 다시 물어 가로대 어떻게 하면 인권人權을 많이 얻으리이까 가라사대 폐일언廢一言하고 욕속부달欲速不達이니라 가로대 자세한 뜻을 알지 못하겠나이다 가라사대 사람 기르기가 누에 기르기와 같아서 일찍 내이나 늦게 내이나 먹이만 도수度數에 맞게하면 올릴 때에는 다같이 오르게 되느니라 하시더라

3: 18 경석京石의 이번 전주全州 길은 세무관稅務官과 송사訟事할 일이 있어서 그 문권文卷을 가지고 가는 길인데 문권文卷을 내어 뵈이며 가로대 삼인회석三人會席에 관장官長의 공사公事를 처결處決한다 하오니 청컨대 이 일이 어떻게 될지 판단判斷하여 주사이다 천사天師 그 문권文卷을 낭독朗讀하신 뒤에 가라사대 이 송사訟事는 그대에게 유리有利하리라 그러나 이 송사訟事로 인하여 피고被告의 열한 식구食口는 살길을 잃으리니 대인大人으로서는 차마 할 일이 아니니라 남아男兒가 반드시 활인지기活人之氣를 띨 것이요 살기殺氣를 띰이 불가하니라 경석京石이 크게 감복感服하여 가로대 선생先生의 말씀이 지당至當하오니 이 길을 작파作罷하나이다 하고 즉시 그 문권文卷을 불사르니라

3: 19 경석京石은 원래元來 동학신도東學信徒로서 손병희孫秉熙를 좇다가 그 처사處事에 불만不滿하여 다시 길을 고치려 하던 차라 이날 천사天師께 뵈임에 모든 거동擧動이 범속凡俗과 다름을 이상히 여겨 짐짓 떠나지 아니하고 저물기를 기다

려서 천사天師의 뒤를 따라가니 곧 용암리龍岩里 물방앗집이라 식사食事와 범절凡節이 너무 험악險惡하여 잠시라도 견디기 어렵더라

3: 20 천사天師 경석京石이 떠나지 아니함을 괴로워하사 물러가기를 재촉하시되 경석京石이 떠나지 아니하고 자기 집으로 함께 가시기를 간청懇請하니 천사天師 혹或 성을 내시며 혹 욕辱도 하시며 혹 구축驅逐도 하시되 경석京石이 보기에는 모든 일이 더욱 범상凡常치 아니 할 뿐 아니라 수운가사水雲歌詞에 「여광여취如狂如醉 저 양반兩班을 간 곳마다 따라가서 지질한 그 고생苦生을 누구다려 한 말이며」라는 구절句節이 문득 생각나며 깊이 깨닫는 바 있어 드디어 떠나지 아니하고 열흘 동안 머무르면서 집지執贄하기를 굳이 청하거늘 천사天師 일러 가라사대 네가 나를 따르려면 모든 일을 전폐全廢하고 오직 나의 가르치는 바에만 일심一心하여야 할지니 이제 돌아가서 모든 일을 정리하고 다시 이곳으로 찾아오라 경석京石이 이에 하직하고 집에 돌아와서 모든 일을 정리整理하고 유월六月 초하룻 날 다시 용암리龍岩里에 와서 천사天師께 뵙고 정읍井邑으로 가시기를 간청하니 천사天師 다시 거절拒絶하시다가 사흘 동안을 지낸 뒤에야 허락하며 가라사대 내가 깊은 목물에 빠져서 허우적거리다가 겨우 벗어나서 발목물에 당하였는데 이제 네가 다시 깊은 길물로 끌어 들인다 하시니라

3: 21 천사天師 일진회一進會가 일어난 뒤로 삿갓을 쓰시다가 이날부터 의관衣冠을 갖추시고 경석京石을 데리고 물방앗집을 떠나 정읍井邑으로 가실 때 원평院坪에 이르사 군중群

衆을 향向하여 가라사대 이 길은 남조선南朝鮮 뱃길이니 짐을 채워야 떠나리라 하시고 술을 나누어 주시며 또 가라사대 이 길은 성인聖人 다섯을 낳는 길이로다 하시니 모든 사람은 그 뜻을 알지 못하더라 다시 떠나시며 가라사대 대진大陣은 하루 삼십리三十里씩 가느니라 하시니 경석京石이 노정路程을 헤아려서 고부古阜 솔안에 이르러 친구親舊 박공우朴公又의 집으로 천사天師를 뫼시니 공우公又도 또한 동학신도東學信徒로서 마침 사십구일四十九日 동안 기도祈禱하는 때더라

3: 22 천사天師 경석京石과 공우公又에게 일러 가라사대 이제 만날 사람 만났으니 통정신通情神이 나오노라 나의 일은 비록 부모父母 형제兄弟 처자妻子라도 모르는 일이니 나는 서천서역대법국천계탑西天西域大法國天階塔 천하대순天下大巡이라 동학주東學呪에 「시천주조화정 侍天主造化定」이라 하였으니 내 일을 이름이라 내가 천지天地를 개벽하고 조화정부造化政府를 열어 인간人間과 하늘의 혼란混亂을 바로 잡으려하여 삼계三界를 둘러 살피다가 너의 동토東土에 그쳐 잔피殘疲에 빠진 민중民衆을 먼저 건지려함이니 나를 믿는 자는 무궁無窮한 행복幸福을 얻어 선경仙境의 낙樂을 누리리니 이것이 참 동학東學이라 궁을가弓乙歌에 「조선강산명산朝鮮江山名山이라 도통군자道通君子 다시 난다」 하였으니 또한 나의 일을 이름이니라 동학東學 신자간信者間에 대선생大先生이 갱생更生하리라고 전하니 이는 대선생代先生이 다시 나리라는 말이니 내가 곧 대선생代先生이로다 또 가라사대 예로부터 계룡산鷄龍山의 정씨왕국鄭氏王國과 가야산伽倻山의 조씨왕국趙氏王國과 칠산七山의 범씨왕국范氏王國을 일러오나 이 뒤로는 모든 말이 영자影子를 나타내지 못하리라 그러므로 정씨鄭氏를 찾아 운수運數를 구

하려 하지 말지어다 하시니라

3: 23  이튿날 솔안을 떠나 정읍井邑 대흥리大興里로 가실 때 공우公又를 돌아보시며 가라사대 「만났을 적에」 하시니 공우公又가 문득 동학가사東學歌詞에 「만나기만 만나보면 너의 집안 운수로다」라는 구절이 깨달아져 드디어 따라 나서니라

3: 24  이날 대흥리大興里 경석京石의 집에 이르사 가라사대 나의 이르는 곳을 천지天地에 알려야 하리라 하시고 글을 써서 서쪽 벽에 붙이시니 문득 우뢰가 크게 일어나거늘 천사天師 속하다 하시고 그 글을 떼어 무릎 밑에 넣으시니 우뢰가 곧 그치는지라 공우公又는 크게 놀래어 감복感服하고 마을 사람들은 뜻밖에 일어나는 백일뇌성白日雷聲을 이상異常히 여기니라 우뢰를 거두시고 경석京石에게 물어 가라사대 이 집에서 지난 갑오년甲午年 겨울에 세 사람이 동맹同盟한 일이 있었느냐 대對하여 가로대 그러하였나이다 가라사대 그 일로 인因하여 모해자謀害者의 밀고密告로 너의 부친父親이 해를 입었느냐 경석京石이 울며 가로대 그러하였나이다 또 가라사대 너의 형제들이 그 모해자謀害者에게 큰 원한怨恨을 품어 복수復讐하기를 도모圖謀하느냐 대하여 가로대 자식의 도리에 어찌 복수復讐할 마음을 갖지 아니 하오리까 가라사대 너희들이 복수復讐할 마음을 품고 있음을 너의 부친父親이 크게 걱정하여 이제 나에게 고하니 너희들은 마음을 돌리라 이제는 악惡을 선善으로 갚아야 할 때라 만일 악惡을 악惡으로 갚으면 되풀이 되풀이로 후천後天에 악惡의 씨를 뿌리는 것이 되나니 너희들이 나를 따르려면 그 마음

을 먼저 버려야 할지니 잘 생각하라 경석京石이 이에 세 아우로 더불어 별실別室에 들어가서 서로 위로慰勞하여 그 원한怨恨을 풀기로 하고 그대로 아뢰니 가라사대 그러면 뜰 밑에 짚을 펴고 청수淸水 한동이를 길어 놓고 그 청수淸水를 향하여 너의 부친父親을 대한 듯이 마음 돌렸음을 고백하라 경석京石이 그대로 하여 사형제四兄弟가 설움에 복받쳐서 청수淸水동이 앞에서 크게 우니 천사天師 일러 가라사대 너의 부친父親이 너무 슬픈 울음을 오히려 불쾌不快히 여기니 그만 그치라 하시니라 그 뒤에 「천고춘추아방궁 만방일월동작대千古春秋阿房宮 萬方日月銅雀臺」를 써서 벽에 붙이사 경석京石으로 하여금 복응服膺케 하시니라

3：25　이 뒤에 동학신도東學信徒 안내성安乃成 문공신文公信 황응종黃應鍾 신경수申京洙 박장근朴壯根 등이 서로 이어 따르니라

3：26　천사天師께서 이도삼李道三에게 글 석자를 부르라 하심에 도삼道三이 천天 지地 인人 석자를 부르니 천사天師 글을 지어 가라사대 천상무지천 지하무지지 인중무지인 지인하처귀 天上無知天 地下無知地 人中無知人 知人何處歸요 하시니라

3：27　이 때에 김광찬金光贊은 구릿골에 있어 차경석車京石의 종사從事함을 싫어하여 가로대 경석京石은 본래 동학東學 여당餘黨으로 일진회一進會에 참가하여 의롭지 못한 일을 많이 행하였거늘 이제 도문道門에 들임은 선생先生이 정대正大치 못하심이라 우리가 힘써 마음을 닦아온 것이 다 쓸데없게

된다 하고 날마다 천사天師를 원망怨望하거늘 형렬亨烈이 민망 悶惘하여 천사天師께 와 뵈옵고 광찬光贊이 불평 품은 일을 아뢰며 가로대 어찌 이런 성질가진 자를 문하門下에 두셨나이까 천사天師 가라사대 용龍이 물을 구할 때에 비록 가시덤불이 길을 막을지라도 회피回避하지 아니 하느니라 돌아가서 잘 무마撫摩하라 하시니라

3: 28    하루는 경석京石에게 「계분수사파, 봉수무이산, 금회개제월, 담소지광란, 활계경천권, 행장옥수간, 소신구문도, 비투반일한 溪分洙泗派, 峯秀武夷山, 襟懷開霽月, 談笑止狂亂, 活計經千卷, 行裝屋數間, 小臣求問道, 非偸半日閑」의 고시古詩를 외워주시고 경석京石을 데리고 순창淳昌 농바우 박장근朴壯根의 집에 이르러 가라사대 이제 천하대세天下大勢를 회문산回文山 오선위기형五仙圍碁形의 형세形勢에 붙여 돌리노니 네게 한 기운氣運을 붙이노라 하시고 그 집 머슴을 불러 가라사대 어젯밤에 무슨 본 일이 있었느냐 머슴이 대對하여 가로대 어젯밤 꿈에 한 노인이 농바우를 열고 갑옷과 투구와 큰 칼을 내어주며 이것을 가져다가 주인을 찾아 전하라 하므로 내가 받아다가 이 방에 두었는데 곧 차경석車京石의 앉은 자리나이다 하니라 대저 그 지방에서는 농바우 속에 갑옷과 투구와 긴 칼이 들어있는 데 장군將軍이 나면 내어가리라는 말이 전하여 오니라

3: 29    농바우에서 수일 동안 일을 행하시고 돌아오실 때 글 한 수를 외우시니 이러하니라 「경지영지불의쇠 대곡사노결대병 천지권우경지사 만사아손여복장 經之營之不意衰 大斛事老結大病 天地眷佑境至死 漫使兒孫餘福葬」

3∶ 30  태인泰仁 고현내 행단古縣內杏壇에 이르사 경석京石에게 일러 가라대 공자孔子가 행단杏壇에서 강도講道하였나니 여기서 네게 한 글을 전하리라 하시고 옛글 한 장章을 외워 주시며 잘 지키라 하시니 이러하니라 「부주장지법 무람영웅지심 상녹유공 통지어중 여중동호미불성 여중동오미불경 치국안가 득인야 망국패가 실인야 함기지류 함원득기지 夫主將之法 務攬英雄之心 賞祿有功 通志於衆 與衆同好靡不成 與衆同惡靡不傾 治國安家 得人也 亡國敗家 失人也 含氣之類 含願得其志」 또 가라사대 내 일은 수부首婦가 들어야 되는 일이니 네가 일을 하려거든 수부首婦를 들여세우라 하시니라 경석京石이 천사天師를 뫼시고 돌아와서 그 이종매姨從妹 고판례高判例를 천거하니라

3∶ 31  동짓달 초初 사흗날 천사天師께서 고판례高判例를 맞아 결혼結婚 하실 새 수부首婦에게 일러 가라사대 「내가 너를 만나려고 십오년十五年 동안 정력精力을 들였나니 이로부터 천지天地 대업大業을 네게 맡기리라」 하시고 인하여 수부首婦를 옆에 끼시고 붉은 책과 누른 책 각 한권씩을 앞으로부터 번갈아 깔며 그 책을 밟으며 방에서 마당에 까지 나가사 남쪽 하늘의 별을 바라보고 네 번 절하라 하시고 다시 그 책을 번갈아 깔며 밟아서 방으로 들어 오시니라

3∶ 32  인因하여 수부首婦에게 모든 일을 가르치시며 문명文命을 쓰실 때에도 반드시 수부首婦의 손에 붓을 쥐게 하시고 천사天師께서 등 뒤에 겹쳐 앉으사 수부首婦의 손목을 붙들어 쓰이시니라

3: 33 또 경석京石에게 일러 가라사대 너는 접주接主가 되라 나는 접사接司가 되리라 이 뒤로는 출입出入을 폐廢하고 집을 지키라 이것은 자옥도수自獄度數니라 하시니라

3: 34 이달에 구릿골에 이르사 공사公事를 보시고 형렬亨烈에게 일러 가라사대 내가 머리를 깎으리니 너도 또한 머리를 깎으라 형렬亨烈이 마음으로는 싫어하나 억지로 대답하였더니 또 갑칠甲七을 불러 가라사대 내가 머리를 깎으리니 내일來日 대원사大願寺에 가서 금곡錦谷 주지主持를 불러 오라 하시거늘 형렬亨烈이 근심하였더니 그 뒤에 다시 말씀치 아니하시니라

3: 35 공우公又가 처음으로 천사天師를 뫼시고 구릿골로 올 때 한 대장大將이 갑주甲胄를 갖추고 칼을 집고 제비산 중턱에 서 있는 것이 보이더라 이날 밤에 김준상金俊相의 집에 머무를 때에 어떤 사람이 와서 헌병憲兵이 당신을 잡으려고 이 밤에 구릿골로 온다는 말을 들었다고 아뢰니 천사天師 들으시고 태연히 계시다가 저녁에 형렬亨烈의 집으로 가시니라 공우公又와 여러 종도從徒들이 준상俊相의 집에서 잘새 다른 사람들은 깊이 잠들었으나 공우公又는 헌병이 올까 두려워서 뒷산에 올라 망望을 보고 있더니 야반夜半에 원평院坪쪽으로부터 등촉燈燭 가진 사람 오륙인五六人이 구릿골로 향하고 오다가 정문旌門에 이르러 불이 꺼지므로 크게 두려워하여 준상俊相의 방에 들어와 여러 종도從徒들을 깨워서 같이 도피逃避하려 하였으나 깊이 든 잠이 쉽게 깨어지지 않으므로 시간은 한식경이나 지났으되 아무 기척이 없거늘 이에 안심安心하고 잤더니 익일翌日에 천사天師 공우公又에

게 일러 가라사대 대장大將은 도적盜賊을 잘 지켜야 하느니라 하시니라

3: 36  박공우朴公又가 비밀秘密히 일진회一進會 사무소事務所에 들어갔더니 천사天師께서 문득 공우公又에게 일러 가라사대 한 몸 으로 두 마음을 품는 자는 그 몸이 찢어지고 한 어깨에 두 짐을 지면 더수기가 찢어지나니 주의注意하라 하시거늘 공우公又가 놀라서 다시는 비밀秘密한 일을 하지 못하고 일진회一進會 관계關係도 아주 끊으니라

3: 37  공우公又 천사天師를 따른 뒤로 여러 제자弟子들이 모두 보발保髮하였으므로 삭발削髮한 자신이 한물에 싸이지 못함을 불안不安하게 생각하여 머리를 길러 수삭후數朔後에 솔잎 상투에 갓 망건을 쓰고 다니더니 하루는 금구金溝를 지나다가 전일前日 일진회一進會 동지同志 십여인을 만남에 일진회원一進會員들이 공우公又의 장발長髮하였음을 조소嘲笑하며 붙들고 늑삭勒削하여 버린지라 공우公又 집에 돌아와서 두어달 동안 출입을 폐하고 다시 머리를 기르더니 뜻밖에 천사天師께서 이르사 공우公又에게 수삭동안 나오지 아니한 이유를 물으시거늘 공우公又 황공惶恐하여 일진회원一進會員들에게 늑삭 당한 경과를 아뢰고 다시 삭발한 모습으로 선생을 뵈옵기가 황송惶悚하므로 집에 있으면서 머리를 다시 길러 관건冠巾을 차린 뒤에 선생先生께 뵈이려 한다는 뜻을 아뢰니 천사天師 가라사대 나는 오직 마음을 볼 뿐이니 머리에 무슨 관계가 있으리요 하시고 공우公又를 데리고 구릿골로 오시니라

3: 38  하루는 형렬亨烈에게 옛글을 외워주시며 잘 지키라 하시니 이러하니라 「부용병지요 재숭례이중록 예숭즉의사지 녹중즉지사경사 고녹현불애재 상공불유시 즉사졸병 적국삭 夫用兵之要 在崇禮而重祿 禮崇則義士至 祿重則志士輕死 故 祿賢不愛財 賞功不逾時 則士卒竝 敵國削」

3: 39  또 형렬亨烈에게 옛글을 외워 주시며 잘 기억記憶하라 하시니 이러하니라 「처세유위귀 강강시화기 발언상욕눌 임사당여치 급지상사완 안시불망위 일생종차계 진개호남아 處世柔爲貴 剛强是禍基 發言常欲訥 臨事當如癡 急地常思緩 安時不忘危 一生從此計 眞個好男兒」

3: 40  또 형렬亨烈에게 옛글을 외워주시니 이러하니라 「명월천강심공조 장풍팔우기동구 明月千江心共照 長風八隅氣同驅」 또 가라사대 너는 좌불坐佛이 되어 처소處所를 잘 지키라 나는 유불遊佛이 되리라 하시니라

3: 41  종도從徒들에게 일러 가라사대 시속時俗에 남조선南朝鮮 사람이라 이르나니 이는 남은 조선朝鮮 사람이란 말이라 동서東西 각各 교파敎派에 빼앗기고 남은 못난 사람에게 길운吉運이 있음을 이르는 말이니 그들을 잘 가르치라 하시니라

3: 42  하루는 형렬亨烈을 명命하사 종이에 육십사괘六十四卦를 점點치고 이십사二十四 방위자方位字를 둘러 쓰이사 태양太陽을 향하여 불사르시며 가라사대 여아동거與我同居 하자 하시고 형렬亨烈을 돌아보시며 가라사대 잘 믿는 자에게 해인海印을 전하여 주리라 하시니라

3: 43 　또 가라사대 선비는 반드시 몸에 지필묵$^{紙筆墨}$을 가져야 하느니라

3: 44 　또 형렬$^{亨烈}$에게 일러 가라사대 선비는 대학경일장장하$^{大學經一章章下}$를 알아두어야 하느니라 하시고 외워주시니 이러하니라 「우경일장 개공자지언이증자술지 기여십장즉 증자지의이문인기지야 구전파유착간 금인정자소정이갱고경문 별유서차여좌　右經一章　盖孔子之言而曾子述之　其餘十章則　曾子之意而門人記之也　舊傳頗有錯簡　今因程子所定而更考經文　別有序次如左」

3: 45 　또 형렬$^{亨烈}$에게 옛글을 외워 주시며 잘 기억$^{記憶}$하라 하시니 이러하니라 「여유일개신단단혜 무타기 기심휴휴언 기여유용 인지유기 약기유지 인지언성 기심호지 불시여자기구출 시능용지 이보아자손여민 상역유리재 인지유기 모질이오지 인지언성 이위지비부달 시불능용 이불능보아자손여민 역왈태재　如有一介臣斷斷兮　無他技　其心休休焉　其如有容　人之有技　若己有之　人之彦聖　其心好之　不啻如自其口出　是能容之　以保我子孫黎民　尙亦職有利哉　人之有技　冒疾以惡之　人之彦聖　而違之俾不達　是不能容　以不能保我子孫黎民　亦曰殆哉」

3: 46 　또 형렬$^{亨烈}$에게 일러 가라사대 모든 말을 묻는 자가 있거든 듣고 실행$^{實行}$이야 하든지 아니 하든지 너는 바른대로만 일러주라 하시니라

3: 47 　하루는 종도$^{從徒}$들에게 일러 가라사대 세상에 성$^{姓}$

으로 풍가風哥가 먼저 났었으나 전하여 오지 못하고 사람의 몸에 들어 다만 체상體相의 칭호稱號로만 쓰게 되어 풍신風身 풍채風采 풍골風骨 등으로 일컫게 될 뿐이요 그 다음에 강가姜哥가 났었나니 강가姜哥가 곧 성姓의 원시原始라 그러므로 이제 개벽시대開闢時代를 당當하여 원시原始로 반본返本되는 고故로 강가姜哥가 일을 맡게 되었느니라

3: 48  부친父親으로 하여금 일상日常 생활生活에 매양 자력自力을 쓰도록 하시고 평소平素에 허물 지은 것을 생각하여 허물 닦기를 힘쓰시라 하사 종도從徒들 중에 혹 물품物品이나 금품金品을 드리는 것을 엄금嚴禁하시더니 어떤 종도從徒가 집이 너무 협착狹窄함을 민망悶惘히 여겨 그보다 큰 집을 사드린 자가 있거늘 천사天師 꾸짖어 가라사대 네가 어찌 나의 부친父親을 도적盜賊을 만들려 하느냐 하시고 다시 일러 가라사대 속 모르는 사람은 나에게 불효不孝라 할지나 나는 부친父親의 앞 길을 닦아 드리려 함이로다 내가 항상恒常 가늠을 놓고 보는데 만일 그 가늠에 어그러지면 허사虛事가 되나니 너희들이 부친父親의 빈궁貧窮하심을 민망悶惘히 여겨 원조援助하여 드리고 싶거든 먼저 나에게 말하면 그 가늠을 변경變更하리라 하시니라

3: 49  매양 옛사람을 평론評論하실 때 강태공姜太公, 석가모니釋迦牟尼, 관운장關雲長, 이마두利瑪竇를 칭찬하시니라

3: 50  무신戊申 유월六月에 광찬光贊에게 물어 가라사대 네가 평소平素에 나를 어떠한 사람으로 불러왔느냐 대하여 가로대 촌村 양반兩班이라고 불렀나이다 또 가라사대 촌村 양

반兩班은 너를 어떻게 불러 왔겠느냐 가로대 고을 아전衙前이라고 불렀으리이다 또 가라사대 촌村 양반兩班은 고을 아전衙前에게 아전衙前놈이라 부르고 고을 아전衙前은 촌村 양반兩班에게 양반兩班놈이라 부르나니 이것이 모두 불평不平줄이라 이제 너와 내가 서로 화해和解하면 천하天下가 다 화평和平하리라 하시니라

　3: 51　칠월七月에 백암리白岩里에 계실 새 김영학金永學이 경학京學의 천인薦引으로 와서 뵈이거늘 칠일七日이 지나도록 더불어 말씀치 아니하시니 영학永學이 크게 분憤해 하는지라 공우公又와 원일元一이 일러 가로대 성의誠意로써 사사師事하기를 청하면 밝게 가르치시리라 하니 영학永學이 그 말을 좇아 천사天師께 사사師事하기를 청한대 천사天師 허락許諾하시더니 문득 크게 꾸짖으시거늘 영학永學이 한편으로는 공구恐懼하고 한편으로는 분憤하여 문외門外로 나간지라 이윽고 영학永學을 불러 가라사대 너를 꾸짖은 것은 네 몸에 있는 두 척신斥神을 물리치려 함이니 너는 불평히 생각지 말라 영학永學이 가로대 무슨 척신斥神이온지 깨닫지 못하겠나이다 천사天師 가라사대 네가 십팔세十八歲에 살인殺人하고 금년今年에도 살인殺人하였나니 잘 생각하여 보라 영학永學이 생각하니 십팔세十八歲에 남원에서 전주 아전衙前 김모金某와 교어交語하다가 그 무례無禮한 말에 노怒하여 화로火爐를 던져 그 두부頭部를 타상打傷하였더니 이로부터 신음呻吟하다가 익년翌年 이월二月에 사망死亡하였고 금년 봄에 장성長城 맥동麥洞에 거주居住하는 외숙外叔 김요선金堯善이 의병義兵에게 약탈掠奪을 당한 고로 의병대장義兵大將 김영백金永伯을 장성長城 백양사白羊寺에서 찾아보고 그 비행非行을 꾸짖었더니 영백永伯이 사과謝過하고

범인犯人을 조사調査하여 포살砲殺한 일이 있으므로 비로소 황연晃然히 깨달아 아뢴대 천사天師 가라사대 정正히 그러하다 하시니라

3: 52  대흥리大興里에 계실 때 하루는 차경석車京石 안내성安乃成 박공우朴公又를 데리고 앞 내에 나가 목욕沐浴하실 새 경석京石을 명命하사 백염白鹽 일국一掬을 가져다가 물 위에 뿌리게 하시고 물에 들어서시며 가라사대 고기잡이를 하리라 하시더니 문득 경석京石의 다리를 잡고 가라사대 큰 이무기를 잡았다 하시거늘 경석京石이 가로대 내 다리로소이다 하니 천사天師 가라사대 그렇게 되었느냐 하시고 놓으시니라

3: 53  하루는 형렬亨烈이 밖에 나갔다가 예수교인耶蘇敎人에게 큰 패욕悖辱을 당하고 돌아와서 천사天師께 그 일을 아뢰니 가라사대 청수淸水를 떠놓고 스스로 허물을 살펴 뉘우치라 형렬亨烈이 명하신대로 하였더니 그 뒤에 그 예수교인耶蘇敎人이 병들어서 사경死境에 이르렀다가 어렵게 살아났다 하거늘 형렬亨烈이 듣고 아뢰니 가라사대 이 뒤로는 그런 일을 당하거든 조금도 그를 원망怨望치 말고 스스로 몸을 살피라 만일 허물이 네게 있는 때에는 그 허물이 다 풀릴 것이요 허물이 네게 없을 때에는 그 독기毒氣가 본처本處로 돌아가느니라

3: 54  안내성安乃成에게 일러 가라사대 농사農事를 힘써 밖으로 봉공의무奉公義務와 안으로 선령제사先靈祭祀와 제가양육齊家養育의 일에 힘써 몸을 잘 닦을지어다 하시니라

3：55  공우<sup>公又</sup>에게 일러 가라사대 죽을 사람을 가려내라 공우<sup>公又</sup> 이윽히 생각하다가 가로대 도인<sup>道人</sup>으로서 표리<sup>表裏</sup>가 같지 아니한 자가 먼저 죽어야 옳으니이다 천사<sup>天師</sup> 대답치 아니하시고 또 물어 가라사대 살 사람은 누구이겠느냐 가로대 들판에서 농사<sup>農事</sup> 짓는 사람과 산중<sup>山中</sup>에서 화전<sup>火田</sup> 파는 사람과 남에게 맞고도 대항<sup>對抗</sup>치 못하는 사람이 살아야 하겠나이다 가라사대 네 말이 옳으니 그들이 상등<sup>上等</sup>사람이니라

3：56  공우<sup>公又</sup> 물어 가로대 동학주<sup>東學呪</sup>에 강<sup>降</sup>을 받는 자가 많이 있으되 나는 강<sup>降</sup>을 받지 못하였나이다 가라사대 이는 다 제우강<sup>濟愚降</sup>이요 천강<sup>天降</sup>은 아니니라 천강<sup>天降</sup>을 받은 자는 병<sup>病</sup>든 자를 한번 만져도 낫고 건너보기만 하여도 낫느니라

3：57  하루는 종도<sup>從徒</sup>들에게 일러 가라사대 김병욱<sup>金秉旭</sup>이 남의 나라 일만 힘쓰니 그 식록<sup>食祿</sup>을 떼리라 하시더니 그 뒤에 공우<sup>公又</sup> 전주<sup>全州</sup>에 가서 병욱<sup>秉旭</sup>을 찾으니 생도<sup>生道</sup>가 궁핍<sup>窮乏</sup>하여 가구<sup>家具</sup>를 전당<sup>典當</sup>하여 경과<sup>經過</sup>하거늘 돌아와서 아뢰니 천사<sup>天師</sup> 웃으시고 글을 써서 불사르시더니 그 뒤에 다시 전주<sup>全州</sup>에 가서 병욱<sup>秉旭</sup>을 만나니 생계<sup>生計</sup>가 다시 넉넉하여졌더라

3：58  하루는 종도<sup>從徒</sup>들에게 일러 가라사대 대인<sup>大人</sup>의 도<sup>道</sup>를 닦으려는 자는 먼저 아내의 뜻을 돌려 모든 일에 순종<sup>順從</sup>케 하여야 하나니 아무리 하여도 그 마음을 돌리지 못할 때에는 더욱 굽혀 예<sup>禮</sup>를 갖추어 경배<sup>敬拜</sup>하여 날마다

일과로 하면 마침내 순종<sup>順從</sup>하게 되나니 이것이 옛사람의 법이니라

3: 59  또 가라사대 자고로 부인<sup>婦人</sup>을 존신<sup>尊信</sup>하는 일이 적었으나 이 뒤로는 부인<sup>婦人</sup>도 각기 닦은 바를 따라 공덕<sup>功德</sup>이 서고 신앙<sup>信仰</sup>이 모여 금패<sup>金牌</sup>와 금상<sup>金像</sup>으로 존신<sup>尊信</sup>의 표<sup>表</sup>를 세우리라

3: 60  공우<sup>公又</sup> 천사<sup>天師</sup>를 모시고 태인읍<sup>泰仁邑</sup>을 지날 때 한 젊은 여자가 지나거늘 공우<sup>公又</sup> 체면상<sup>體面上</sup> 바로 보지는 못하였으나 그 아름다운 태도<sup>態度</sup>를 사모<sup>思慕</sup>하여 잊지 못하더니 천사<sup>天師</sup> 아시고 일러 가라사대 색<sup>色</sup>은 남자<sup>男子</sup>의 정기<sup>精氣</sup>를 모손<sup>耗損</sup>케 하는 것이니 이 뒤로는 여자를 만나볼 때에 익히 보고 마음에 두지 말라 하시거늘 공우<sup>公又</sup> 깨닫고 그 뒤로는 여자를 대할 때에 매양 명하신 대로 하니 마음에 탐욕<sup>貪慾</sup>이 일어나지 않더라

3: 61  이 뒤에 공우<sup>公又</sup> 다시 천사<sup>天師</sup>를 모시고 태인읍<sup>泰仁邑</sup>을 지날 때 두 노파<sup>老婆</sup>가 지나거늘 천사<sup>天師</sup> 길을 비켜 외면하고 서서 다 지나가기를 기다려 길을 가시며 가라사대 이제는 해원시대<sup>解冤時代</sup>라 남녀<sup>男女</sup>의 분별<sup>分別</sup>을 틔워 각기 하고 싶은 대로 하도록 풀어 놓았으나 이 뒤에는 건곤<sup>乾坤</sup>의 위차<sup>位次</sup>를 바로잡아 예법<sup>禮法</sup>을 다시 세우리라 하시니라

3: 62  공우<sup>公又</sup>가 천사<sup>天師</sup>를 모시고 태인<sup>泰仁</sup> 감곡면<sup>甘谷面</sup> (원<sup>元</sup> 은곡면 <sup>銀谷面</sup>) 산직촌<sup>山直村</sup> 앞을 지나실 새 물어 가라

사대 복$^{福}$을 얼마나 지니면 쓰겠느냐 대하여 가로대 많이 지녀야 하겠나이다 어디다 쓰겠느냐 대하여 가로대 빈핍$^{貧乏}$하여 의식$^{衣食}$이 없는 사람을 먹이고 입혀야 하겠나이다 가라사대 복$^{福}$이 너무 많으면 귀$^{貴}$치 않으니 웬만큼 지녀야 하느니라 하시니라

3: 63 하루는 천원$^{川原}$에 계실 때 참외를 드린 자가 있거늘 천사$^{天師}$ 맛보지 않고 두셨더니 공우$^{公又}$ 한개를 먹음에 설사가 나서 낫지 아니한지라 천사$^{天師}$께 아뢰니 가라사대 본래 그 아내가 주기 싫어하였으므로 살기$^{殺氣}$가 붙어있었느니 네가 그 살기$^{殺氣}$를 맞았도다 하시고 닭국을 먹으라 하시거늘 공우$^{公又}$ 명하신 대로 함에 곧 나으니라

3: 64 하루는 부안$^{扶安}$ 사람이 감주$^{甘酒}$를 드리니 천사$^{天師}$ 물리쳐 가라사대 이것은 곧 구천하$^{九天下}$ 감주$^{甘酒}$거늘 네가 어찌 도적음식$^{盜賊飮食}$을 들이느냐 하시거늘 종도$^{從徒}$들이 그 사람에게 물으니 가로대 아내가 듣지 아니하므로 가만히 가져왔노라 하더라

3: 65 구릿골에 계실 때 꿩 한 마리를 드리는 자가 있거늘 천사$^{天師}$ 받아두사 사흘을 지내니 꿩이 썩게 된지라 종도$^{從徒}$들이 아뢰니 종도들로 하여금 삶아 먹게 하시고 조금도 맛보지 아니하시거늘 그 연고$^{緣故}$를 물은 대 가라사대 그 아내가 싫어하였으므로 그 꿩에 살$^{煞}$이 박혀있느니라 다시 물어 가로대 그러면 어찌 우리들로 하여금 살$^{煞}$ 박힌 것을 먹게 하였나이까 가라사대 이제 그 살$^{煞}$은 다 제$^{除}$하였노라 하시니라

3: 66  구릿골 약방藥房에 계실 새 양지洋紙에 글을 쓰시더니 전간제全艮濟의 문도門徒 오륙인五六人이 대립大笠을 쓰고 행의行衣를 입고 와서 선생님 뵈옵겠습니다 하며 절을 하거늘 천사天師 돌아 보시며 가라사대 나는 너의 선생先生이 아니로다 하시며 절을 받지 아니하시니 그 사람들이 우두커니 섰다가 물러가니라

3: 67  하루는 공우公又를 데리고 태인泰仁 보림면寶林面 장자동을 지나실 새 길가에 있는 박씨朴氏 묘를 보시고 가라사대 이 혈穴이 와우형臥牛形인데 금혈형琴穴形이라고 혈명穴名을 잘못 지어서 발음發蔭이 잘 못 되었느니라 어디든지 혈명穴名을 모르거든 용미龍尾없이 조분助賁하였다가 명사名士에게 혈명穴名을 지은 뒤에 용미龍尾를 달면 발음發蔭이 되느니라 하시니라

3: 68  하루는 공우公又에게 태인泰仁 살포정 뒤에 호승예불胡僧禮佛을 써주리니 역군役軍을 먹일 만큼 술을 많이 빚어 넣으라 하시므로 공우公又 명하신 대로 하였더니 그 뒤에 천사天師 장사葬事 지내주리라 하시며 종도從徒들과 함께 잡수시고 글을 써서 불사르시니라 또 가라사대 지금至今은 천지天地에 수기水氣가 돌지 아니하여 묘墓를 써도 발음發蔭이 되지 않느니라 이 뒤에 수기水氣가 돌 때에는 와지끈 소리가 나리니 그 뒤에라야 땅 기운氣運이 발發하리라

3: 69  하루는 김덕찬金德贊에게 양지洋紙 한장을 주시며 칠성경七星經을 쓰라 하시니 덕찬德贊이 자양字樣의 대소大小를 물은 대 가라사대 수의隨意하여 쓰라 하시므로 덕찬德贊이

뜻대로 쓰니 지면紙面에 만재滿載하고 다만 석자 쓸만한 여백餘白이 남았거늘 이에 그 여백餘白에 칠성경七星經 석자를 쓰라 하사 불사르시니라

3: 70  하루는 차경석車京石을 앞에 세우신 후에 공우公又에게 몽치를 들리시고 윤경輪京에게 칼을 들리사 그들로 하여금 네가 이 후에도 지금의 스승을 모시고 있듯이 변개變改함이 없겠느냐 일후日後에 만일 마음을 변개變改함이 있으면 이 몽치로 더수기를 칠 것이요 이 칼로 할복割腹을 하리라고 경고警告하여 써 굴복屈服케 하시니라

3: 71  공우公又 아내와 다투고 와 뵈인대 천사天師 문득 꾸짖어 가라사대 나는 독함도 천하의 독함을 다 가졌고 선함도 천하의 선善을 다 가졌노니 네가 어찌 내 앞에 그런 패악悖惡을 행하느뇨 이제 천지신명天地神明이 운수運數자리를 찾으려고 각 사람의 가정家庭에 들어가서 기국器局을 시험試驗하나니 만일 가정家庭에서 솔성率性이 용착庸窄하여 화기和氣를 잃으면 신명神明들이 웃고 손가락질하여 기국器局이 하잘 것 없으니 어찌 큰 일을 맡기리요 하며 서로 이끌고 떠나느니 일에 뜻하는 자 어찌 일시一時라도 소홀疏忽하리요 하시니라

3: 72  하루는 공우公又에게 일러 가라사대 평소平素에 잡雜되게 다니며 행하던 일과 부정不正한 뜻을 품었던 일을 낱낱이 생각하여 거둬들이라 공우公又 낱낱이 생각하여 아뢰니 일찍이 서울서 왕王의 거동擧動과 장상將相의 출입出入을 보고 마음으로 부러워하여 대장부大丈夫 마땅히 이같으리라

하였던 일이 있었던 것을 아뢰니 가라사대 네가 그런 생각을 죄<sup>罪</sup>로 알았느냐 선<sup>善</sup>으로 알았느냐 가로대 죄<sup>罪</sup>가 될지언정 선<sup>善</sup>은 되지 못할까 하나이다 가라사대 그러면 내게 사배<sup>四拜</sup>하고 다시 그러지 않기를 심고<sup>心告</sup>하라 하시니라

3: 73 하루는 종도<sup>從徒</sup>들에게 일러 가라사대 언습<sup>言習</sup>을 삼가하라 시속<sup>時俗</sup>에 먹고 살려고 좋은 반찬에 잘 먹고 나서는 문득 배불러 죽겠다고 말하며 일하여 잘 살려고 땀 흘리며 일한 뒤에는 문득 되어 죽겠다고 말하나니 이 때는 말대로 되는 때라 병<sup>病</sup>이 돌 때에 어찌 죽기를 면<sup>免</sup>하리오 하시니라

3: 74 밥티 하나라도 땅에 흘린 것을 반드시 주으시며 가라사대 장차<sup>將次</sup> 밥 찾는 소리가 구천<sup>九天</sup>에 사무치리니 어찌 경홀<sup>輕忽</sup>히 하리요 한낱 쌀이라도 하늘이 아느니라 하시니라

3: 75 하루는 형렬<sup>亨烈</sup>에게 일러 가라사대 너는 도선<sup>徒善</sup>이라 복<sup>福</sup> 마련하기 어렵도다 하시니라

3: 76 또 형렬<sup>亨烈</sup>에게 일러 가라사대 대상<sup>大祥</sup>이란 상자<sup>祥字</sup>는 상서<sup>祥瑞</sup>라는 상자<sup>祥字</sup>니라 하시니라

3: 77 어떤 사람이 피난<sup>避難</sup> 할 곳을 물으니 가라사대 이때는 일본<sup>日本</sup>사람을 잘 대접<sup>待接</sup>하는 것이 곧 피난<sup>避難</sup>이니라 가로대 무슨 연고<sup>緣故</sup>니이까 가라사대 일본<sup>日本</sup>사람이 서방<sup>西方</sup> 백호<sup>白虎</sup> 기운<sup>氣運</sup>을 띠고 왔나니 숙호충비<sup>宿虎衝鼻</sup>하면

상해傷害를 받으리라 범은 건드리면 해를 끼치고 건드리지 아니하면 해를 끼치지 아니하며 또 범이 새끼친 곳에는 그 부근附近 동리洞里까지 두호斗護하나니 그들을 사사로운 일로는 너무 거슬리지 말라 이것이 곧 피난避難하는 길이니라 청룡靑龍이 동動하면 백호白虎는 물러가느니라

3：78  또 가라사대 지난 임진란壬辰亂에 일본日本사람이 조선朝鮮에 와서 성공成功하지 못하여 세 가지로 한恨이 맺혀서 삼한당三恨堂이 있다하느니 먼저 도성都城에 들지 못하였음이 일한一恨이요 인명人命을 많이 죽였음이 이한二恨이요 수종水種을 가르쳤음이 삼한三恨이라 그러므로 이제 해원시대解冤時代를 당하여 먼저 도성都城에 들게 됨에 일한一恨이 풀리고 인명人命을 많이 죽이지 않게 됨에 이한二恨이 풀리고 고한枯旱 삼년三年 백지白地 강산江山에 민무民無 추수秋收하게 됨에 삼한三恨이 풀리리라 하시니라

3：79  공우公又 여쭈어 가로대 수운가사水雲歌詞에 청송녹죽靑松綠竹은 도통지연원道通之淵源이라 하였나이다 가라사대 만물萬物이 다 철을 찾는데 오직 청송녹죽靑松綠竹은 겨울이나 여름이나 항상恒常 푸르게 서있으니 이는 철을 못찾는 물건物件이니라 하시니라

3：80  하루는 종도從徒들에게 일러 가라사대 선천先天에는 도수度數가 그르게 되어서 제자弟子로 선생先生을 해하는 자가 있었으나 이 뒤에는 그런 불의를 감행하는 자는 배사율背師律을 받으리라 하시니라

3: 81  하루는 공우<sup>公又</sup>에게 일러 가라사대 죽어서 잘 될 줄 알면 죽겠느냐 공우<sup>公又</sup>는 천사<sup>天師</sup>께 아뢰는 말씀은 항상<sup>恒常</sup> 씨가 되어 응험<sup>應驗</sup>됨이 전례<sup>前例</sup>이므로 죽을까 두려워하여 대하여 가로대 살아서 잘되려 하나이다 하니라

3: 82  천사<sup>天師</sup> 자기<sup>自己</sup>에게 대하여 심<sup>甚</sup>히 불경<sup>不敬</sup>하며 능욕<sup>凌辱</sup>하는 사람에게는 더욱 예<sup>禮</sup>로써 우대<sup>優待</sup>하심으로 종도<sup>從徒</sup>중에 혹 불가<sup>不可</sup>하게 생각하는 자가 있으면 곧 일깨워 가라사대 저들이 나에게 불경<sup>不敬</sup>함은 나를 모르는 연고<sup>緣故</sup>라 만일 나를 잘 안다면 너희들과 조금도 다름이 없으리라 저희들이 나를 알지 못하여 불경<sup>不敬</sup>하며 능욕<sup>凌辱</sup>함을 내가 어찌 개의<sup>介意</sup>하리요 하시니라

3: 83  하루는 공우<sup>公又</sup>를 데리고 용화동<sup>龍華洞</sup>을 지나시며 일러 가라사대 이곳이 용화도장<sup>龍華道場</sup>이라 이 뒤에 이곳에서 사람이 나서거든 부디 정분<sup>情分</sup>을 두고 지내라 하시니라

3: 84  천사<sup>天師</sup> 공우<sup>公又</sup>를 데리고 전주<sup>全州</sup> 세내를 지나실 때 모악산<sup>母岳山</sup>을 가리키시며 물어 가라사대 금산<sup>金山</sup>쪽이 앞이 되겠느냐 세내쪽이 앞이 되겠느냐 하시니 공우<sup>公又</sup>는 세내쪽이 개량<sup>開郞</sup>한 것을 좋게 생각하여 앞이 될 듯 싶어 대답하려 할 때 문득 질러 가라사대 금산<sup>金山</sup>쪽이 앞이니라 하시니라

3: 85  천사<sup>天師</sup> 부호<sup>富豪</sup>를 싫어하사 혹<sup>或</sup> 부호<sup>富豪</sup>를 천거<sup>薦擧</sup>하는 자가 있으면 매양 그 오는 길가 주막에 가서 폭잡을 수 없이 횡설수설<sup>橫說竪說</sup>하여 그들로 하여금 싫어서 물

러가게 하시는 지라 종도從徒들이 그 연고緣故를 물은대 가라사대 그들에게는 그 가진 재산財産 수효數爻대로 살기殺氣가 붙어 있느니 만일 그들의 추종追從을 허락許諾할진대 먼저 그 살기殺氣를 제거除去하여 앞 길을 맑혀 주어야 할지니 허다許多한 시간時間을 낭비浪費하여 공사公事에 지장支障이 있게 될지라 그러므로 차라리 그들로 하여금 스스로 멀리 하려 함이니 그 중에도 혹 혜두慧竇가 열려서 나를 알아보고 굳이 따르려는 자가 있으면 허락許諾할 뿐이로다 하시니라

3: 86  어떤 사람이 무고無故히 남의 오해誤解를 받아서 구설口說이 일어남을 분忿히 여기거늘 가라사대 바람도 불다가 그치나니 남의 시비是非를 잘 이기라 동정動靜이 각기 때가 있나니 걷힐 때에는 흔적도 없이 걷히느니라

3: 87  하루는 종도從徒들에게 일러 가라사대 하늘이 사람을 낼 때에 무한無限한 공부工夫를 들이나니 그러므로 모든 선령신先靈神들이 쓸 자손子孫 하나씩 타 내려고 육십년六十年 동안 힘을 들여도 못타는 자도 많으니라 이렇듯 어렵게 받아 난 몸으로 꿈결 같이 쉬운 일생一生을 헛되이 보낼 수 있으랴 하시니라

3: 88  또 가라사대 어머니가 뱃속에서 십삭十朔 동안 아이를 기를 때에 온갖 선善을 다하다가 날 때에 이르러서는 일분간一分間의 악惡을 쓰나니 이로써 악惡이 되느니라 하시니라

3: 89  어떤 사람이 병세문病勢文에 유천하지병자有天下之病者

는 용천하지약$^{用天下之藥}$이라야 궐병$^{厥病}$이 내유$^{乃愈}$라는 구절$^{句節}$의 뜻을 물은 대 가라사대 천하사$^{天下事}$에 뜻하는 자 일을 이루지 못하여 병$^{病}$을 이루어 골수에 들어서 백약$^{百藥}$이 무효$^{無效}$하다가  어디서 좋은 소식이 들리면 물약자효$^{勿藥自效}$하나니 이 일을 이름이라 운수에 맞추지 못한 자$^{者}$는 내종$^{內腫}$을 이루리라

3: 90  하루는 종도$^{從徒}$들에게 맹자$^{孟子}$ 한 절$^{節}$을 외워 주시며 가라사대 이 글을 잘 보아두면 이 책$^{冊}$에는 더 볼 것이 없느니라 하시니 이러하니라 「천장강대임어사인야 필선노기심지 고기근골 아기체부 궁핍기신행 불란기소위 시고 동심인성 증익기소불능 天將降大任於斯人也 必先勞其心志 苦其筋骨 餓其體膚 窮乏其贐行 拂亂其所爲 是故 動心忍性 增益其所不能」

3: 91  하루는 종도$^{從徒}$ 들에게 일러 가라사대 도적$^{盜賊}$잡는 자를 포교$^{捕校}$라고 부르나니 교$^{敎}$를 전할 때에 포교$^{布敎}$라고 일컬으라 우리 일은 세상에 모든 불의$^{不義}$를 밝히려는 일이니 그러므로 세상에서 영웅$^{英雄}$이란 칭호$^{稱號}$를 듣는 자는 다 잡히리라

3: 92  하루는 종도$^{從徒}$들에게 일러 가라사대 자손$^{子孫}$을 둔 신$^{神}$은 황천신$^{黃泉神}$이니 삼신$^{三神}$이 되어 하늘로부터 자손$^{子孫}$을 타 내리고 자손$^{子孫}$을 두지 못한 신은 중천신$^{中天神}$이니 곧 서신$^{西神}$이 되느니라

3: 93  김송환$^{金松煥}$이 사후$^{死後}$ 일을 물은 대 가라사대 사

람에게 혼<sup>魂</sup>과 넋이 있어 혼<sup>魂</sup>은 하늘에 올라 신<sup>神</sup>이 되어 제사<sup>祭祀</sup>를 받다가 사대<sup>四代</sup>가 지나면 영<sup>靈</sup>도되고 혹<sup>或</sup> 선<sup>仙</sup>도 되며 넋은 땅으로 돌아가서 사대<sup>四代</sup>가 지나면 귀<sup>鬼</sup>가 되느니라

3: 94  하루는 김송환<sup>金松煥</sup>이 천사<sup>天師</sup>께 여쭈어 가로대 하늘 위에 또 하늘이 있나이까 가라사대 있느니라 또 가로대 그 위에 또 있나이까 가라사대 또 있느니라 하사 이와같이 아홉번을 대답하신 뒤에는 가라사대 그만 알아두라 하시니라 이 뒤에 송환<sup>松煥</sup>에게 만사불성<sup>萬事不成</sup>이라 평하시니라

3: 95  어떤 사람이 물어 가로대 제사<sup>祭祀</sup>에 우는 것이 옳으니이까 울지 아니하는 것이 옳으니이까 가라사대 원통<sup>寃痛</sup>히 죽은 신<sup>神</sup>에게는 우는 것이 옳되 원통<sup>寃痛</sup>이 없이 죽은 신<sup>神</sup>에게는 울지 않는 것이 옳으니라

3: 96  하루는 종도<sup>從徒</sup>들에게 일러 가라사대 한 농부<sup>農夫</sup>가 이른 봄 농한기<sup>農閑期</sup>에 그 버는 논에 똘을 깊이 파서 수원지<sup>水源池</sup>에 이르게 하니 여러 사람이 부질없이 힘들이는 것을 비웃어 가로되 이 논은 예로부터 천수<sup>天水</sup>만 받아도 흉작<sup>凶作</sup>이 없어 왔는데 쓸 데 없는 힘을 이렇게 들이느뇨 하더니 이 해에 크게 가물어서 온 들이 적지<sup>赤地</sup>가 되었으나 그 농부<sup>農夫</sup>는 파놓았던 똘로 물을 끌어대어 가뭄을 면하여 농사<sup>農事</sup>를 잘 지었나니 이 일을 알아두라 하시니라

3: 97  하루는 한 술객<sup>術客</sup>이 이르거늘 천사<sup>天師</sup> 허령부<sup>虛靈</sup>

符를 그려 보이시며 가라사대 이제 동양<sup>東洋</sup>이 서양<sup>西洋</sup>으로 떠 넘어가는데 공부하는 자들이 이 일을 바로 잡으려는 자가 없으니 어찌 한심<sup>寒心</sup>치 아니하리요 그대는 부질없이 떠돌지 말고 나와 함께 이 일을 공부 들임이 어떠하뇨 그 술객<sup>術客</sup>이 놀라 가로대 저는 그런 능력<sup>能力</sup>이 없나이다 천사<sup>天師</sup> 그 무능<sup>無能</sup>함을 꾸짖어 쫓으시니라

3: 98  하루는 종도<sup>從徒</sup>들에게 일러 가라사대 서양<sup>西洋</sup>이 곧 명부<sup>冥府</sup>라 사람의 본성<sup>本性</sup>이 원래 어두운 곳을 등지고 밝은 곳을 향하나니 이것이 곧 배서향동<sup>背西向東</sup>이라 만일 서양<sup>西洋</sup> 사람을 믿는 자는 이롭지 못하리라

3: 99  하루는 종도<sup>從徒</sup>들에게 일러 가라사대 시속<sup>時俗</sup>에 전명숙<sup>全明淑</sup>의 결<sup>訣</sup>이라 하여 전주<sup>全州</sup> 고부<sup>古阜</sup> 녹두새라 이르나 이는 전주<sup>全州</sup> 고부<sup>古阜</sup> 녹지사<sup>祿持士</sup>라는 말이니 장차<sup>將次</sup> 천지<sup>天地</sup> 녹지사<sup>祿持士</sup>가 모여들어 선경<sup>仙境</sup>을 건설<sup>建設</sup>하게 되리라

3: 100  또 가라사대 사십팔장<sup>四十八將</sup> 늘여 세우고 옥추문<sup>玉樞門</sup>을 열 때에는 정신<sup>精神</sup>차리기 어려우리라 하시니라

3: 101  이언<sup>俚言</sup>에 짚으로 만든 계룡<sup>鷄龍</sup>이라 하나니 세상이 막 일러주는 것을 모르느니라 하시니라

3: 102  안내성<sup>安乃成</sup>이 일본사람과 싸워서 몸에 상해<sup>傷害</sup>를 입고 와 뵈인데 가라사대 이로부터 너는 내 문하<sup>門下</sup>에서 물러가라 너의 죽고 사는 일을 내가 간여<sup>干與</sup>치 않겠노

라 내성乃成이 이유를 몰라서 엎드려 대죄待罪하니 가라사대 시속時俗에 길성소조吉星所照를 말하나 길성吉星이 따로 있는 곳이 없고 일본사람을 잘 대접하는 곳에 길성吉星이 비치나니 네가 이제 일본사람과 싸우는 것은 스스로 멸망滅亡을 취함이라 내가 어찌 너를 가까이 하리오 하시니라

3: 103  하루는 종도從徒들에게 일러 가라사대 사람마다 그 닦은 바와 기국器局을 따라서 그 임무任務를 감당堪當 할 만한 신명神明이 호위護衛하여 있나니 만일 남의 자격資格과 공부工夫만 추앙推仰하고 부러워하여 제 일에 해태懈怠한 마음을 품으면 신명神明들이 그에게로 옮아 가느니라

3: 104  하루는 종도從徒들에게 일러 가라사대 부모父母의 시신屍身을 묶어서 묻는 것은 부모父母를 원수怨讐스럽게 아는 자라 묶지도 말고 그대로 입관入棺하여 흙으로 덮어두는 것이 옳으니라

3: 105  공우公又 천사天師의 명을 받아 각처에 순회巡廻 할 때 하루는 어디서 천사天師를 믿지 아니하는 언동言動을 보고 돌아와서 아뢰려 하니 문득 미리 아시고 얼굴을 외로 돌리시거늘 공우公又 깨닫고 말을 멈추니 가라사대 어디서 무슨 부족한 일을 볼지라도 큰 일에 낭패狼狽될 일만 아니면 항상 좋게 붙여서 말하라 하시니라

3: 106  하루는 공우公又를 데리고 태인泰仁 돌창이 주막酒幕에 들리사 경어敬語로써 술을 불러 잡수시고 공우公又에게 술을 불러 먹으라 하시거늘 공우公又는 습관習慣대로 낮은

말로 술을 불러 먹었더니 일러 가라사대 이 때는 해원시대解寃時代라 상常놈의 운수運數니 반상班常의 구별區別과 직업職業의 귀천貴賤을 가리지 아니하여야 속速히 좋은 세상이 되리니 이 뒤로는 그런 언습言習을 버리라 하시니라

3: 107  형렬亨烈이 물어 가로대 병을 고쳐 주시고도 병자病者에게 알리지 아니하시고 자식子息을 태워주고도 알리지 아니하시니 무슨 연고緣故니이까 가라사대 나의 할 일만 할 따름이니 남이 알고 모름이 무슨 관계가 있으리요 남이 알기를 힘씀은 소인小人의 일이니라 하시니라

3: 108  종도從徒들에게 남 속이지 않는 공부를 시키사 비록 성냥이라도 다 쓴 뒤에는 그 빈갑을 깨뜨려서 버리라 하시니라

3: 109  구릿골에 계실 때 하루는 신경수申京洙가 이르거늘 어느 종도從徒가 무슨 일로 왔느냐고 물으니 놀러 왔다고 대답하는지라 천사天師 좌우左右를 명하사 쫓으시며 가라사대 여기는 노는 곳이 아니니 노는 자는 오지 못하리라 하시니라

3: 110  종도從徒들에게 항상恒常 참는 공부工夫를 가르치사 남에게 분忿한 일을 당當할지라도 대항對抗하지 말고 자기自己의 과실過失을 생각하여 끌르라 하시므로 종도從徒들은 항상恒常 그와같이 닦더니 하루는 경석京石의 집에 계실 때 경석京石의 종형從兄이 술에 취하고 와서 경석京石에게 무수無數히 패설悖說을 하되 경석京石이 한 말도 대답치 않고 탄嘆하지

아니하니 더욱 기승하여 무소부지<sup>無所不至</sup>하다가 오랜 뒤에 스스로 지쳐서 돌아가거늘 천사<sup>天師</sup> 경석<sup>京石</sup>에게 일러 가라 사대 네 기운이 너무 빠졌으니 좀 회복<sup>恢復</sup>하라 덕<sup>德</sup>으로만 처사<sup>處事</sup>하기는 어려우니 성<sup>聖</sup>과 웅<sup>雄</sup>을 합하여야 하느니라 하시니라

3: 111 공우<sup>公又</sup> 사소한 일로 형렬<sup>亨烈</sup>의 일가 사람과 쟁론<sup>爭論</sup>할 때 구릿골 김씨<sup>金氏</sup>를 도륙<sup>屠戮</sup>하리라 하거늘 천사<sup>天師</sup> 꾸짖어 말리셨더니 그 뒤에 공우<sup>公又</sup> 형렬<sup>亨烈</sup>의 집에 다시 이르니 우연<sup>偶然</sup>히 김씨<sup>金氏</sup> 제족<sup>諸族</sup>이 다 모이는 지라 천사<sup>天師</sup> 공우<sup>公又</sup>에게 일러 가라사대 네가 못올 데를 왔으니 이곳이 너의 사지<sup>死地</sup>니라 공우<sup>公又</sup> 대하여 가로대 김씨<sup>金氏</sup> 일족이 비록 많으나 내가 어찌 두려워 하리이까 하니 김씨<sup>金氏</sup>들이 듣고 웃으며 공우<sup>公又</sup>도 또한 웃어 이로써 화해<sup>和解</sup>되니라 대저 천사<sup>天師</sup>께서 종도<sup>從徒</sup>들로 하여금 악담<sup>惡談</sup>을 못하게 하심은 척이 되어 보복됨을 인함이러라

3: 112 최창조<sup>崔昌祚</sup>의 아내가 매양 천사<sup>天師</sup>께서 오시는 것을 싫어하더니 하루는 천사<sup>天師</sup>께서 밥때를 어겨서 이르시거늘 밥짓기를 싫어하여 마음에 불평을 품었더니 천사<sup>天師</sup> 창조<sup>昌祚</sup>에게 일러 가라사대 도가<sup>道家</sup>에는 반드시 아내의 뜻을 잘돌려서 아무리 괴로운 일이라도 어기지 않고 순응<sup>順應</sup>하여야 복<sup>福</sup>이 이르느니라 하시니 이때에 창조<sup>昌祚</sup>의 아내가 방문밖을 지나다가 그 말씀을 듣고 보이지 않는 사람의 속마음까지 살피심에 놀래어 마음을 고치니라

3: 113 어떤 사람이 경석<sup>京石</sup>에게 이르되 그대의 장인<sup>丈人</sup>이

요술$^{妖術}$장이에게 요술$^{妖術}$을 배우려 한다하며 바람 맞은 사람이라고 말하는 것을 들었노라 하니 경석$^{京石}$이 가로대 내가 어찌 바람 맞았으리요 말하는 그가 바람 맞았도다 하였더니 그 사람이 나간 뒤에 천사$^{天師}$ 경석$^{京石}$을 꾸짖어 가라사대 너는 대인$^{大人}$ 공부$^{工夫}$를 하는 사람이라 알지 못하는 사람이 제 노릇하려고 하는 말을 네가 탄하여 같이하면 너도 그와 같은 사람이 될지니 무엇으로 대인$^{大人}$을 이루겠느냐 하시니라

3: 114   종도$^{從徒}$들이 천사$^{天師}$를 모시고 출행$^{出行}$할 때 풍우한서$^{風雨寒署}$를 따라 괴로움을 느낄 때는 말하는대로 천기$^{天氣}$를 돌려서 편의$^{便宜}$를 보아 주시더니 하루는 가라사대 너희들이 이 뒤로는 추워도 춥다 하지 말고 더워도 덥다 하지 말고 비나 눈이 와도 괴로운 말을 내지 말라 천지$^{天地}$에서 쓸 데가 있어서 하는 일을 항상$^{恒常}$ 말썽을 부리면 역천$^{逆天}$이 되느니라 하시니라

3: 115   하루는 공우$^{公又}$를 데리고 어디를 가실 때 공우$^{公又}$를 명하사 우산$^{雨傘}$을 사서 들리고 가시니 공우$^{公又}$는 천사$^{天師}$ 원래 우산을 받는 일이 없었고 비록 비오는 날에 길을 가실지라도 비가 몸에 범$^{犯}$하는 일이 없었던 일을 생각하여 이상히 여기더니 뜻밖에 비가 오는 지라 천사$^{天師}$ 공우$^{公又}$에게 우산을 받으라 하시니 공우$^{公又}$는 천사$^{天師}$께 받으시기를 청하여 서로 사양$^{辭讓}$하다가 함께 비를 맞아 옷이 함빡 젖으니 천사$^{天師}$ 가라사대 이 뒤로는 우산$^{雨傘}$을 들지말라 의뢰심$^{依賴心}$과 두마음을 품으면 신명$^{神明}$의 음호$^{蔭護}$를 받지 못하느니라 하시니라

3: 116 하루는 종도從徒들에게 일러 가라사대 한 대인大人이 천하사天下事를 경영經營하러 먼 길을 떠남에 그 부모父母 처자妻子는 의탁依託할 곳이 없는 지라 종유중從遊中 한 사람이 그 일을 근심하여 구호救護할 길을 백방百方으로 생각하나 힘이 미치지 못함을 한탄恨歎하더니 마침 장에 가서 고기전廛을 지나다가 다시 그 일이 생각나서 길을 멈추고 공상空想에 잠겨 머뭇거리는지라 전廛사람이 이상異常히 여겨 연고緣故를 물음에 그 정곡情曲을 말하니 전廛사람이 감동感動하여 함께 대인大人의 집에 가서 스스로 구호救護를 담당擔當하여 생활비生活費를 계속繼續하여 공급供給하였더니 그 뒤에 대인大人이 일을 마치고 돌아오니 부모와 처자가 안녕하거늘 그 연고를 물어서 알고 그 사람에게 후히 갚았다 하시니라

3: 117 하루는 종도從徒들에게 일러 가라사대 이전以前에는 판이 좁아서 성聖으로만 천하天下를 다스리기도 하고 웅雄으로만 다스리기도 하여 왔으나 이제는 판이 넓어서 성聖과 웅雄을 합하여야 하느니라 하시니라

3: 118 어떤 사람이 여쭈어 가로대 깎은 머리로 선생께와 뵈옵기 황송하여이다 한대 가라사대 머리에 상관相關이 없고 다만 마음을 보노라 하시니라

3: 119 신원일辛元一이 여쭈어 가로대 이제 중국中國이 혼란混亂하여 인민人民이 도탄塗炭에 들었사오니 선생先生의 무소불능無所不能하신 권능權能으로 그 인민人民을 건지시고 그 왕위王位에 오르사이다 가라사대 벼슬은 넘나들지라도 왕王은

제 나라 사람이 하여야 호원<sup>呼冤</sup>이 없느니라


3∶120  하루는 종도<sup>從徒</sup>들에게 일러 가라사대 부인<sup>婦人</sup>이 천하사<sup>天下事</sup>를 하려고 염주<sup>念珠</sup>를 딱딱거리는 소리가 구천<sup>九天</sup>에 사무쳤으니 장차<sup>將次</sup> 부인<sup>婦人</sup>의 천지<sup>天地</sup>를 만들려함이로다 그러나 그렇게까지는 되지 못할 것이요 남녀동권시대<sup>男女同權時代</sup>가 되리라 하시니라


3∶121  하루는 종도<sup>從徒</sup>들에게 일러 가라사대 시속<sup>時俗</sup>에 병신<sup>病身</sup>이 육갑<sup>六甲</sup>한다고 하나니 서투른 글자나 안다고 손가락을 곱작거리며 아는 체 하는 자는 죽음을 면치 못하리라 하시니라


3∶122  하루는 장성원<sup>張成遠</sup>에게 글 한줄을 써주시며 뒷날 보라 하시니 이러 하니라 「장교자패<sup>將驕者敗</sup>니 견기이작<sup>見機而作</sup>하라」


3∶123  팔월<sup>八月</sup>에 구릿골에 계실 때에 차경석<sup>車京石</sup>이 종사<sup>從事</sup>함으로부터 살림을 돌보지 아니하여 가세<sup>家勢</sup>가 날로 쇠패<sup>衰敗</sup>하여 지는 지라 아우 윤칠<sup>輪七</sup>이 불평<sup>不平</sup>히 생각하되 천사<sup>天師</sup>를 따르면 복을 받는다 하더니 이제 복<sup>福</sup>은 멀어지고 빈궁<sup>貧窮</sup>이 따라 드니 이는 한갓 속임에 지나지 못함이라 내가 선생<sup>先生</sup>께 가서 질문하리라 하고 구릿골로 오다가 길에서 비를 만나고 진흙에 엎드리져 의복을 망쳐가지고 들어오니 천사<sup>天師</sup> 놀랜 빛으로 일러 가라사대 이 근처에 의병<sup>義兵</sup>이 출몰<sup>出沒</sup>하므로 일병<sup>日兵</sup>이 사방<sup>四方</sup>으로 정탐<sup>偵探</sup>하니 만일 네가 비맞고 길 걸은 모양을 보면 의병<sup>義兵</sup>으로 혐

의嫌疑하여 큰 욕辱을 줄 것이니 조용한 곳에 숨어 있다 내가 부를 때까지 기다리라 하시고 형렬亨烈로 하여금 잘 숨겨 두었다가 이튿날 윤칠輪七을 부르사 돈 열닷냥을 주시며 가라사대 내가 수일 후에 정읍井邑으로 가리니 돌아가서 기다리라 윤칠輪七은 무렴無廉에 쌓였을 뿐 아니라 수일 후에 정읍으로 오시겠다는 말씀을 듣고 마음이 좀 풀려서 질문은 뒷날로 미루고 돌아가니라

3: 124 천사天師 윤칠輪七에게 또 일러 가라사대 네 매씨妹氏를 잘 공양供養하라 네 매씨妹氏가 굶으면 천하 사람이 모두 굶을 것이요 먹으면 천하 사람이 다 먹을 것이요 눈물을 흘리면 천하 사람이 다 눈물을 흘릴 것이요 한숨을 쉬면 천하 사람이 다 한숨을 쉴 것이요 기뻐하면 천하사람이 다 기뻐하리라 하시니라

3: 125 수일 후에 고부古阜 와룡臥龍에 가사 경석京石에게 기별寄別하시되 나를 보려거든 학동學洞으로 오라 하시거늘 이튿날 경석京石이 학동學洞으로 와 뵈이니 천사天師 돈 십오원十五圓을 주시며 가라사대 너를 부르기는 이 일극一極을 주려함이라 내가 윤칠輪七이 두려워서 네 집에 가지 못하노라 경석京石이 돈을 받으며 황송惶悚하여 여쭈어 가로대 무슨 일로 그리하시나이까 가라사대 일전에 윤칠輪七이 살기殺氣를 띠고 구릿골에 왔는데 돈이 아니면 풀기 어렵기로 돈 삼원三圓을 주어 돌려 보냈노라 경석京石이 황망慌忙히 돌아와서 윤칠輪七을 불러 물으니 과연果然 사실事實을 자백自白하더라

3: 126  이튿날 학동學洞을 떠나실 때 공우公又에게 일러 가라사대 나의 이번 길은 한사람의 절을 받기 위함이니 이번에 받는 절이 천하天下에 넓게 미치리라 또 가라사대 경석京石에게 한 짐을 잔뜩 지워놓으니 이기지 못하고 비척거린다 하시니라

3: 127  천사天師께서 매양 고수부高首婦의 등을 어루만지시며 가라사대 「너는 복동이라 장차 천하 사람의 두목이 되리니 속히 도통道通을 하리라」 하시니라

3: 128  하루는 천사天師께서 차경석車京石에게 명하사 세숫물을 가져오라 하시니 경석京石이 세숫물을 가져다 올리고 나가거늘 천사天師 경석京石을 손가락질하며 고수부高首婦에게 일러 가라사대 「저 살기殺氣를 보라 경석京石은 만고대적萬古大賊이라 자칫하면 내 일이 낭패狼狽되리니 극히 조심操心하라」 하시니라

3: 129  기유년己酉年 설날 경석京石이 선령先靈에 차례茶禮를 지내려 하거늘 천사天師 그 장만한 찬수饌需를 가져오라 하사 여러 종도從徒들로 더불어 잡수시며 가라사대 이것이 곧 절사節祀니라 하시니라

3: 130  천사天師 개고기를 즐기사 가라사대 이 고기는 상등上等 사람의 음식飮食이니라 종도從徒들이 그 이유를 물은대 가라사대 이 고기를 농민農民들이 즐기나니 이 세상에 상등上等 사람은 곧 농민農民이라 선천先天에는 도가道家에서 이 고기를 기룐하였으므로 망량魍魎이 응應하지 아니하였느

니라 하시니라

3: 131 하루는 김자현金自賢이 조모祖母의 장사葬事를 지내려고 상여喪輿를 운반運搬하여 정한 땅으로 향하거늘 천사天師 구릿골 앞의 금광터를 가리키시며 이곳에 장사葬事하라 하시니 자현自賢이 듣지 않거늘 가라사대 화룡畵龍 천년千年에 진룡眞龍이 이름을 모른다 하시니라

3: 132 하루는 종도從徒들에게 일러 가라사대 내가 고향故鄕에 가면 일가간一家間에 항렬行列 높은 이를 대할 때에 반드시 항렬行列을 따라서 말하게 되나니 이것은 윤리상倫理上 전통傳統이라 무슨 관계가 있으리요만은 신명神明들은 그 불경不敬한 말을 그르게 여겨 반드시 벌罰을 주나니 그러므로 나는 이 일이 어려워서 친족親族들과 상종相從을 적게 하노라 하시니라

3: 133 하루는 형렬亨烈을 명하사 광찬光贊과 갑칠甲七에게 태을주太乙呪를 많이 읽으라 하시고 김병선金炳善(광찬光贊의 조카)에게 도리원서桃梨園序를 일천번一千番 읽으라 하시고 경석京石과 내성乃成에게 시천주侍天呪를 혀와 입술을 움직이지 말고 많이 묵송黙誦하라 하시니라

3: 134 사월四月에 용머리 고개에 머무르실 때 광찬光贊에게 일러 가라사대 네가 김병욱金秉旭의 집에 있으면서 내가 전하는 글을 낱낱이 정서淨書하여 가져오라 하시고 형렬亨烈로 하여금 글을 전하야 정서淨書하여 온 뒤에 광찬光贊에게 일러 가라사대 이 글을 세상에 전함이 옳으냐 대하여 가

로대 뜻대로 하소서 가라사대 정읍井邑에 한 책을 두었으니 그 글이 나오면 세상이 다 알리라 하시고 드디어 불사르신 뒤에 구릿골로 돌아 오시니라 그 글은 광찬光贊이 기억記憶한대로 한 절을 전하여 온 것이 이러하니라 「사지상직야 농지공업야 사지상농지공직업야 士之商職也 農之工業也 士之商農之工職業也(빠진 구절句節이 있는 듯) 만물자생 수치 방 탕 신 도 통 춘지기방야 하지기탕야 추지기신야 동지기도야 통 이기지주장자야 지심대도술 무신 십이월 이십사일 萬物資生 羞恥 放 湯 神 道 統 春之氣放也 夏之氣湯也 秋之氣神也 冬之氣道也 統 以氣之主張者也 知心大道術 戊申 十二月 二十四日」

좌선左旋 사삼팔四三八, 천지天地는 망량魍魎이 주장主張
　　　　구오일九五一, 일월日月은 조왕竈王이 주장主張
　　　　이칠육二七六, 성신星辰은 칠성七星이 주장主張
운運　　지기금지원위대강至氣今至願爲大降
　　　　무남녀노소아동영이가지無男女老少兒童咏而歌之
　　　　시고영세불망만사지是故永世不忘萬事知
　　　　시천주조화정영세불망만사지
　　　　侍天主造化定永世不忘萬事知

3: 135　하루는 전주全州 김준찬金俊贊의 집에 계실새 김낙범金洛範에게 물어 가라사대 관왕묘關王廟에 치성致誠이 있느냐 대하여 가로대 있나이다 가라사대 그 신명神明이 이 지방地方에 있지 아니하고 서양西洋에 가서 큰 난리亂離를 일으키나니 치성致誠은 헛된 일이니라 하시니라

3: 136  매양 구릿골 앞 큰 나무 밑에서 소풍$^{消風}$하실새 금산$^{金山}$안과 용화동$^{龍華洞}$을 가리켜 가라사대 이곳이 나의 기지$^{基址}$라 장차$^{將次}$ 꽃밭이 될 것이요 이곳에 인성$^{人城}$이 쌓이리라 하시고 또 「천황지황인황후 천하지대금산사 天皇地皇人皇後 天下之大金山寺」라고 말씀하시고 또 「만국활계남조선 청풍명월금산사 문명개화삼천국 도술운통구만리 萬國活計南朝鮮 淸風明月金山寺 文明開化三千國 道術運通九萬里」라고 외우시고 또 「세계유이차산출 기운금천장물화 응수조종태호복 하사도인다불가 世界有而此山出 紀運金天藏物華 應須祖宗太昊伏 何事道人多佛歌」를 외우시니라

  3: 137  하루는 여러 종도$^{從徒}$들에게 일러 가라사대 큰 운수$^{運數}$를 받으려 하는 자는 서전서문$^{書傳序文}$을 많이 읽으라 하시고 또 가라사대 「차생어수천재지하 이욕강명어수천재지전 역이난의 且生於數千載之下 而欲講明於數千載之前 亦已難矣」라는 한 구절$^{句節}$은 청수$^{淸水}$를 떠놓고 읽을 만한 구절$^{句節}$이니라 하시니라

  3: 138  최덕겸$^{崔德兼}$이 여쭈어 가로대 천하사$^{天下事}$는 어떻게 되오리까 천사$^{天師}$ 「자축인묘진사오미신유술해 子丑寅卯辰巳午未申酉戌亥」를 쓰시며 가라사대 이러하리라 자현$^{自賢}$이 가로대 그 뜻을 해석$^{解釋}$하기 어려우니이다 천사$^{天師}$ 다시 그 위에 「갑을병정무기경신임계 甲乙丙丁戊己庚辛壬癸」를 쓰시고 경석$^{京石}$에게 일러 가라사대 이 두 줄은 베짜는 바디와 머리 빗는 빗과 같으니라 하시니라

3: 139  하루는 종도從徒들에게 일러 가라사대 절후문節侯文이 좋은 글인 줄을 세상사람들이 모르느니라 시속時俗에 절후節侯를 철이라 하고 어린 아해兒孩의 무지몰각無知沒覺한 것을 철부지라하여 소년으로도 지각을 차린 자에게는 철을 안다 하고 노인도 몰지각沒知覺하면 철부지한 아해兒孩와 같다 하느니라 하시니라

3: 140  하루는 어느 지방地方에서 젊은 부인婦人이 부상夫喪을 당한 뒤에 순절殉節하였다 하거늘 천사天師 들으시고 가라사대 악독惡毒한 귀신鬼神이 무고無故히 인명人命을 살해殺害한다 하시고 글을 써서 불사르시니 이러하니라 「충효열 국지대강 연 국망어충 가망어효 신망어열 忠孝烈 國之大綱 然 國亡於忠 家亡於孝 身亡於烈」 이 뒤에 「대장부 대장부 大丈夫 大丈婦」라 써서 불사르시니라

3: 141  하루는 김송환金松煥에게 옛글 한 수를 외워주시니 이러하니라 「소년재기발천마 수파용천기세마 석상오동지발향 음중율려유여화 구전삼대시서교 문기천추도덕파 피폐이성현사가 가생하사원장사 少年才氣拔天摩 手把龍泉幾歲磨 石上梧桐知發響 音中律呂有餘和 口傳三代詩書教 文起千秋道德波 皮幣已成賢士價 賈生何事怨長沙」

3: 142  하루는 종도從徒들에게 일러 가라사대 과거過去에는 도통道通이 나지 아니하였으므로 도가道家에서 음해陰害를 이기지 못하여 성사成事되는 일이 적었으나 이 뒤에는 도통道通이 났으므로 음해陰害하려는 자가 도리어 해를 입으리라 하시니라

3: 143 세상에 전하여 온 모든 허례虛禮를 그르게 여겨 가라사대 이는 묵은 하늘이 그르게 꾸민 것이니 장차 진법眞法이 나리라 또 제례진설법祭禮陣設法을 보시고 가라사대 이는 묵은 하늘이 그릇 정한 것이니 찬수饌需는 깨끗하고 맛있는 것이 좋은 것이요 그 놓여 있는 위치位置로 인하여 귀중貴重하게 되는 것은 아니니라 또 상복제도喪服制度를 미워하사 가라사대 이는 거지 죽은 귀신鬼神이 지은 것이니라 하시니라

3: 144 하루는 종도從徒들에게 일러 가라사대 예수교도耶蘇敎徒는 예수의 재강림再降臨을 기다리고 불교도佛敎徒는 미륵彌勒의 출세出世를 기다리고 동학신도東學信徒는 최수운崔水雲의 갱생更生을 기다리나니 누구든지 한 사람만 오면 각기 저의 스승이라 하여 따르리라 하시니라

3: 145 또 가라사대 내가 출세出世 할 때에는 천지天地가 진동震動하고 뇌성벽력雷聲霹靂이 크게 일어나리니 잘못 닦은 자者는 죽지는 아니하나 앉은 자리로 갈 때에 따르지 못하고 엎어지며 자리가 없어 참석參席치도 못하리라 하시니라

3: 146 또 가라사대 내가 참으로 일하려고 들어앉으면 너희들이 아무리 나를 보려 하여도 못 볼 것이요 내가 찾아야 보게 되리라 하시니라

3: 147 전주全州 봉서산鳳棲山 아래 계실 때 하루는 종도從徒들에게 일러 가라사대 김봉곡金鳳谷이 시기심猜忌心이 많더니 하루는 진묵震黙이 봉곡鳳谷에게서 성리대전性理大典을 빌려

갈 때 봉곡鳳谷이 곧 뉘우쳐 찾아갈 줄 알고 걸어가면서 한 권씩 보아 길가에 버려 절 동구에 이르기까지에 다 보아 버린지라 봉곡鳳谷이 책을 빌려 준 뒤에 곧 뉘우쳐 생각하되 진묵震黙은 불법佛法을 통通한 자者인데 만일 유도儒道까지 정통精通하면 대적對敵하지 못하게 될 것이요 또 불법佛法이 크게 흥왕興旺하여지고 유교儒敎는 쇠퇴衰退하여지리라 하고 급急히 사람을 보내어 그 책冊을 도로 찾아오라 하니 그 사람이 뒤쫓아 가면서 길가에 이따금 한 권씩 버린 책을 거두어 온지라 그 뒤에 진묵震黙이 봉곡鳳谷에게 가니 봉곡鳳谷이 빌린 책을 돌리라고 청하거늘 진묵震黙이 가로대 그 책은 쓸데 없는 것이므로 다 버렸노라 하니 봉곡鳳谷이 노한지라 진묵震黙이 가로대 내가 외우리니 기록하라 하고 인하여 외움에 한 자의 오착誤錯이 없는지라 봉곡鳳谷이 이로부터 더욱 시기猜忌하더니 그 뒤에 진묵震黙이 상좌上佐에게 여드레 동안 방문을 잠그어 둘 것을 부탁하고 범서梵書와 불법佛法을 더 연구硏究하려고 시해屍解로 서역西域에 갔음을 봉곡鳳谷이 알고 절에 가서 그 방문房門을 열고 어찌 시체屍體를 방에 갈머두고 혹세무민惑世誣民하느냐고 꾸짖어 화장火葬하게 하였더니 팔일八日이 지난 뒤에 진묵震黙이 돌아와서 신체身體가 없어졌음을 보고 공중空中에서 소리쳐 가로대 이는 봉곡鳳谷의 소위所爲라 내가 각 지방 문화의 정수精髓를 거두어 모아 천하天下를 크게 문명文明케 하고자 하였더니 이제 봉곡鳳谷의 질투로 인하여 헛되게 되었으니 어찌 한스럽지 않으리요 이제 나는 이 땅을 떠나려니와 봉곡鳳谷의 자손子孫은 대대代代로 호미를 면免치 못하리라 하고 동양東洋의 도통신道通神을 거느리고 서양西洋으로 갔느니라 하시니라

3 : 148  하루는 종도從徒들에게 일러 가라사대 최풍헌崔風憲은 지난 임진壬辰왜란때 고흥高興 사람이라 유훈장柳訓長의 면하인面下人으로 있으면서 술취한 사람과 같이 언행이 거칠게 보이나 일을 당하면 명민明敏하고 지혜智慧가 뛰어나므로 유훈장柳訓長이 비범非凡하게 알았었는데 때마침 일본군이 침입하리라는 풍설風說이 유포流布되어 민심이 소동騷動된지라 유훈장柳訓長이 풍헌風憲에게 피난할 일을 부탁하니 풍헌風憲이 알지 못한다고 수차 사양하다가 일러 가로대 그대의 가산家産과 전답田畓을 다 팔아서 나에게 맡기라 유훈장柳訓長이 허락許諾하고 그대로 하였더니 풍헌風憲이 그 돈으로 날마다 술을 마시며 방탕放蕩하되 유훈장柳訓長은 모르는 체하였더니 하루는 풍헌風憲이 사망死亡하였다는 부고訃告가 오므로 유훈장柳訓長은 크게 놀래어 풍헌風憲의 집에 찾아 간즉 과연 풍헌風憲이 죽었는지라 그 아들에게 유언遺言이 있더냐고 물으니 대답하되 유훈장柳訓長에게 통지하여 온 집안 식구를 모두 복인服人으로 꾸며 상여 뒤를 따르게 하여 지리산 아무 골짜기를 찾아가서 장사지내라 하더이다 하거늘 유훈장柳訓長은 원래 풍헌風憲을 크게 믿었으므로 집에 돌아와서 가권家眷들과 의논하니 모두 듣지 아니하고 큰아들 한 사람만 명하는 대로 좇아 사흘 후에 운상運喪하여 지리산 속에 들어가니 그 골짜기 위에서 상여를 버리고 이곳으로 오라는 소리가 들리거늘 우러러보니 곧 최풍헌崔風憲이라 상여喪輿를 버리고 따라가니 그 곳에 가옥家屋을 지어놓고 식량食糧을 풍부豊富히 저장貯藏하여 두었더라 얼마 지난 뒤에 산 위에 올라가서 살던 곳을 바라보니 불꽃이 크게 일어나거늘 사유事由를 물으니 일본군이 침입侵入하여 모든 마을에 불을 지르는 것이라 하였느니라 그런데 그 골짜기 위

에서 만나 볼 때의 얼굴은 본 얼굴보다 조금 달라졌었다 하시니라

3: 149  또 가라사대 서교西敎는 신명박대神明薄待가 심하므로 능히 성공치 못하리라 하시니라

3: 150  하루는 종도從徒들에게 일러 가라사대 대인大人의 행차行次에 삼초三哨가 있나니 갑오년甲午年에 일초一哨가 되었고 갑진년甲辰年에 이초二哨가 되었고 손병희孫秉熙는 삼초三哨를 맡았나니 삼초三哨 끝에는 대인大人이 나오리라 하시고 손병희孫秉熙의 만사挽詞를 지어 불사르시니 이러하니라 「지충지의군사군 일마무장사해민 맹평춘신배명성 선생대우진일신 知忠知義君事君 一魔無藏四海民 孟平春信培名聲 先生大羽振日新」

3: 151  하루는 종도從徒들에게 일러 가라사대 나의 일은 어떤 부랑자浮浪者의 일과 같으니 옛적에 한사람이 지조志操가 견실堅實치 못하여 방탕放蕩히 지내다가 하루는 홀로 생각하되 내 일생에 이룬 것이 없고 이제 한갓 늙게 되었으니 어찌 한恨할 바 아니리요 이로부터 마음을 고치고 신선神仙을 찾아서 선학仙學을 배우리라 하고 가만히 앉아서 생각하더니 문득 심신心身이 날아서 하늘에 올라가 한 신선神仙을 만나니 그 신선神仙이 가로대 네가 이제 방탕放蕩을 뉘우치고 선학仙學을 배우려하니 그 뜻이 가상嘉尙한지라 내가 선학仙學을 가르쳐 주리니 너는 조촐한 땅에 도장道場을 세우고 많은 동무를 모아 기다리라 그 사람이 사례謝禮하고 정신精神을 차리니 기미氣味가 쇄락灑落한지라 이날부터 조촐

한 땅을 가리고 동무를 구하니 그의 방탕하던 버릇에 의심疑心을 두어 듣는 자가 적고 다만 평소에 기미가 맞던 자 몇 명이 모여서 도장道場을 열었더니 문득 하늘로부터 오색五色구름이 찬란燦爛하고 선학仙學 소리가 유량嚠喨히 들리더니 이윽고 그 신선神仙이 내려와서 일제히 선학仙學을 가르쳐 주었느니라 하시니라

3: 152  또 가라사대 나의 일은 여동빈呂洞賓의 일과 같으니 동빈洞賓이 인간人間에서 인연因緣있는 자를 가려서 장생술長生術을 전하려고 빗장사로 변장變裝하여 거리에서 외쳐 가로대 이 빗으로 빗으면 흰머리가 검어지고 굽은 허리가 펴지고 쇠衰한 기력氣力이 강장强壯하여지고 늙은 얼굴이 젊어지나니 이 빗값이 천냥千兩이로다 하거늘 듣는 사람들이 모두 허탄虛誕하게 생각하여 믿지 아니하니 동빈洞賓이 한 노파老婆에게 시험試驗함에 과연果然 말한 바와 같은 지라 모든 사람이 그제야 다투어 모여드니 동빈洞賓이 드디어 승천昇天하였느니라 하시니라

3: 153  또 가라사대 운수運數를 열어주어도 이기어 받지 못하면 그 운수가 본처本處로 돌아오기도 하고 또 남에게 그 운수를 빼앗기기도 하느니라 하시니라

3: 154  또 가라사대 나의 공부工夫는 삼등三等이 있으니 상등上等은 도술道術이 겸전兼全하여 만사萬事를 임의任意로 행하게 되고 중등中等은 용사用事에 제한制限이 있고 하등下等은 알기만 하고 용사用事는 못하나니 옛 사람은 알기만 하고 용사用事치 못하였으므로 모든 일을 뜻대로 행치 못하였느니

라 하시니라

3: 155  신경수<sup>申京洙</sup>가 돝 한 마리를 기르다가 도적<sup>盜賊</sup> 맞아 잃어버리고 와서 아뢰니 가라사대 그 돝을 찾지 말 라 네 전생<sup>前生</sup>에 그 사람의 눈을 속여서 손해<sup>損害</sup>를 붙였으 므로 이제 그 보복<sup>報復</sup>을 받느니라 하시니라

3: 156  하루는 종도<sup>從徒</sup>들에게 일러 가라사대 공자<sup>孔子</sup>는 칠십이인<sup>七十二人</sup>을 통예<sup>通藝</sup>케하고 석가모니<sup>釋迦牟尼</sup>는 오백인<sup>五 百人</sup>을 통<sup>通</sup>케하였다 하나 나는 차등<sup>差等</sup>은 있을지라도 백성<sup>百 姓</sup>까지 마음을 밝혀주어 제 일은 제가 알게 하며 남자는 남의 여자에게 탐심<sup>貪心</sup>을 내지 않게 하고 여자는 남의 남 자<sup>男子</sup>에게 탐심<sup>貪心</sup>을 내지 않게 하며 길에 흘린 것을 줍는 자가 없게 하고 산에는 도적<sup>盜賊</sup>이 없게하리라 하시니라

3: 157  또 가라사대 도통<sup>道通</sup>줄을 대두목<sup>大頭目</sup>에게 주어 보내리라 법방<sup>法方</sup>만 일러주면 되나니 내가 어찌 홀로 맡아 행하리요 도통<sup>道通</sup>시킬 때에는 유불선<sup>儒佛仙</sup> 각 도통신<sup>道通神</sup>들 이 모여들어 각기 그 닦은 근기<sup>根氣</sup>를 따라서 도<sup>道</sup>를 통<sup>通</sup>케 하리라 하시니라

3: 158  공우<sup>公又</sup> 여쭈어 가로대 도통<sup>道通</sup>을 주옵소서 천사 <sup>天師</sup> 꾸짖어 가라사대 이 무슨 말이뇨 각성<sup>各姓</sup>에 선령신<sup>先靈 神</sup> 한 명씩이 천상공정<sup>天上公庭</sup>에 참여<sup>參與</sup>하여 있나니 이제 만일 한 사람에게 도통<sup>道通</sup>을 주면 모든 선령신<sup>先靈神</sup>들이 모 여들어 편벽<sup>偏僻</sup>됨을 힐난<sup>詰難</sup>할지라 그러므로 나는 사정<sup>私情</sup> 을 쓰지 못하노라 이 뒤에 일제히 그 닦은 바를 따라서

도통$^{道通}$이 열리리라 공자$^{孔子}$는 다만 칠십이인$^{七十二人}$만 통예 $^{通藝}$를 시켰으므로 얻지 못한 자는 모두 함원$^{含冤}$하였느니라 나는 누구나 그 닦은 바에 따라서 도통$^{道通}$을 주리니 상재$^{上}$ $^{才}$는 칠일$^{七日}$이요 중재$^{中才}$는 십사일$^{十四日}$이요 하재$^{下才}$는 이십 일일$^{二十一日}$만이면 각기 성도$^{成道}$하게 되리라 하시니라

3: 159  또 가라사대 강태공$^{姜太公}$이 십년$^{十年}$ 경영$^{經營}$으로 삼천육백개$^{三千六百個}$의 낚시를 버렸음이 어찌 한갓 주$^{周}$나라 를 일으켜 봉작$^{封爵}$을 얻으려 함이랴 이를 넓게 후세에 전 하려 함이라 내가 이제 칠십이둔$^{七十二遁}$을 써서 화둔$^{火遁}$을 트리니 나는 곧 삼리화$^{三離火}$로다 하시니라

3: 160  또 가라사대 문왕$^{文王}$은 유리$^{羑里}$에서 삼백팔십사 효$^{三百八十四爻}$를 해석$^{解釋}$하였고 태공$^{太公}$은 위수$^{渭水}$에서 삼천육 백개$^{三千六百個}$의 낚시를 버렸었는데 문왕$^{文王}$의 도술$^{道術}$은 먼 저 나타났었거니와 태공$^{太公}$의 도술$^{道術}$은 이때에 나오느니 라 하시고 「천지무일월공각 일월무지인허영 天地無日月 空殼 日月無知人虛影」이라 하시니라

3: 161  천사$^{天師}$께서 일찍이 사폭병풍$^{四幅屛風}$ 한 벌을 만 드사 그 이면$^{裏面}$과 표면$^{表面}$에 모두 친필$^{親筆}$로 글을 쓰사 재 종숙씨$^{再從叔氏}$에게 주시니 그 글은 이러하니라 이면$^{裏面}$에 「계이학입신 막약선효제 이이봉친장 불감생교이 계이학 간록 막약근도예 상문제격언 학이우즉사 계이원치욕 공즉 근호예 자비이존인 선피이후기 거세호승봉 앙앙증의기 부 지승봉자 이이위완희 戒爾學立身 莫若先孝悌 怡怡奉親長 不敢生驕易 戒爾學干祿 莫若勤道藝 嘗聞諸格言 學而優則

仕 戒爾遠恥辱 恭則近乎禮 自卑而尊人 先彼而後己 擧世好承奉 昻昻增意氣 不知承奉者 以爾爲玩戱」라 쓰셨고 표면表面 한편에 「만사이황발 잔생수백구 안위대신재 하필누장류 영원출 萬事已黃髮 殘生隨白鷗 安危大臣在 何必淚長流 靈源出」이라 쓰셨고 또 한편에는 고전체古篆體로 「면공조이 심읍오현 비연족내 신아대금 파만소곡 완배대녀 綿空早移 深邑梧弦 枇緣足奈 新兒大琴 杷晚笑谷 阮背帶女 」라 쓰셨고 병풍屛風 첫머리에는 「기략왈其略日」의 석자를 쓰셨더라 재종숙씨再從叔氏는 다만 선사膳賜하신 것으로만 알았을 뿐이요 글 뜻을 알지 못하더니 수십년후에 천사天師께 입계入繼하게 된 그 손자 석환石幻에게 전하신 경계문警戒文임이 판명判明되니라

3: 162  공우公又 삼년三年 동안 천사天師를 모시고 천지공사天地公事에 많이 수종隨從하였는데 매양 공사公事 뒤에는 각처各處 종도從徒들에게 순회巡廻 연포演布하라 명하시며 가라사대 이 일은 곧 천지天地의 대순大巡이니라 하시니라

3: 163  하루는 공우公又로 하여금 각처各處 종도從徒들에게 순회巡廻하여 전하라 하사 가라사대 이불 덮고 아침 늦게까지 자는 자者는 내 눈에 송장으로 보인다 하라 하시니라

3: 164  어떤 사람이 계룡산鷄龍山 정씨왕국鄭氏王國에 대한 비결秘訣을 말하거늘 가라사대 일본 사람이 모든 섬 속을 샅샅이 뒤져보고 물밑까지 더듬었나니 정씨鄭氏가 몸붙여서 일을 벌릴 곳이 어디가 있으리요 그런 생각은 다 버리라 하시니라

3: 165   하루는 종도從徒들에게 일러 가라사대 나의 일이 장차 초장봉기지세楚將蜂起之勢로 각 색色이 혼란混亂스럽게 일어나서 물중전(잡화전) 본本을 이루리라 그러나 다시 진법眞法이 나오게 되리라 하시니라

3: 166   하루는 종도從徒들에게 일러 가라사대 도통道通은 건감간진손이곤태乾坎艮震巽離坤兌에 있느니라 하시니 유찬명柳贊明이 큰 소리로 건감간진손이곤태乾坎艮震巽離坤兌를 한번 읽고 밖으로 나가니라

3: 167   하루는 종도從徒들에게 일러 가라사대 너희들이 장차 천하만국天下萬國에 돌아다니며 가르칠 때에 오죽 대우를 받겠느냐 그 때에는 큰 영귀榮貴가 되리라 하시니라

3: 168   하루는 종도從徒들에게 일러 가라사대 담배에 시비是非가 붙어 있으니 상하上下 귀천貴賤의 구별區別없이 피우리라 하시고 종도從徒들의 담뱃대에 담배를 넣어주사 피우게 하시니라

3: 169   하루는 형렬亨烈에게 옛글 한 귀를 외워주시며 잘 지키라 하시니 이러하니라 「폐의다구승금갑 퇴옥무원사철성 弊衣多垢勝金甲 頹屋無垣似鐵城」

3: 170   하루는 종도從徒들에게 일러 가라사대 이 운수運數는 천지天地에 가득찬 원원元元한 천지대운天地大運이므로 갑을甲乙로서 머리를 들 것이요 무기戊己로써 구비를 치리니 무기戊己는 천지天地의 한문閈門인 까닭이니라 하시니라

3: 171   하루는 종도從徒들에게 옛글 한 수를 외워주시며 잘 기억記憶하여 두라 하시니 이러 하니라 「삼인동행칠십리 오로봉전이십일 칠월칠석삼오야 동지한식백오제 三人同行七十里 五老峯前二十一 七月七夕三五夜 冬至寒食百五除」

3: 172   하루는 종도從徒들에게 글 한 귀를 외워주시며 잘 기억하라 하시니 이러하니라 「구중곤륜산 심심황하수 口重崑崙山 心深黃河水」

3: 173   신농씨神農氏가 경농耕農과 의약醫藥을 가르침으로부터 천하天下가 그 후택厚澤을 입어 왔으나 그 공덕功德을 앙모仰慕하여 보답報答치 않고 강태공姜太公이 제잔금폭除殘禁暴의 묘략妙略을 전수傳授함으로부터 천하天下가 그 덕德을 입어 왔으나 그 공덕功德을 앙모仰慕하여 보답치 아니하니 어찌 도의道義에 합당合當하리요 이제 해원시대解冤時代를 당하여 모든 신명神明이 신농神農과 태공太公의 은혜를 보답하리라 하시니라

3: 174   하루는 종도從徒들에게 글 한 수를 외워주시니 이러하니라 「천시천비수도도 불구속지득장생 天是天非修道道 不求俗地得長生」

3: 175   하루는 종도從徒들에게 옛글을 외워 주시니 이러하니라 「보습금강경 청산개골여 기후기려객 무흥단주저 步拾金剛景 靑山皆骨餘 其後騎驢客 無興但躊躇」

3：176　하루는 종도從徒들에게 옛글을 외워 주시니 이러하니라 「아득장생비태청 중성요아참요정 악역최절사마경 섭강이두제광령 천회지전보칠성 우보상최등양명 일기혼돈간아형 엄엄급급여율령　我得長生飛太淸　衆星要我斬妖精　惡逆摧折邪魔驚　攝罡履斗蹄光靈　天回地轉步七星　禹步相催登陽明　一氣混沌看我形　唵唵急急如律令」

3：177　하루는 종도從徒들에게 옛글을 외워 주시니 이러하니라 「칠팔년간고국성 화중천지일병성 흑의번북풍천리 백일경서야오경 동기청운공유영 남래적표홀무성 호토용사상회일 무고인민만일생　七八年間古國城　畫中天地　一餅成 黑衣飜北風千里　白日頃西夜五更　東起靑雲空有影　南來赤豹忽無聲　虎兎龍蛇相會日　無辜人民萬一生」

3：178　천지天地에 수기水氣가 돌 때에는 만국萬國사람이 배우지 아니하고도 통어通語하게 되나니 수기水氣가 돌 때에는 와지끈 소리가 나리라 하시니라

3：179　너희들은 오사惡死는 아니 하리라 천하사天下事 하려다가 좀 갇히는 것이야 무서울 것이 있느냐

3：180　주머니에 한냥이 있든지 닷돈이 있든지 서돈이 있든지 어디를 가다가 맛 좋은 음식飮食을 보고 사먹지 않고 집에가 살 일만 생각하는 자는 천하사天下事를 못하느니라 하시니라

3：181　내가 출세出世할 때에는 대두목大頭目이라도 다섯

사람 데리고 따르기가 어려우리니 희귀稀貴하다는 희자稀字가 드물희자稀字니라 하시니라

3: 182  하루는 종도從徒들에게 고시古詩를 외워주시니 이러하니라 「도통천지무형외 사입풍운변태중 만사분이정 부생공자망 道通天地無形外 思入風雲變態中 萬事分已定 浮生空自忙」

3: 183  하루는 어떤 사람이 계룡산鷄龍山 건국建國의 비결秘訣을 물으니 가라사대 동서양이 통일하게 될 터인데 계룡산鷄龍山에 건국建國하여 무슨 일을 하리요 가로대 언어가 같지 아니하니 어찌하오리까 가라사대 언어도 장차 통일케 되리라 하시니라

3: 184  모악산母岳山은 청짐관운형靑鳩貫雲形인데 그 살기殺氣를 피워내는 바람에 세계가 물 끓듯 하리라 하시니라

3: 185  양이 적은 자에게 과중하게 주면 배가 터져 죽고 양이 큰 자에게 과소過小히 주면 배곯아 죽나니 각기 기국器局에 맞추어 주리라 하시니라

3: 186  천사天師 가라사대 주문呪文은 무슨 주문呪文이든지 믿고만 읽으면 좋으니라 하시며 가라사대 어느 혼기婚期를 잃어 한恨이 된 처녀가 도道나 닦으려고 이웃에 수도修道하는 노부처老夫妻를 찾아가 주문呪文을 물은대 때마침 노부처老夫妻는 다투던 뒤라서 심기가 불안하여 귀찮은 마음에서 「아무 것도 싫다」라고 대답하였더니 처녀가 이를 주문呪

文으로 알고 좌와동작坐臥動作에 쉬지 않고 열성熱誠으로 읽으니 온 식구들이 싫어하던 중 그 말을 외우면서 이고 오는 물동이를 그 아버지가 보리 타작打作 하던 도리깨로 쳐서 돌 위에 넘어졌으나 동이도 성하고 물도 쏟아지지 아니하였느니라 하시니라

3: 187  또 가라사대 옛적에 어떤 사람이 선술仙術을 배우기 위하여 스승을 찾으려고 돌아다니더니 어떤 사람이 선술仙術을 가르쳐주기를 허락하며 십년十年 동안의 성의誠意를 보이라 하니 그 사람이 머슴살이로 진심갈력盡心竭力하여 그 집 농사에 힘썼더니 십년十年이 찬 뒤에는 주인이 그 성의誠意를 칭찬하며 선술仙術을 가르쳐 주리라 하고 그 부근에 있는 연못에 데리고 가서 이르기를 물 위로 뻗은 버들가지에 올라가서 물로 뛰어내리면 선술仙術을 통通하리라 하거늘 머슴이 그 말을 믿고 나뭇가지에 올라가서 물로 뛰어 내리니 미처 떨어지기 전에 뜻밖에도 오색五色구름이 모여들고 선악仙樂소리가 들리며 찬란燦爛한 보련寶輦이 나타나서 그 몸을 태우고 천상天上으로 올라갔다 하였나니 이것이 그 주인의 도술道術로 인함이랴 학자學者의 성의誠意로 인함이랴 이 일을 잘 해석解釋하여 보라 하시니라

3: 188  또 가라사대 이 시대가 장차 길에는 두 사람이 뭉쳐 가기 어렵고 방에는 다섯 사람이 모여 앉기 어려우리니 아는 것도 모르는체 하고 엄벙덤벙하여 폭 잡기 어렵게 지낼지어다 하시니라

3: 189  또 가라사대 앞으로 산금증식産金增殖이 전고前古에

유례(類例)가 없게 될 터인데 이는 다 내가 장차 걷어 쓰려고 시킨 바라 하시니라

3: 190  천사(天師) 늘 종도(從徒)들에게는 평어(評語)를 쓰시나 만일 외인(外人)이 있는 때에는 항상(恒常) 경어(敬語)를 쓰시니라 또 누구를 대하던지 다정(多情)하게 하시고 일어(一語) 일묵(一黙) 일동(一動) 일정(一靜) 일희(一喜) 일노(一怒)를 법도(法度) 있게 하시니라

3: 191  천사(天師)께서 종도(從徒)들 중에 허물 지은 자가 있으면 추상(秋霜)과 같이 꾸짖으신 뒤에 「다시는 그리 말소응」 하시는 말씀으로 춘풍화기(春風和氣)와 같이 마음을 풀어 주시니라

3: 192  또 가라사대 스물 네 가지 약종(藥種)만 잘 쓰면 만국(萬國) 의원(醫員)이 되리라 하시니라

3: 193  또 가라사대 후천(後天)에는 팔자(八字) 좋은 사람이라야 자식(子息) 둘을 둘 것이요 아주 못두는 자는 없으리라 또 부자(富者)는 각 도(道)에 하나씩 두고 그 나머지는 다 고르게 하여 가난한 자가 없게 하리라 하시니라

3: 194  경학(京學)이 내환(內患)으로 독삼탕(獨蔘湯)을 많이 쓰다가 천사(天師)께 그 가부(可否)를 묻자온데 가라사대 인삼(人蔘)은 내가 모르는 약이로다 하시니라

3: 195  운암강(雲岩江)이 흘러 두치강(섬진강(蟾津江))이 되었지만 장차 계화도(界火島)로 나가게 되리라 하시니라

3: 196  약방藥房의 부엌과 온 집안을 날마다 깨끗하게 소제掃除하시며 가라사대 일본 사람이 보아도 끼끗하다고 하겠느냐고 물으시니 이 때는 아직 청결법淸潔法이 시행되기 전이더라

3: 197  공우公又에게 물어 가라사대 네가 일찍 부모를 잃었느냐 대하여 가로대 그러하나이다 가라사대 이 뒤로는 나의 부모를 너의 부모와 같이 섬기라 하시니라

3: 198  천사天師 가라사대 공부工夫를 하다가 낭에 떨어지면 죽느니라 하시니라

3: 199  이제 너희들에게 다 각기 운수運數를 정하였노니 잘 받아 누릴지어다 만일 받지 못한 자가 있으면 그것은 성심誠心이 없는 까닭이니라

3: 200  씨름으로 남을 이기는 것도 죄가 되나니 이는 성한 사람을 곧 병들게 한 까닭이니라

3: 201  공우公又에게 일러 가라사대 아무리 무식無識 할지라도 거주居住 성명姓名은 쓸 줄 알아야 하느니라 하시니라

3: 202  또 가라사대 금년今年 운수運數가 명년明年 사월四月까지 가느니라 하시니라

3: 203  천사天師 하루는 조아시鳥兒詩와 묘시貓詩를 외워 주시니 이러하니라

　　　　조 아 시 鳥兒詩
취력미온전신모　난심상재불경인
嘴力未穩全信母　卵心常在不驚人


　　　　묘 시 猫詩
신래성국삼천리　안변서천십이시
身來城國三千里　眼辨西天十二時


3: 204　또 고시$^{古詩}$를 외워 주시니 이러하니라
　　　　호래불각동관애　용기유문진수청
　　　　胡來不覺潼關隘　龍起猶聞秦水淸


3: 205　천사$^{天師}$ 가라사대 모든 술수$^{術數}$는 내가 쓰기 위하여 내놓은 것이라 하시니라

# 제사장第四章 천지공사天地公事

신축년辛丑年 칠월七月부터 본댁本宅에 머무르시며 쉬임없이 천지공사天地公事를 행하셨으나 참관參觀한 사람이 없으므로 전하지 못하였느니라

4: 1  임인년壬寅年 사월四月에 천사天師 김형렬金亨烈의 집에 머무르사 형렬亨烈에게 일러 가라사대 시속時俗에 어린 아해兒孩에게 개벽쟁이라고 희롱戲弄하나니 이는 개벽장開闢長이 날 것을 이름이라 내가 삼계대권三界大權을 주재主宰하여 천지天地를 개벽開闢하며 무궁無窮한 선경仙境의 운수運數를 정하고 조화정부造化政府를 열어 재겁災劫에 싸인 신명神明과 민중民衆을 건지려 하니 너는 마음을 순결히 하여 공정公庭에 수종隨從하라 하시고 날마다 명부공사冥府公事를 행하시며 가라사대 명부공사冥府公事의 심리審理를 따라서 세상의 모든 일이 결정되나니 명부冥府의 혼란으로 인하여 세계도 또한 혼란하게 되느니라 하시고 전명숙全明淑으로 조선명부朝鮮冥府 김일부金一夫로 청국명부淸國冥府 최수운崔水雲으로 일본명부日本冥府를 각기 주장케 한다 하시며 날마다 글을 써서 불사르시니라

4: 2  형렬亨烈의 집이 가난하여 보리밥으로 천사天師께 공양供養하더니 추석을 당하여 할 수 없이 솥을 팔아서 반찬飯饌을 장만하려 하는지라 천사天師 가라사대 솥이 들석임은 미륵불彌勒佛이 출세함이로다 하시고 형렬亨烈로 하여금 쇠꼬리 한 개를 구해 들여 불을 피우고 두어번 둘러낸 뒤에 형렬亨烈을 명하사 해를 보라 하시니 형렬亨烈이 우러러 봄에 햇머리가 둘려 있는지라 천사天師 가라사대 이제 천하대

세<sup>天下大勢</sup>가 큰 종기<sup>腫氣</sup>를 앓음과 같으니 내가 그 종기<sup>腫氣</sup>를 파하였노라 하시니라

4: 3 계묘년<sup>癸卯年</sup> 봄에 형렬<sup>亨烈</sup>과 모든 종도<sup>從徒</sup>들에게 일러 가라사대 옛적에는 동서양<sup>東西洋</sup> 교통<sup>交通</sup>이 없었으므로 신명<sup>神明</sup>도 또한 서로 넘나들지 못하였더니 이제는 기차<sup>汽車</sup>와 윤선<sup>輪船</sup>으로 수출입<sup>輸出入</sup>하는 화물<sup>貨物</sup>의 표호<sup>標號</sup>를 따라서 서로 통하여 다니므로 조선<sup>朝鮮</sup> 신명<sup>神明</sup>을 서양으로 건너 보내어 역사<sup>役事</sup>를 시키려 하노니 재주<sup>財主</sup>를 얻어서 길을 틔워야 할지라 재주<sup>財主</sup>를 천거<sup>薦擧</sup>하라 김병욱<sup>金秉旭</sup>이 전주<sup>全州</sup> 부호<sup>富豪</sup> 백남신<sup>白南信</sup>을 천거<sup>薦擧</sup>하거늘 천사<sup>天師</sup> 남신<sup>南信</sup>에게 물어 가라사대 가진 재산<sup>財産</sup>이 얼마나 되느뇨 대하여 가로대 삼십만냥<sup>三十萬兩</sup>은 되나이다 가라사대 이십만냥<sup>二十萬兩</sup>으로써 그대의 생활을 넉넉히 하겠느냐 대하여 가로대 그러하오이다 가라사대 이제 쓸 곳이 있으니 돈 십만냥<sup>十萬兩</sup>을 들이겠느냐 남신<sup>南信</sup>이 한참 생각하다가 드디어 허락하거늘 이에 열흘로 한정하여 증서<sup>證書</sup>를 받아서 병욱<sup>秉旭</sup>에게 맡기셨더니 기한이 이름에 남신<sup>南信</sup>이 돈을 준비하여 각지<sup>刻紙</sup>로 열 두 장을 올린데 천사<sup>天師</sup> 글을 많이 써서 공사<sup>公事</sup>를 행하시고 또 병욱<sup>秉旭</sup>에게 맡겼던 증서<sup>證書</sup>를 불사르신 뒤에 각지<sup>刻紙</sup>는 도로 돌려주시며 가라사대 돈은 이미 요긴<sup>要緊</sup>히 써서 천지공사<sup>天地公事</sup>를 잘 보았노니 다행<sup>多幸</sup>하도다 하시니 남신<sup>南信</sup>은 현금으로 쓰지 아니하심을 미안<sup>未安</sup>히 여기고 다시 여쭈어 가로대 현물<sup>現物</sup> 시세<sup>時勢</sup>를 보아서 무역<sup>貿易</sup>하여 이익을 냄이 어떠하니이까 가라사대 그는 모리<sup>謀利</sup>하는 일이니 불가<sup>不可</sup>하니라 하시고 또 가라사대 남신<sup>南信</sup>의 일이 용두사미<sup>龍頭蛇尾</sup>와 같도다 하시니라

4: 4  이 때에 천사天師 여러 종도從徒들에게 일러 가라사대 이 지방을 지키는 모든 신명神明을 서양으로 건너 보내어 큰 난리를 일으키리니 이 뒤로는 외인外人들이 주인없는 빈집 드나들듯 하리라 그러나 그 신명神明들이 일을 다 마치고 돌아오면 제집 일은 제가 다시 주장主張하리라 하시니라

4: 5  이해 여름에 병욱秉旭이 관찰사觀察使의 심부름으로 남원南原에 가서 오랫동안 두류逗留하면서 세금稅金을 감독監督하여 받으니라 이 때에 조정朝廷에서는 러시아露西亞와 결탁結託하여 일본을 억제抑制하려 할 때 일본에 망명亡命한 박영효朴泳孝 일파一派를 친일파親日派로 지목指目하여 그 당파黨派를 크게 찾아 죽이니 병욱秉旭 또한 연루連累된지라 시월十月에 서울로부터 다수多數한 순검巡檢들이 전주全州에 이르러 병욱秉旭을 찾다가 남원南原에 있는 줄 알고 그 길로 곧 남원南原으로 향하니라

4: 6  이 때에 천사天師 남원南原에 이르사 병욱秉旭을 찾아서 받은 세금은 주인에게 맡기게 하시고 곧 병욱秉旭을 데리고 성밖으로 나가시니 병욱秉旭은 그 까닭을 모르더라 십여리十餘里를 가사 병욱秉旭의 선산先山 재실齋室에 들어가사 산직山直을 명하여 남원南原에 가서 형편形便을 살펴오라 하시니 산직山直이 곧 남원南原에 갔다와서 다수한 순검대巡檢隊가 이르러 병욱秉旭을 찾는 경상景狀을 아뢰니 병욱秉旭이 비로소 크게 두려워 하더라

4: 7  이튿날 교자轎子를 준비하여 내교內轎로 변장變裝한

후 병욱秉旭을 태우고 전주로 돌아오사 서원규徐元圭의 약방藥房으로 들어가시니 원규元圭 병욱秉旭을 보고 크게 놀래어 가로대 그대가 어찌하여 죽을 땅을 벗어났으며 또 어찌 이러한 위지危地로 들어 왔느뇨 너무 급한 일이므로 통지通知할 겨를이 없어 그대의 집안에서는 어찌 할 줄을 모르고 다만 울음으로 지낼 따름이라 하거늘 병욱秉旭이 그 자세한 경과를 들으니 순검대巡檢隊가 전주를 떠나서 남원에 이를 때와 자기自己가 천사天師를 따라서 남원을 벗어날 때가 겨우 한두 시간 쯤 틀리는지라 병욱秉旭이 탄식歎息하여 가로대 선생은 진실로 천신天神이시라 만일 선생의 구원이 아니었다면 어찌 죽을 땅을 벗어났으리오 하니라

4: 8 순검대巡檢隊가 남원에 이르러 병욱秉旭을 찾지 못하고 전주로 돌아와서 크게 찾는지라 원규元圭의 약방이 큰 길거리에 있으므로 병욱秉旭이 조용치 못함을 근심하거늘 천사天師 일러 가라사대 모든 것은 나를 믿고 근심을 풀어 버리라 내가 장차 너의 환난患難을 끌러주리라 하시니라 이로부터 병욱秉旭이 원규元圭의 약방藥房에 오랫동안 머물며 밤에는 천사天師 끊임없이 병욱秉旭을 데리고 거리에 나다니며 소풍消風하시되 한 번도 아는 사람의 눈에 띄이지 아니하였더라

4: 9 천사天師 병욱秉旭에게 일러 가라사대 내가 너의 화액禍厄을 끄르기 위하여 일로전쟁日露戰爭을 붙여 일본을 도와서 러시아露西亞를 물리치리라 하시니 종도從徒들이 그 말씀을 믿지 아니하고 서로 이르되 한 사람의 액厄을 끄르기 위하여 두 나라의 전쟁을 붙인다 함도 망령이어니와 약소

弱小<sup>약소</sup>한 일본을 도와서 천하<sup>天下</sup> 막강<sup>莫强</sup>한 러시아<sup>露西亞</sup>를 물리친다 함은 더욱 황탄<sup>荒誕</sup>한 말이라 하더니 섣달에 일로전쟁<sup>日露戰爭</sup>이 일어나서 일본 군사가 승세<sup>勝勢</sup>를 타서 국경<sup>國境</sup>을 지나가니 이에 국금<sup>國禁</sup>이 해이<sup>解弛</sup>하여지고 박영효<sup>朴泳孝</sup>의 혐의<sup>嫌疑</sup>가 드디어 풀리니라

4: 10  이 때에 천사<sup>天師</sup> 병욱<sup>秉旭</sup>에게 물어 가라사대 일본과 러시아가 국가<sup>國家</sup>의 허약<sup>虛弱</sup>함을 타서 서로 세력<sup>勢力</sup>을 다투는 데 조정<sup>朝廷</sup>에는 당파<sup>黨派</sup>가 나뉘어 혹은 일본을 친선<sup>親善</sup>하려하며 혹은 러시아를 결탁하려 하니 너는 어떤 주의<sup>主義</sup>를 옳게 여기느뇨 병욱<sup>秉旭</sup>이 대하여 가로대 인종<sup>人種</sup>의 차별<sup>差別</sup>과 동서양<sup>東西洋</sup>의 구별<sup>區別</sup>로 하여 일본을 친선<sup>親善</sup>하고 러시아를 멀리함이 옳다 하나이다 천사<sup>天師</sup> 가라사대 네 말이 옳으니라 이제 만일 서양 사람의 세력을 물리치지 아니하면 동양은 영원히 서양 사람에게 짓밟힌 바 되리라 그러므로 서양 사람의 세력을 물리치고 동양을 붙잡음이 옳으니 이제 일본사람을 천지<sup>天地</sup>에 큰 일꾼으로 내 세우리라 하시고 이에 천지<sup>天地</sup> 대신문<sup>大神門</sup>을 열고 날마다 공사<sup>公事</sup>를 행하사 사십구일<sup>四十九日</sup>을 한 도수<sup>度數</sup>로 하여 동남풍<sup>東南風</sup>을 불리시더니 미처 기한에 수일이 차지 못하였는데 한 사람이 와서 병 고쳐주기를 애걸<sup>哀乞</sup>하는지라 천사<sup>天師</sup> 공사<sup>公事</sup>에 전심<sup>專心</sup>하사 미처 대답하지 못하시니 그 사람이 드디어 한<sup>恨</sup>을 머금고 돌아가더니 문득 동남풍<sup>東南風</sup>이 그치거늘 천사<sup>天師</sup> 그제야 깨달으시고 급히 그 병인<sup>病人</sup>에게 사람을 보내어 공사<sup>公事</sup>의 전심<sup>專心</sup>으로 인하여 미처 대답치 못한 사실<sup>事實</sup>을 말하여 써 안심<sup>安心</sup>하게 하시고 곧 병을 고쳐주시며 가라사대 한 사람이 원한<sup>怨恨</sup>을 품음에 능히 천지<sup>天</sup>

地 기운氣運을 막는다 하시니라 그 뒤로 러시아가 해륙海陸으로 연하여 패하니라

4: 11 동학東學 신도信徒가 갑오년甲午年에 참패慘敗를 당한 뒤로 감히 나타나지 못하고 잠세력潛勢力을 지켜오다가 일로전쟁日露戰爭의 기회를 타서 일본의 후원을 받아 일진회一進會를 조직하니 사방四方이 향응響應하여 그 세력勢力이 날로 왕성旺盛함에 백성들은 갑오년甲午年에 난폭亂暴하던 행동을 기억하여 두려운 마음을 품은지라 천사天師 종도從徒들에게 일러 가라사대 저들의 이번 운동에는 각기 제 재산을 쓰게 할 것이요 갑오년甲午年과 같이 백성에게 폐를 끼치지 못하게 하리니 내가 솔선하여 모범을 지어야 하리라 하시고 갑진년甲辰年 칠월七月에 본댁 살림과 약간의 전답田畓을 팔으사 전주全州에 이르러 모든 걸인乞人에게 나누어 주시더니 과연 일진회원一進會員이 마침내 제 재산을 탕패蕩敗하거늘 가라사대 저희들이 나를 본받으니 살려줌이 옳으니라 하시고 갓을 벗고 삿갓을 쓰시며 옷은 안이 검고 밖이 희게하사 가라사대 저희들이 검은 옷을 입으니 나도 검은 옷을 입노라 또 하늘을 가리켜 가라사대 저 구름이 속은 검고 겉이 희니 곧 나를 본받음이니라 하시니라

4: 12 갑진년甲辰年 구월九月에 함열咸悅 회선동會仙洞 김보경金甫京의 집에 계실 새 보경甫京을 명하사 유儒, 불佛, 선仙 삼자三字를 쓰라 하신 뒤에 종도從徒들에게 뜻 가는 대로 한 자씩 짚으라 하시니 보경甫京은 불자佛字를 짚고 또 한사람은 유자儒字를 짚거늘 가라사대 유儒는 부유腐儒니라 하시니라

4: 13  구릿골에 계실 새 하루는 황응종黃應鍾이 와서 뵈옵고 정부인鄭婦人에 관한 친명親命을 전하거늘 천사天師께서 형렬亨烈 자현自賢 보경甫京 공숙公淑 등 여러 종도從徒들에게 일러 가라사대 가정사家庭事는 친명親命대로 처리하노니 너희들이 증인證人을 설지니라 하시고 또 가라사대 공사公事에는 수부首婦가 있어야 하나니 수부首婦를 천거薦擧하라 하시니 형렬亨烈이 둘째 딸로 하여금 수종隨從들게 하니라

4: 14  을사년乙巳年 봄에 불가지佛可止에 계실 때 유儒, 불佛, 선仙 석자를 써 놓으시고 각기 뜻 가는 대로 한 자씩 짚으라 하시거늘 김석金碩이 불자佛字를 짚으려 하니 때마침 불목하니가 와서 무슨 일을 하는지 묻거늘 종도從徒들이 그 방자放恣함을 꾸짖어 쫓으니 천사天師 가라사대 그도 또한 인생人生이라 어찌 쫓느뇨 하시고 일러 가라사대 우리가 교敎를 세우려하여 무슨 교敎가 좋을지 의논중議論中이니 너도 이 석자중에서 한 자를 짚으라 그 아이가 유자儒字를 짚거늘 가라사대 이 일로 인하여 후일에 너희들이 유儒로써 폐해弊害를 당하게 되리라 하시니라

4: 15  칠월七月에 종도從徒들을 데리고 익산益山 주산舟山 부근附近 만성리萬聖里 정춘심鄭春心의 집에 이르사 중옷 한 벌을 지어서 벽에 걸고 사명당四明堂을 외우시며 산하대운山河大運을 돌리고 또 남조선南朝鮮 배 도수度數를 돌린다 하사 이렛동안 방에 불을 때지 아니하시고 춘심春心을 명하사 소머리 한 개를 삶아서 문앞에 놓은 뒤에 배질을 하여 보리라 하시고 정성백鄭成伯을 명하사 중옷을 부엌에 불사르시니 문득 뇌성雷聲이 고동소리와 같이 나며 석탄石炭 연기煙氣가 코를

찌르며 온 집안 도량이 큰 풍랑風浪에 흔들리는 뱃속과 같아서 온 집안에 있는 사람들이 모두 혼도昏倒하여 혹 토하기도 하고 혹 정신을 잃으니 이때에 참석한 사람은 소진섭蘇鎭燮 김덕유金德裕 김광찬金光贊 김형렬金亨烈 김갑칠金甲七 정춘심鄭春心 정성백鄭成伯과 그 가족家族들이라 김덕유金德裕는 문밖에서 거꾸러지고 춘심春心의 가권家眷들은 각기 그 침실寢室이나 행기行起하는 곳에서 혼도昏倒하고 갑칠甲七은 인사불성人事不省이 되어 숨을 통通하지 못하거늘 천사天師 청수淸水를 갑칠甲七의 입에 흘려 넣으시며 부르니 곧 일어나는지라 차례로 청수淸水를 얼굴에 뿌리기도 하고 혹 먹이기도 하시니 모두 정신精神을 회복하더라 천사天師 가라사대 역사役事를 하느라고 애를 썼으니 밥이나 제때에 먹어야 하리라 하시고 글을 써서 갑칠甲七을 주어 부엌에서 사르라 하시거늘 갑칠甲七이 부엌에 이르니 성백成伯의 아내가 부엌에 혼도昏倒하였더니라 갑칠甲七이 급히 글을 사르니 곧 회생하여 밥을 지어 올리는지라 천사天師 밥을 많이 비벼 한 그릇에서 여러 사람이 함께 먹게 하시며 가라사대 이것이 곧 불사약不死藥이니라 하시니라 모든 사람이 그 밥을 먹은 뒤에 정신精神이 맑아지고 기운氣運이 완전히 회복恢復되니라 김덕유金德裕는 폐병肺病으로 중기重期에 이르렀던 바 이로부터 완전完全히 나으니라 천사天師 가라사대 이렇게 허약虛弱한 무리들이 일을 재촉하느냐 육정육갑六丁六甲을 쓸어들일 때에는 살아날 자가 적으리로다 하시니라

4 : 16  병오년丙午年 이월二月에 큰 공사公事를 행하시려고 서울로 떠나실 때 가라사대 전함戰艦을 순창淳昌으로 돌려 대리니 형렬亨烈은 지방地方을 잘 지키라 하시고 여러 종도從

徒를 명하사 각기 소원을 기록하라 하사 그 종이로 안경眼鏡을 싸 넣으신 뒤에 정남기鄭南基 정성백鄭成伯 김갑칠金甲七 김광찬金光贊 김병선金炳善을 데리고 군산群山으로 가서 윤선輪船을 타기로 하시고 신원일辛元一과 그 외 네사람은 대전大田으로 가서 기차汽車를 타라고 명하시며 가라사대 이는 수륙병진水陸竝進이니라 또 원일元一에게 명하사 가라사대 너는 먼저 서울에 들어가서 「천자부해상天子浮海上」이라 써서 남대문南大門에 붙이라 원일元一이 명을 받고 일행을 거느리고 대전大田으로 떠나니라

4 : 17 천사天師 일행을 거느리고 군산群山으로 떠나실 때 병선炳善을 명하사 「영세화장건곤위 대방일명간태궁 永世花長乾坤位 大方日明艮兌宮」을 외우라 하시고 군산에 이르사 종도從徒들에게 물어 가라사대 바람을 걷고 감이 옳으냐 놓고 감이 옳으냐 광찬光贊이 대하여 가로대 놓고 감이 옳으니이다 이에 종도從徒들로 하여금 오매烏梅 다섯 개씩 준비하라 하시고 배에 오르시니 바람이 크게 일어나고 배가 심히 흔들려서 모두 멀미를 하거늘 각기 오매烏梅를 입에 물어 안정케 하시고 이날 밤에 갑칠甲七을 명하사 각 사람의 소원을 기록한 종이로 싼 안경을 북방北方으로 향하여 바닷물에 던지라 하시니 갑칠甲七이 갑판 위에 올라가서 방향方向을 분별치 못하여 머뭇거리거늘 다시 불러들여 물어 가라사대 왜 빨리 던지지 아니하느냐 대하여 가로대 방향을 분별치 못하겠나이다 가라사대 번개 치는 곳으로 던지라 갑칠甲七이 다시 갑판 위에 올라가 살피니 문득 번개가 치거늘 이에 그 방향으로 던지니라 이튿날 인천에 내리시어 곧 기차로 바꾸어 타고 서울에 이르사 각기 담배를 끊

으라 하시고 광찬光贊의 인도로 황교黃橋에 사는 그의 종제從弟 영선永善의 집에 드시니 원일元一의 일행은 먼저 당도하였더라

4 : 18  원일元一은 당도當到하는 즉시卽時 천자부해상天子浮海上이라는 글을 써서 남대문南大門에 붙이니 온 서울이 크게 소동騷動하여 인심이 들끓으므로 조정朝廷에서는 엄중嚴重히 경계警戒하더라 서울서 십여일 동안 머무르시며 여러가지로 공사公事를 보시고 벽력표霹靂表를 묻으신 뒤에 종도從徒들에게 일러 가라사대 모두 흩어져 돌아가라 십년十年 후에 다시 만나리라 십년十年도 십년十年이요 이십년二十年도 십년十年이요 삼십년三十年도 십년十年이니라 어떤 사람이 여쭈어 가로대 사십년四十年은 십년十年이 아니나이까 가라사대 사십년四十年도 십년十年이야 되지마는 넘지는 아니하리라 하시며 모두 돌려보내시고 오직 광찬光贊만 머무르게 하시다가 수일 후에 다시 만경萬頃으로 보내시며 통지通知가 있기까지 기다리라 하시니라

4 : 19  사월四月 그믐날 천사天師 구릿골로 돌아오사 하룻밤을 지내시고 형렬亨烈을 데리고 만경萬頃 광찬光贊의 처소에 이르시니 이 때에 최익현崔益鉉이 충청남도忠淸南道 홍주洪州에서 의병義兵을 일으킴에 마침 날이 가물어서 인심人心이 소동騷動하여 서로 안도하지 못하고 의병에 가입하는 자가 날로 더하여 군세軍勢가 크게 떨치더니 천사天師 가뭄을 걱정하사 수일동안 만경萬頃에 머무르시면서 비를 많이 내리시니 인심이 안정되어 각기 농사農事터로 돌아가므로 의병義兵의 기세氣勢가 쇠하여지니라

4: 20  천사天師 비를 많이 내리신 뒤에 만경萬頃을 떠나 익산益山 만성리萬聖里로 가시며 종도從徒들에게 일러 가라사대 이번에 최익현崔益鉉의 동動함으로 인하여 천지신명天地神明이 크게 동하였나니 이는 그 혈성血誠에 감동感動된 까닭이라 그러나 그 재질才質이 대사大事를 감당치 못할 것이요 한갓 생민生民만 사멸死滅에 몰아들일 따름이라 아무리 구호하여도 무익無益의 일이요 더욱이 이번 한해旱害를 물리치지 아니하여 기근饑饉이 겸지兼至하면 생민生民을 구활救活할 방책方策이 전무全無하리니 실로 양전兩全키 불능不能한 바라 어찌 한스럽지 아니하리요 하시며 그의 만사挽詞를 지어 종도從徒들에게 외워 주시니 이러하니라 「독서최익현 의기속검극 시월대마도 예예산하교 讀書崔益鉉 義氣束劍戟 十月對馬島 曳曳山河橋」

4: 21  이 공사公事가 있기 전에 서울서 갑칠甲七을 돌려보내시며 가라사대 구릿골에 가서 형렬亨烈과 성백成伯으로 더불어 사십구일四十九日 동안을 날마다 종이등燈 한 개씩을 아울러 만들고 또 각기 짚신을 한 켤레씩 삼어두라 그 신으로 천하天下 사람을 신게 할 것이요 그 등燈으로 천하天下 사람의 어두운 길을 밝히리라 갑칠甲七이 돌아와서 명하신대로 하였더니 그 뒤에 천사天師 만성리萬聖里로부터 구릿골에 이르사 짚신은 원평장院坪場에다 팔게 하시고 종이등燈에는 각기 「음양陰陽」 두 글자를 쓰신 뒤에 다 불사르시고 갑칠甲七에게 은행銀杏 두 개를 구하여 오라 하시니 갑칠甲七이 사방四方으로 구하여도 얻지 못하다가 그 종형從兄에게 두 개가 있음을 발견하여 가져다 올리니 종이등燈 사른 재 속에 넣으신 뒤에 다시 갑칠甲七을 명하사 그 재를 모아가

지고 앞 내에 가서 한줌씩 물에 띄워 내리며 하늘을 보라 하시거늘 갑칠$^{甲七}$이 명하신 대로 행하면서 우러러 보니 구름이 재를 집어 띄우는 대로 물에 떨어져서 피어 흐르는 모양$^{貌樣}$과 같이 무디무디 피어나더라 은행$^{銀杏}$은 갑칠$^{甲七}$이 간직하여 두니라

4: 22  구릿골에 계실 때에 김병선$^{金炳善}$에게 콩 약간$^{若干}$을 주시며 삼략$^{三略}$ 수장$^{首章}$을 일주야$^{一晝夜}$ 간 읽되 콩으로 그 번수$^{番數}$를 세어라 하시므로 병선$^{炳善}$이 벽을 향하여 읽음에 콩으로 세다가 콩이 다함에 다 읽었느냐고 물으시므로 그 콩을 세어 보니 일천개더라

4: 23  이 뒤에 종도$^{從徒}$들에게 일러 가라사대 귀신$^{鬼神}$은 천리$^{天理}$의 지극$^{至極}$함이니 공사$^{公事}$를 행할 때에 반드시 귀신으로 더불어 판단$^{判斷}$하노라 하시고 글을 써서 형렬$^{亨烈}$의 집 벽에 붙이시니 이러하니라

시천주조화정영세불망만사지
侍天主造化定永世不忘萬事知

|  | 지至 |  |  |
|---|---|---|---|
|  | 기氣 |  |  |
|  | 금今 |  |  |
| 법法 | 지至 | 사師 |  |
|  | 원願 |  |  |
|  | 위爲 |  |  |
|  | 대大 |  |  |
| 경慶 | 강降 | 전全 |  |
| 주州 |  | 주州 |  |
| 용龍 |  | 동銅 |  |
| 담潭 |  | 곡谷 |  |
| 보報 |  | 해解 |  |
| 은恩 |  | 원寃 |  |
| 신新 |  | 신神 |  |

년年    월月    일日

4：24  이 뒤에 함열咸悅 회선동會仙洞 김보경金甫京의 집에 가시어 보경甫京으로 하여금 큰 북을 대들보에 매달고 병자丙子 정축丁丑을 계속繼續하여 외우면서 밤새도록 쳐 울리시며 가라사대 이 북소리가 멀리 서양까지 들리리라 하시니 보경甫京은 그 뜻을 알지 못하니라

4：25  이 뒤에 군산群山에 가시어 공사公事를 행하시고 글을 써서 불사르시니 이러하니라 「지유군창지 사불천하허 왜만리청만리양구만리 피천지허차천지영 地有郡倉地 使不天下虛 倭萬里淸萬里洋九萬里 彼天地虛此天地盈」

4：26  정미년丁未年 삼월三月에 광찬光贊을 데리고 말점도末店島에 가실 때에 갑칠甲七과 형렬亨烈을 만경萬頃 남포南浦로 부르사 일러 가라사대 내가 이제 섬으로 들어가는 것은 천지공사天地公事로 인하여 귀양감이라 이십일二十日 만에 돌아오리니 너희들은 지방을 잘 지키라 하시니라

4：27  이해 가을에 순창淳昌 농바우 박장근朴壯根의 집에 머무르실 새 종도從徒들에게 일러 가라사대 이곳에 큰 기운氣運이 묻혀있으니 이제 풀어쓰리라 전명숙全明淑과 최익현崔益鉉은 그 사람이 아니므로 도리어 해害를 받았느니라 하시고 공사公事를 행하실 새 「영웅소일대중화 사해창생여낙자 英雄消日大中華 四海蒼生如落子」를 외우시니라 이날 참석參席한 사람은 형렬亨烈 공신公信 광찬光贊 원일元一 도삼道三 응종應鍾 갑칠甲七 장근壯根 등이러라 양지로 고깔을 만들어 마장군馬將軍이라고 써서 문지방 위에 걸으시고 또 짚으로 두 아름쯤 되게 잉경을 만들어 방 가운데 달아매고 백지

로 돌려 바른 뒤에 이십사二十四 방위자方位字를 돌려쓰시고 또 간간이 다른 글자도 쓰시고 그 위에 양지를 비늘같이 오려서 비늘을 달아 돌려 붙이시니 그 모양이 쇠 비늘을 잇대어 붙인 갑옷과 같더라

4: 28 장근壯根을 명하여 식혜 한 동이를 빚어 넣으라 하사 이날 밤 초경初更에 식혜를 널버기에 담아서 잉경 밑에 넣으시고 가라사대 회문산回文山에 오선위기혈五仙圍碁穴이 있으니 이제 바둑의 원조元祖 단주丹朱의 해원도수解冤度數를 이곳에 붙여서 조선국운朝鮮國運을 돌리려 하노라 다섯 신선神仙중에 한 신선神仙은 주인이라 수수방관袖手傍觀 할 따름이요 네 신선神仙이 판을 대하여 서로 패를 들쳐서 따먹으려 하므로 시일時日만 천연遷延하고 승부勝負가 속히 나지 아니한지라 이제 최수운崔水雲을 청해 와서 증인으로 세우고 승부勝負를 결정하려 하노니 이 식혜는 곧 최수운崔水雲을 대접待接하려는 것이로다 너희들 중에 그 문집에 있는 글귀를 아는 자가 있느냐 몇 사람이 대하여 가로대 기억하는 귀절이 있나이다 천사天師 양지에 「걸군굿 초라니패 남사당 여사당 삼대치」라 쓰시며 가라사대 이 글이 주문이라 외울 때에 웃는 자가 있으면 죽으리니 주의하라 또 가라사대 이 글에 고저청탁高低淸濁의 곡조曲調가 있나니 외울 때에 곡조曲調에 맞지 아니하면 신선神仙들이 웃으리니 곡조曲調를 잘 맞추라 하시고 천사天師 친히 곡조曲調를 맞추어 읽으시며 모두 따라 읽게 하시니 이윽고 찬 기운氣運이 도는지라 천사天師 읽기를 멈추시고 가라사대 최수운崔水雲이 왔으니 조용히 들어보라 하시더니 문득 잉경 위에서 「가장家長이 엄숙嚴肅하면 그런 빛이 왜 있으리」라고 외치는 소리가 들리

거늘 가라사대 이 말이 어디 있느뇨 한 사람이 가로대 수
운가사水雲歌詞에 있나이다 천사天師 잉경 위를 향하여 두어
마디로 알아 듣지 못하게 수작酬酢하신 뒤에 가라사대 조선
을 서양으로 넘기면 인종人種이 다르므로 차별差別과 학대虐待
가 심하여 살아날 수 없을 것이요 청국淸國으로 넘기면 그
민중民衆이 우둔愚鈍하여 뒷감당堪當을 못할 것이요 일본은 임
진란壬辰亂 후로 도술신명道術神明들 사이에 척이 맺혀있으니
그들에게 넘겨 주어야 척이 풀릴지라 그러므로 그들에게
일시一時 천하통일지기天下統一之氣와 일월대명지기日月大明之氣를
붙여주어 역사役事를 잘 시키려니와 한 가지 못 줄 것이 있
으니 곧 「어질 인仁」 자라 만일 「어질 인仁」 자까지 붙여
주면 천하天下는 다 저희들의 것이 되지 않겠느냐 그러므로
「어질 인仁」 자는 너희들에게 붙여 주노니 오직 「어질
인仁」 자를 잘 지키라 너희들은 편한 사람이요 저희들은
곧 너희들의 일꾼이니 모든 일을 분명分明하게 잘 하여주고
갈 때에는 품삯도 못받고 빈손으로 돌아가리니 말 대접이
나 후하게 하라 하시니라

4: 29 이 공사公事를 마치시고 형렬亨烈에게 일러 가라사
대 허미수許眉叟가 중수重修한 성천成川 강선루降仙樓의 일만이천
一萬二千 고물은 녹祿줄이 붙어 있고 금강산金剛山 일만이천봉一
萬二千峯은 겁살劫煞이 끼어 있나니 이제 그 겁살劫煞을 벗겨야
하리니 너는 광찬光贊과 도삼道三을 데리고 돌아가서 조석朝夕
으로 청수淸水 한 동이씩을 길어서 스물 네 그릇에 나누어
놓고 밤에는 칠성경七星經 스물 한 번씩 읽으며 백지白紙를
한 방촌方寸씩 오려 한 사람이 하루에 모실시侍 자字 사백자
四百字씩 열흘 동안을 써서 네 벽에 돌려 붙이고 나를 기다

리라 하시니 형렬<sup>亨烈</sup>이 광찬<sup>光贊</sup>과 도삼<sup>道三</sup>을 데리고 구릿골로 돌아와서 명하신 대로 행하니라

4：30  이튿날 농<sup>籠</sup>바위를 떠나 피노리 이남기<sup>李南基</sup>(화춘<sup>化春</sup>)의 집에 이르사 누런 개 한마리를 잡히고 술 한동이를 받아오게 하시고 또 뒷산 솔밭 속에서 가장 큰 소나무 한 주<sup>株</sup>를 베어오라 하시고 남방<sup>南方</sup> 황토<sup>黃土</sup>를 파 오라 하사 백지<sup>白紙</sup> 석장을 청<sup>靑</sup> 홍<sup>紅</sup> 황<sup>黃</sup> 삼색<sup>三色</sup>으로 물들여서 연폭<sup>連幅</sup>하여 베어온 소나무 위 가지에 달으시고 또 백지 석장에 각기 시천주<sup>侍天呪</sup>를 쓰시고 황토<sup>黃土</sup>를 조금씩 싸서 함께 내려 달은 뒤에 집 앞에 세우시니 깃대와 같은지라 종도<sup>從徒</sup>들에게 일러 가라사대 전명숙<sup>全明淑</sup>이 이곳에서 잡혔는데 사명기<sup>司命旗</sup>가 없어서 포한<sup>抱恨</sup> 하였나니 이제 기<sup>旗</sup>를 세워 해원<sup>解寃</sup>시키노라 또 개장국은 인간<sup>人間</sup>에서 먹는 음식<sup>飮食</sup>인데 도가<sup>道家</sup>에서 먹지 아니하였으므로 또한 한<sup>恨</sup>이 붙어 있나니 이제 이 국을 먹는 것은 해원<sup>解寃</sup> 겸 개정<sup>改政</sup>하려 함이로다 하시고 나누어 먹으신 뒤에 남기<sup>南基</sup>를 명하사 돈 서른석냥을 모든 물품<sup>物品</sup> 둔 곳에 같이 두게 하시고 종도<sup>從徒</sup>들은 다 돌려 보내시고 오직 공신<sup>公信</sup>만은 머물러 두시니라

4：31  이 뒤에 공신<sup>公信</sup>으로 하여금 돈 서른석냥을 지니게 하시고 피노리를 떠나 태인<sup>泰仁</sup> 행단<sup>杏壇</sup> 앞 주막<sup>酒幕</sup>에 이르사 술을 찾으시니 주모<sup>酒母</sup>가 술이 없다고 대답하거늘 천사<sup>天師</sup> 가라사대 이런 주막<sup>酒幕</sup>에 어찌 술이 없으리오 주모가 대답하되 물을 붓지 아니한 새 독 술은 있나이다 가라사대 술은 새 독 술이 좋으니라 안주가 있어야 하리니 돝 한 마리를 잡으라 하시고 글을 써서 주모를 주어 돝우리

앞에다 불사르니 돝이 스스로 죽는지라 주모에게 일러 가라사대 돝을 잡아서 삶을 때에 누구든지 먼저 고기를 맛보면 죽으리니 주의시키라 하시니라 돝을 다 삶은 뒤에 그릇에 담아 뜰 가운데 놓고 술은 전주全酒로 걸러서 마루 위에 놓고 글을 써서 주인을 명하여 뜰 가운데 불사르신 뒤에 공신公信과 주인과 참관參觀한 마을 사람들과 행인들과 더불어 술과 고기를 같이 먹으시고 큰 소리로 외쳐 가라사대 무엇을 더 요구하느냐 글자 한 자에 하나씩만 가져 가면 족足하리라 하시니라

4 : 32  밤을 지내시고 아침에 술과 고기 값으로 서른석 냥을 주신 뒤에 행단杏壇을 떠나 솔밭 속을 지나시다가 문득 큰 소리로 이놈이 여기 있도다 하시니 공신公信이 놀래어 옆을 보니 동자석童子石이 서 있더라 원평院坪으로 가시며 공신公信에게 일러 가라사대 뒷날 보라 그곳에 일본군사가 매복埋伏하여 있으니 여러 천명千名이 상傷할 곳이라 그러나 글자 한 자에 하나씩 밖에 죽지 않게 하였노니 저희들이 알면 나를 은인恩人으로 여기련마는 누가 능히 알리오 하시더니 그 뒤에 일진회원一進會員 수천명數千名이 떼를 지어 이곳을 지나는 데 일본군사가 의병義兵인줄 알고 총을 쏘아 스물한 명이 죽으니라

4 : 33  원평院坪을 지나 신암新岩 주막酒幕에 이르사 가라사대 들으니 손병희孫秉熙가 전주全州에 왔는데 서울에 교당敎堂을 짓는다 빙자憑藉하고 그 부하部下의 어린 아해兒孩들 옷고름에 채운 돈까지 떼어다가 큰 집과 작은 집을 거느리고 행락行樂하며 온 부하部下들을 망친다하니 그 무능無能함을 가

히 알지라 만일 재능<sup>才能</sup>이 있으면 천하<sup>天下</sup> 집이 모두 저의 집이 될지니 집을 지어 무엇하리오 이제 호남 각지를 돌면 그 부하들은 다 망하리라 이제 누구든지 몽둥이를 들어 그 머리를 치며 네 재능이 무엇이건대 부하들을 그다지 망치느냐고 꾸짖으면 대답하지 못하고 돌아가리라 응종<sup>應鍾</sup>이 몽둥이를 들며 여쭈어 가로대 내가 쫓아 가서 그리 하겠나이다 가라사대 네가 진실<sup>眞實</sup>로 쾌남자<sup>快男子</sup>로다 하시고 또 가라사대 저희들은 다 구암<sup>舊庵</sup>이요 이곳은 신암<sup>新庵</sup>이니 곧 도안<sup>都安</sup>의 집이니라 하시니라 이때에 손병희<sup>孫秉熙</sup>가 호남지방<sup>湖南地方</sup>을 순회<sup>巡廻</sup>하려다가 뜻밖에 예정<sup>豫定</sup>을 변경<sup>變更</sup>하여 돌아 가니라

4: 34 신암<sup>新岩</sup>을 떠나 구릿골에 이르사 양 한 마리를 잡아 그 피를 손가락으로 찍어서 벽에 돌려 붙인 일만이천<sup>一萬二千</sup> 모실시<sup>侍</sup> 자 위에 바르시니 글자 수가 다함에 피도 또한 다한 지라 천사<sup>天師</sup> 가라사대 그 글자 모양<sup>貌樣</sup>이 아라사 병정<sup>兵丁</sup>과 같다 하시고 또 가라사대 사기<sup>沙器</sup>는 김제<sup>金堤</sup>로 옮겨야 하리라 하시더니 마침 김제<sup>金堤</sup> 수각<sup>水閣</sup> 임상옥<sup>林相玉</sup>이 이르거늘 그 사기<sup>沙器</sup>를 주시며 가라사대 인부<sup>人夫</sup>를 많이 부릴 때에 쓰라 하시니라

4: 35 선천<sup>先天</sup>에는 삼상<sup>三相</sup>으로 인<sup>因</sup>하여 음양<sup>陰陽</sup>이 고르지 못하다 하시고 「거주성명 서신사명 좌상 우상 팔판 십이백 현감 현령 후비소 居住姓名 西神司命 左相 右相 八判 十二伯 縣監 縣令 后妃所」라 써서 광찬<sup>光贊</sup>을 명<sup>命</sup>하사 약방<sup>藥房</sup> 문지방과 맞추어 보라 하사 맞지 않는다고 아뢰니 일이 헛일이라 하시므로 경학<sup>京學</sup>이 가로대 여백<sup>餘白</sup>을

오려 버리고 글자 쓴 곳만 대어보는 것이 옳겠나이다 하여 그대로 하니 꼭 맞더라

4：36  이 뒤에 공우<sup>公又</sup>를 데리고 전주로 가시다가 쇠내에 이름에 점심 때가 된지라 공우<sup>公又</sup> 천사<sup>天師</sup>를 모시고 고송암<sup>高松庵</sup>에게 종유<sup>從遊</sup>하는 친구의 집에 찾아가서 점심<sup>點心</sup>밥을 부탁하였더니 천사<sup>天師</sup> 점심상을 받으시다가 문득 가라사대 서양 기운을 몰아내어도 다시 몰려드는 기미<sup>機微</sup>가 있음을 이상히 여겼더니 뒷 골방에서 딴전 보는 자가 있는 것을 몰랐도다 하시고 공우<sup>公又</sup>를 명하사 고송암<sup>高松庵</sup>에게 가서 묻고오라 하시고 칠성경<sup>七星經</sup>에 문곡<sup>文曲</sup>의 위차<sup>位次</sup>를 바꾸시니라

4：37  십이월<sup>十二月</sup> 초 하룻날 대흥리<sup>大興里</sup>에서 백미<sup>白米</sup> 한 섬을 방에 두시고 백지로 만든 고깔 이십여개<sup>二十餘個</sup>를 쌀 위에 놓고 고수부<sup>高首婦</sup>으로 하여금 종이에 글을 쓰이사 불사르시고 가라사대 「불과 물만 가지면 비록 석산<sup>石山</sup> 바위 위에 있을지라도 먹고 사느니라」하시며 그 백미로 밥을 지어 이날 모인 사람들을 배불리 먹이시니라

4：38  하루는 공신<sup>公信</sup>을 데리고 고부<sup>古阜</sup>로 가실 새 공신<sup>公信</sup>에게 물어 가라사대 가는 길에 아는 벗이 있느냐 대하여 가로대 운산리<sup>雲山里</sup>에 신경수<sup>申京洙</sup>가 있나이다 천사<sup>天師</sup> 경수<sup>京洙</sup>의 집으로 들어가 마루에 앉으사 글을 써서 불사르시고 공신<sup>公信</sup>에게 집에 다녀오라 하시거늘 공신<sup>公信</sup>이 집에 가니 일진회<sup>一進會</sup> 두목<sup>頭目</sup> 송대화<sup>宋大和</sup>가 와 있는지라 공신<sup>公信</sup>이 대화<sup>大和</sup>를 치송<sup>治送</sup>하고 다시 운산<sup>雲山</sup>에 오니 천사<sup>天師</sup>

가라사대 손이 있었더냐 대하여 가로대 손이 있어서 치송治送하고 왔나이다 하고 천사天師를 모시고 집으로 오니라 이 때에 공신公信의 모母가 요통腰痛으로 앓거늘 천사天師께 아뢰니 매실 한냥중을 가져오라 하사 종이에 싸서 들보에 걸고 글을 써서 불사르시니 곧 나으니라

4: 39  천사天師 공신公信의 집에 계시니 종도從徒 수십인數十人이 모이는 지라 수일 동안 오주五呪를 수련修鍊케 하시고 당요唐堯의 「역상일월성신 경수인시 曆象日月星辰 敬受人時」를 해설解說하여 가라사대 천지天地가 일월日月이 아니면 공각空殼이요 일월日月은 지인知人이 아니면 허영虛影이라 당요唐堯가 일월의 법을 알아내어 백성百姓에게 가르쳤으니 천혜天惠와 지리地利가 비로소 인류人類에게 누리게 된 바 되었느니라 하시고 「일월무사치만물 강산유도수백행 日月無邪治萬物 江山有道受百行」을 외우시며 선기옥형도수璿璣玉衡度數를 보실 새 경수京洙의 집에 저울갈큉이 도수度數를 정하시고 응종應鍾의 집에 추 도수度數와 공신公信의 집에 끈 도수度數를 정하시고 또 경수京洙의 집에 일월대어명도수日月大御命度數와 공신公信의 집에 천지대팔문도수天地大八門度數를 정하신 뒤에 주야로 번갈아서 세 집을 왕래하시며 공사公事를 보시니라

4: 40  이 때에 공우公又에게 일러 가라사대 후천後天 오만년五萬年 첫 공사公事를 행하려 하노니 너는 잘 생각하여 가장 중대重大한 것을 들어 말하라 공우公又 지식이 없어서 아뢸 바를 모른다 하며 사양辭讓하다가 이윽고 여쭈어 가로대 선천先天에는 청춘소부靑春少婦가 수절守節한다 하여 공방空房을

지켜 적막히 늙어버리는 것이 불가하오니 후천<sup>後天</sup>에는 이 폐단<sup>弊端</sup>을 없애시어 젊은 과부는 젊은 홀아비를 늙은 과부는 늙은 홀아비를 각기 가려서 일가<sup>一家</sup>와 친구<sup>親舊</sup>를 모두 청하여 공중예석<sup>公衆禮席</sup>을 벌리고 예를 갖추어서 개가<sup>改嫁</sup>하게 하는 것이 옳을 줄 아나이다 천사<sup>天師</sup> 칭찬하사 가라사대 네가 아니면 이 공사<sup>公事</sup>를 보지 못하겠으므로 네게 맡겼더니 잘 처결<sup>處決</sup>하였도다 이제 결정한 이 공사<sup>公事</sup>가 오만년<sup>五萬年</sup>을 내려 가리라 하시니라

4 : 41   다시 수일<sup>數日</sup> 동안 오주<sup>五呪</sup>를 수련<sup>修鍊</sup>케 하신 뒤에 종도<sup>從徒</sup>들에게 일러 가라사대 일곱 고을 곡식<sup>穀食</sup>이면 양식이 넉넉하겠느냐 대하여 가로대 쓰기에 달렸나이다 가라사대 그렇기는 하지마는 찻독이 찼다 비었다 하면 못 쓸 것이요 용지불갈<sup>用之不竭</sup>하여야 하리니 어떻게 하여야 하겠느냐 가로대 알지 못하나이다 천사<sup>天師</sup> 양지<sup>洋紙</sup>에 저수지<sup>貯水池</sup>와 물똘의 도면<sup>圖面</sup>을 그려 불사르시며 가라사대 이곳이 운산<sup>雲山</sup>이 아니냐 운암<sup>雲岩</sup> 물줄기를 김만경<sup>金萬頃</sup>으로 돌려도 하류<sup>下流</sup>에서 원망<sup>怨望</sup>이 없으리니 이 물줄기가 대한불갈<sup>大旱不竭</sup>이라 능히 하늘을 겨루리라 또 가라사대 강태공<sup>姜太公</sup>은 제<sup>齊</sup>나라 한 고을에 흉년<sup>凶年</sup>이 없게 하였다 하나 나는 전북<sup>全北</sup> 칠읍<sup>七邑</sup>에 큰 흉년<sup>凶年</sup>이 없게 하리라 하시니라

4 : 42   하루는 최익현<sup>崔益鉉</sup>과 박영효<sup>朴泳孝</sup>의 원<sup>冤</sup>을 풀어 주리라 하시고 「천세천세 천천세 만세만세 만만세 일월의 최익현 천포천포 천천포 만포만포 만만포 창생의 박영효 千歲千歲 千千歲 萬歲萬歲 萬萬歲 日月의 崔益鉉 千胞千胞 千千胞 萬胞萬胞 萬萬胞 蒼生의 朴泳孝」라 써서 불

사르시니라

4: 43 하루는 공신公信의 집에서 밤중에 여러 종도從徒들로 하여금 서로 번갈아서 그 집 물독 물을 반 바가지씩 퍼내어 우물에 쏟아 붓고 다시 우물의 물을 반 바가지씩 길어내어 독에 쏟아 붓고 또 다시 다른 사람으로 하여금 다른 여러 우물의 물과 독의 물을 반 바가지씩 전과 같이 바꾸어 갈아 붓게 하시며 가라사대 이는 물화상통物貨相通이니 만국인민萬國人民의 새 생활법生活法이니라 하시니라

4: 44 하루는 공신公信의 집에 계실 새 종도從徒들에게 물어 가라사대 이 뒤에 전쟁戰爭이 있겠느냐 없겠느냐 하시니 혹 있으리라는 사람도 있고 혹 없으리라는 사람도 있는지라 천사天師 가라사대 천지개벽시대天地開闢時代에 어찌 전쟁戰爭이 없으리요 하시고 전쟁戰爭 기구器具를 챙긴다 하사 방에 있는 담뱃대 이십여개를 거두어 거꾸로 모아 세우시고 종도從徒들로 하여금 각기 수건手巾으로 머리와 다리를 동이게 하시고 또 백지에 시천주侍天呪를 써서 심을 부벼 불붙여 들리시고 문창門窓에 구멍을 뚫게 하신 뒤에 담뱃대를 거꾸로 메게 하시고 가라사대 행오行伍를 잃으면 군사軍士가 상하리라 하시며 종도從徒들로 하여금 문으로 나가서 정주로 돌아들어 창구멍에 담뱃대를 대고 입으로 총소리를 내게 하시며 다시 측간厠間으로 돌아와서 창구멍에 대고 총소리를 내게 하시며 또 허청虛廳으로 돌아들어 그와 같이 하되 궁을형弓乙形을 지어 빨리 달리게 하시니 늙은 사람은 헐떡거리더라 천사天師 가라사대 이 말세末世를 당하여 어찌 전쟁이 없으리요 뒷날 대전쟁大戰爭이 일어나면 각기 재조才操를 자

랑하여 재조$^{才操}$가 일등되는 나라가 상등국$^{上等國}$이 되리라 하시니라 이 공사$^{公事}$를 보신 후에 사방$^{四方}$에서 천고성$^{天鼓聲}$이 일어나니라

4: 45 이 뒤에 응종$^{應鍾}$의 집에 가사 식혜 아홉 사발을 빚으라 하시고 응종$^{應鍾}$을 태인$^{泰仁}$ 신경원$^{辛京元}$의 집에 보내어 새 수저 한 개를 가져오게 하신 뒤에 단지 한 개를 가져오라 하사 식혜를 쏟아 넣으니 꼭 차는지라 양지$^{洋紙}$와 백지$^{白紙}$와 장지$^{壯紙}$를 각각 준비$^{準備}$하여 놓고 가라사대 비인$^{庇仁}$ 복종$^{覆鍾}$이 크다하므로 북 도수$^{度數}$를 보노라 북은 채가 있어야 하느니 이 수저가 북채라 행군$^{行軍}$할 때에 이 수저로 북채를 하여야 녹$^{祿}$이 진진$^{津津}$하여 떨어지지 아니하리라 하시고 양지$^{洋紙}$와 백지$^{白紙}$와 장지$^{壯紙}$를 각각 조각 조각 떼어 조각마다 글을 써서 단지에 넣으니 그 종이가 단지에 차되 식혜는 넘지 아니하더라 단지 입을 잘 봉$^{封}$하여 깨끗한 곳에 묻으니라

4: 46 이 뒤에 종도$^{從徒}$ 삼십여인$^{三十餘人}$을 모아 오주$^{五呪}$를 수련$^{修鍊}$케 하시니 이러하니라 「신천지가가장세 일월일월만사지 신천지조화정영세불망만사지 시천주조화정영세불망만사지 시위천주고아정영세불망만사의 수명성경신지기금지원위대강 복록성경신지기금지원위대강 명덕관음팔음팔양지기금지원위대강 삼계해마대제신위원진천존관성제군 新天地家家長世 日月日月萬事知 新天地造化定永世不忘萬事知 侍天主造化定永世不忘萬事知 侍爲天主顧我情永世不忘萬事宜 壽命誠敬信至氣今至願爲大降 福祿誠敬信至氣今至願爲大降 明德觀音八陰八陽至氣今至願爲大降 三界解

魔大帝神位願趁天尊關聖帝君」 천사(天師) 가라사대 동학(東學)은 드는 날로부터 녹(祿)이 떨어지나니 대저 녹(祿)이란 것은 곤(坤)에 붙어 있는 것이어늘 동학(東學)은 시천주조화정(侍天主造化定)이라하여 하늘에만 편중(偏重)하는 까닭이요 또 수명복록(壽命福祿)이라 하지마는 수명(壽命)만 길고 복록(福祿)이 없으면 죽는 것만 같지 못하거늘 수명(壽命)을 먼저하고 복록(福祿)을 뒤로 하는 까닭이니라 그러므로 이제는 복록(福祿)을 먼저 하라 하사 소리를 높여 외우게 하시니라

4: 47 새벽이 됨에 각기 정좌(正坐)케 하시고 종이 한 조각씩 나누어 주시며 가라사대 후천음양도수(後天陰陽度數)를 보려하노니 각기 남이 알지 못하게 마음에 있는 대로 점 하나로 아내 하나씩 표하여 점쳐 들이라 하시거늘 각기 마음대로 점쳐 올리니 응종(應鍾)은 두 점이요 경수(京洙)는 석 점이요 내성(乃成)은 여덟 점이요 경석(京石)은 열두 점이요 공신(公信)은 한 점이라 (다른 사람은 미상(未詳)함) 천사(天師) 가라사대 아홉 점은 없으니 일남구녀(一男九女)란 말을 알 수 없도다 팔선녀(八仙女)라는 말이 있으므로 여덟 점을 쳤느냐 또 응종(應鍾)과 경수(京洙)에게 물어 가라사대 노인(老人)들이 두 아내를 원하니 어떻게 감당(堪當)하려 하느뇨 대하야 가로대 후천(後天)이 되면 새 기운(氣運)이 돌지 아니하리이까 가라사대 그럴 듯 하도다 경석(京石)에게 물어 가라사대 웬 아내를 열둘이나 원하느냐 대하여 가로대 십이제국(十二諸國)에 하나씩 두어야 만족(滿足)하겠나이다 가라사대 그럴 듯도 하도다 또 공신(公信)에게 물어 가라사대 경석(京石)은 열둘이나 원하는 데 너는 어찌 하나를 원하느뇨 대하여 가로대 건곤(乾坤)이 있을 따름이요 이곤(二坤)이 있을 수 없사오니 일음일양(一陰一陽)이 원리(原理)

인 줄 아나이다 가라사대 네 말이 옳도다 또 가라사대 공사<sup>公事</sup>를 잘 보았으니 특히 성비<sup>盛備</sup>하여 손님 대접을 잘하라 하시거늘 공신<sup>公信</sup>이 명하신 대로 하니라

4: 48  공사<sup>公事</sup>를 마치시고 경석<sup>京石</sup>과 광찬<sup>光贊</sup>과 내성<sup>乃成</sup>은 대흥리<sup>大興里</sup>로 원일<sup>元一</sup>은 신경원<sup>辛京元</sup>의 집으로 형렬<sup>亨烈</sup>과 자현<sup>自賢</sup>은 구릿골로 각기 보내신 뒤에 공신<sup>公信</sup>과 응종<sup>應鍾</sup>과 경수<sup>京洙</sup>에게 일러 가라사대 경석<sup>京石</sup>이 성경신<sup>誠敬信</sup>이 지극<sup>至極</sup>하므로 달리 써볼까 하였더니 제가 스스로 청하니 어찌 할 수 없는 일이로다 원래 동학<sup>東學</sup>은 보국안민<sup>輔國安民</sup>을 주창<sup>主唱</sup>하였으나 때가 때 아니므로 안으로는 불량<sup>不良</sup>하고 겉으로만 꾸며대는 일이 되고 말았나니 후천<sup>後天</sup>일을 부르짖었음에 지나지 못한 것이라 마음으로 각기 왕후장상<sup>王侯將相</sup>을 바라다가 뜻을 이루지 못하고 그릇 죽은 자가 수만 명이라 원한<sup>怨恨</sup>이 창천<sup>漲天</sup>하였으니 그 신명<sup>神明</sup>을 해원<sup>解冤</sup>시키지 아니하면 후천<sup>後天</sup>에는 역도<sup>逆徒</sup>에 걸려 정사<sup>政事</sup>를 못하게 되리라 그러므로 이제 그 신명<sup>神明</sup>들을 해원<sup>解冤</sup>시키려고 그 두령<sup>頭領</sup>을 정하려는 중인데 경석<sup>京石</sup>이 십이제국<sup>十二諸國</sup>을 말하니 이는 자청<sup>自請</sup>함이라 그 부친이 동학두목<sup>東學頭目</sup>으로 그릇 죽었고 저도 또한 동학총대<sup>東學總代</sup>였으니 오늘부터는 동학신명<sup>東學神明</sup>들을 전부 그에게 붙여 보냈으므로 이 자리에서 왕후장상<sup>王侯將相</sup>의 해원<sup>解冤</sup>이 되리라 하시고 주지<sup>朱紙</sup>에 글을 쓰시며 외인<sup>外人</sup>의 출입<sup>出入</sup>을 금<sup>禁</sup>하시니라 또 일러 가라사대 동학신명<sup>東學神明</sup>이 전부 이 자리에서 해원<sup>解冤</sup>되리니 뒷날 두고보라 금전<sup>金錢</sup>도 무수히 소비<sup>消費</sup>할 것이요 사람 수효<sup>數爻</sup>도 갑오년<sup>甲午年</sup>보다 훨씬 많게 되리니 이렇게 풀어 놓아야 후천<sup>後天</sup>에 아무일도 없으리라 하시니라

4 : 49  또 공신公信에게 일러 가라사대 너는 정음正陰 정양正陽 도수度數니 네가 온전穩全히 잘 이겨 받겠느냐 정심正心으로 잘 수련修鍊하라 문왕文王의 도수度數와 이윤伊尹의 도수度數가 있으니 그 도수度數를 맡으려면 극히 어려우리라 미물微物 곤충昆蟲이라도 원망怨望이 붙으면 천지공사天地公事가 아니니라 하시니라

4 : 50  이 뒤에 천자신天子神과 장상신將相神을 모아들여 백의군왕白衣君王 백의장상도수白衣將相度數를 보실 새 사람 수효數爻를 삼십삼천三十三天 수數로 채우신 뒤에 일러 가라사대 만일萬一 순검巡檢이나 병정兵丁이 들어오는 것을 보고 겁怯을 내어 도망逃亡할 마음이 있는 자는 다 돌아가라 열 사람이 있다가 한 사람이 도망逃亡하면 아홉 사람은 그 해害를 입어 죽나니 그러므로 도망할 마음을 두는 자는 미리 돌아가고 마음을 지켜 도망하지 아니할 자는 굳은 다짐을 두라 일을 하는 자는 화지진火地晋도 하느니라 모두 대하여 가로대 삼가 마음을 굳게 지켜 변함이 없겠나이다 하여 다짐을 드리니 모두 스물 한 사람이라 이날은 섣달 스무닷샛날이러라

4 : 51  이 공사公事를 시작하실 때에 각기 새 옷을 지어 입게 하시니 천사天師는 일광단日光緞 두루마기와 무문모초無毛無綃 바지저고리를 지어 입으시고 다른 사람들도 모두 새 옷을 지어 입었더라 이날 저녁에 경수京洙의 집에서 초저녁부터 불을 끄고 일찍 자라 하사 천사天師는 아랫방에서 주무시고 공신公信과 여러 사람들은 윗방에서 자더니 새벽에 순검巡檢이 들어와서 공신公信을 찾거늘 공신公信이 대답하고

나서니 곧 포박捕縛하고 이어서 천사天師와 여러 사람들을 모두 포박捕縛하니라 이 때에 돈 약간若干과 백목白木 몇 필匹을 방구석에 두었었는데 천사天師 돈과 백목白木을 인부를 불러 지우라 하사 뒤를 따르게 하시니라

4: 52 천사天師 여러 사람에게 일러 가라사대 이 시대時代는 거짓말하는 자는 없이 하는 시대니 꼭 바른 말을 하라 하시고 또 순검巡檢들에게 일러 가라사대 그대들은 상관上官의 명령命令을 받고 왔으니 거짓말을 말고 본 대로 말하라 하시니라 일행一行이 고부古阜 장터에 이르니 장꾼들이 서로 말하되 고부古阜는 장차將次 쏘가 되리로다 저런 큰 인물人物들이 잡혀 왔으니 어찌 무사하기를 바라리요 하고 서로 불안히 여기니 대저大抵 이때는 각처各處에서 의병義兵이 일어나므로 인심人心이 소동騷動하여 실로 공포시대恐怖時代를 이루었더라

4: 53 경무청警務廳에 이르니 심문관審問官이 병기兵器를 가졌느냐 묻거늘 없다고 대답하니 즉시 여러 사람을 구류간拘留間에 가두고 천사天師는 상투를 풀어서 들보에 매달고 저고리를 벗긴 뒤에 경관警官 십여명十餘名이 늘어서서 회초리로 치며 가로대 관리官吏는 몇 명이나 죽였으며 일본사람은 몇 명이나 죽였느뇨 천사天師 가라사대 우리를 의병義兵으로 알고 묻는 말이뇨 순검巡檢이 가로대 그러 하노라 가라사대 의병義兵을 일으키려면 깊숙한 산중山中에 모일 것이어늘 어찌 태인읍泰仁邑에서 오리五里 안에 들 하나 격隔하여 읍 사람들이 날마다 왕래하는 번잡한 곳에서 의병義兵을 일으키리요 또 물어 가라사대 그대들이 묻는 의병義兵이란 것은 무

엇을 이름이뇨 가로대 이씨 왕가^(李氏王家)를 위하여 일본^(日本)에 저항^(抵抗)하는 것을 이름이로다 가라사대 그러면 그대들이 그릇 알았도다 우리는 그런 일을 아니하노라 가로대 그러면 무슨 일로 모였느뇨 가라사대 이제 혼란복멸^(混亂覆滅)에 임^(臨)한 천지^(天地)를 개조^(改造)하여 새 세상을 열고 대비겁^(大否劫)에 쌓인 사람과 신명^(神明)을 널리 건져 각기 안락^(安樂)을 누리게 하려는 모임이로다 통역순검^(通譯巡檢) 문형로^(文亨魯)가 놀래어 가로대 감히 그런 대담^(大膽)한 말을 하느뇨 가라사대 천하사^(天下事)에 뜻 있는 자 어찌 별로이 있으리요 그대는 도략^(韜略)과 자비^(慈悲)가 있으면 어찌 가만히 앉아서 볼 때리요 하시니라 이윽고 천사^(天師)를 끌러내려 구류간^(拘留間)에 가두고 박권임^(朴權任)이 공신^(公信)을 불러내어 구둣발로 겨드랑이를 차니 곧 기절^(氣絶)하여 정신^(精神)을 잃은지라 문총순^(文總巡)이 박권임^(朴權任)을 꾸짖어 가로대 죄^(罪)의 유무^(有無)를 결정^(決定)하지 못하였는데 어찌 그다지 혹독^(酷毒)히 하느냐 하고 천사^(天師)와 공신^(公信)을 고채로 채워서 구류간^(拘留間)에 넣어 여러 사람과 함께 가두니라

4: 54  그믐날 저녁에 우뢰와 번개가 크게 일어나거늘 천사^(天師) 가라사대 이는 서양^(西洋)에서 천자신^(天子神)이 넘어옴이니라 또 가라사대 이제 천자신^(天子神)은 넘어 왔으나 너희들이 혈심^(血心)을 가지지 못하였으므로 장상신^(將相神)이 응하지 아니하는도다 하시니라

4: 55  무신년^(戊申年) 설날 눈비가 크게 내리며 우뢰와 번개가 크게 일어나거늘 천사^(天師) 가라사대 이는 대공사^(大公事)를 처결^(處決)함이니라 하시더라 이 때에 공신^(公信)은 구둣발에

채인 곳이 크게 결리며 발열$^{發熱}$ 오한$^{惡寒}$하여 심히 위독$^{危篤}$하거늘 간수$^{看守}$가 들어와서 고채를 끌러주고 천사$^{天師}$의 고채도 끌러드리는지라 천사$^{天師}$ 여러 사람에게 일러 가라사대 이제 만일 공신$^{公信}$이 죽으면 우리가 다 죽으리니 인곽$^{人槨}$을 써서 낫게 해야 하리라 하시더니 마침 아침밥이 들어오거늘 천사$^{天師}$ 밥그릇마다 공중으로 무슨 글자를 그리신 뒤에 먹고 내보내시며 가라사대 인곽$^{人槨}$을 써야 하리니 모두 일어서라 하사 좌우$^{左右}$로 일곱 사람씩 위로 두 사람 아래로 한 사람을 늘여 세워 널과 같이 만든 뒤에 공신$^{公信}$을 그 가운데 눕히시니라

4: 56  구류간$^{拘留間}$에 바람이 통하는 작은 구멍이 있고 그 구멍에 종가리 한 개를 두어 오줌을 받아내는 데 마침 그 종가리에 오줌과 오줌찌꺼기가 반쯤 괴어 있는지라 천사$^{天師}$ 종가리를 손에 들으시고 공신$^{公信}$을 인곽$^{人槨}$으로부터 일으켜 세우신 뒤에 천사$^{天師}$ 먼저 종가리에 있는 오줌찌꺼기를 친히 마시시되 얼굴빛이 변하지 아니하시고 나머지를 공신$^{公信}$에게 마시라 명하시니 공신$^{公信}$이 생각하되 선생은 나를 살리기 위하여 더러움을 생각지 않고 마시시되 조금도 얼굴빛을 변치 아니하시거늘 내가 어찌 마시지 못 하리요 하고 받아 마시니 오장$^{五臟}$이 거꾸로 올라오는 듯하나 억지로 참거늘 가라사대 참지 말고 올라오는 대로 다 토하라 공신$^{公信}$이 비로소 깨닫고 토하였더니 그 뒤로 땀이 많이 나며 열$^{熱}$이 개고 결리는 곳이 나으니라

4: 57  간수$^{看守}$들 중에 형렬$^{亨烈}$과 자현$^{自賢}$을 아는 자가 있어서 두 사람의 편의$^{便宜}$를 봐주기 위하여 다른 조용한

방으로 옮기니 형렬<sup>亨烈</sup>이 그 간수<sup>看守</sup>에게 청하여 천사<sup>天師</sup>께 서도 옮기시게 하니라 천사<sup>天師</sup> 형렬<sup>亨烈</sup>과 자현<sup>自賢</sup>에게 일러 가라사대 삼인회석<sup>三人會席</sup>에 관장<sup>官長</sup>의 공사<sup>公事</sup>를 처결<sup>處決</sup>한 다 하니 우리 세 사람이면 무슨 일을 해결<sup>解決</sup>하지 못하리 요 또 자현<sup>自賢</sup>에게 가만히 일러 가라사대 비록 십만대중<sup>十萬大衆</sup>이 이런 화액<sup>禍厄</sup>에 걸렸을지라도 털끝하나 상<sup>傷</sup>함이 없 이 다 끌러 내리니 안심<sup>安心</sup>하라 하시니라

4: 58 여러날 갈수록 인심<sup>人心</sup>이 동요<sup>動搖</sup>되어 천사<sup>天師</sup>를 원망<sup>怨望</sup>하는 자가 불어나거늘 천사<sup>天師</sup> 일러 가라사대 대저 인생이 일사<sup>一死</sup>면 도무사<sup>都無事</sup>라 하나니 죽어도 원망은 말 라 또 공신<sup>公信</sup>에게 일러 가라사대 일을 하려다가 이루지 못하고 죽을지라도 원통<sup>冤痛</sup>히 알지는 말라 죽을지라도 곱 게 죽는 것이 좋으니라 너는 자식이라도 있으니 한이 없 으리라 하시니 이 말씀을 들은 뒤로 여러 사람이 더욱 공 포<sup>恐怖</sup>하여 서로 이르되 저런 말씀을 내는 것은 이번 화액<sup>禍厄</sup>에 능히 대처<sup>對處</sup>할 권능<sup>權能</sup>이 없음을 스스로 말함이라 그 러면 우리가 믿었던 그의 권능은 한갓 무용<sup>無用</sup>의 믿음이요 다만 혹세무민<sup>惑世誣民</sup>의 사사<sup>邪事</sup>로 우리를 사지<sup>死地</sup>에 함입<sup>陷入</sup> 함에 지나지 못함이라 하여 몇 사람은 크게 원성<sup>怨聲</sup>을 발 하니라

4: 59 이 뒤로 경관<sup>警官</sup>이 여러 사람을 취조<sup>取調</sup>하여도 아 무런 의병<sup>義兵</sup>의 증거<sup>證據</sup>를 얻지 못하고 다만 천사<sup>天師</sup>는 신 의<sup>神醫</sup>로서 각 사람은 혹 부모<sup>父母</sup>나 처자<sup>妻子</sup>의 병을 낫게 해 주신 은혜<sup>恩惠</sup>를 잊지 못하여 이 절일<sup>節日</sup>이 임박<sup>臨迫</sup>함에 세 찬<sup>歲饌</sup>을 드리러 왔다하며 혹은 공신<sup>公信</sup>의 친척<sup>親戚</sup>으로서 서

의차叙誼次로 왔을 따름이라 하므로 정월正月 십일十日에 옥문獄門을 열고 여러 사람을 석방釋放하며 설유說諭하여 가로대 이 때는 단체團體로 모일 때가 아닌 비상시非常時니 이 뒤로 특히 주의하라 하니라

4: 60 천사天師의 말씀은 한갓 황탄荒誕한 말로 돌리고 구류간拘留間에 홀로 남겨두었다가 이월二月 사일四日 경칩절驚蟄節에 석방釋放하니 천사天師께서 그 압수押收되었던 돈과 백목白木을 찾아내어 모든 순검巡檢과 빈궁貧窮한 사람에게 나누어 주시고 삼일三日을 유留하신 후에 와룡리臥龍里 황응종黃應鍾의 집으로 가시니 차경석車京石이 따르니라

4: 61 이번 화액禍厄에 참여參與된 사람은 김형렬金亨烈 김자현金自賢 문공신文公信 공신公信의 형兄 학철學喆 당질堂姪 수암首岩 매부妹夫 허성희許聖喜 김광수金光洙 김공빈金工彬 김창봉金參奉 이화춘李化春 박장근朴壯根 등等이요 그외 구인九人의 성명은 미상未詳하니라 이 화액禍厄을 지낸 뒤로 김형렬金亨烈 김자현金自賢 이인二人은 여전如前히 천사天師를 받들고 남은 사람은 전부 해산解散 되었는데 문공신文公信은 뒤로 수차數次 내왕來往이 있다 하니라 허성희許聖喜는 수금囚禁되었을 때에 모든 사람의 불평不平을 잘 효유曉諭하여 진정鎭靜하기에 많은 노력努力을 하였다 하니라

4: 62 이 뒤에 고부古阜 식주인食主人이 공신公信의 집에 와서 외상外上으로 달렸던 주식酒食 값을 독촉督促하니 공신公信은 천사天師께서 돈과 백목白木을 찾아서 외상外上을 갚아주지 아니하셨음을 크게 불평不平히 생각하였더니 얼마 후에 천

사<sup>天師</sup> 공신<sup>公信</sup>의 집에 이르시니 공신<sup>公信</sup>이 천사<sup>天師</sup>께 불평<sup>不平</sup>을 품었던 일을 낱낱이 헤어 아뢰며 불쾌<sup>不快</sup>한 어조<sup>語調</sup>로 폭담<sup>暴談</sup>을 하거늘 천사<sup>天師</sup> 가라사대 네 말을 들으니 그렇겠도다 내가 순창<sup>淳昌</sup> 농바우에서 사흘 동안을 유련<sup>留連</sup>하여 너를 만난 뒤로 여러 가지 큰 공사<sup>公事</sup>에 참관<sup>參觀</sup>하였거니와 고부<sup>古阜</sup> 도수<sup>度數</sup>를 보려하나 가감<sup>可堪</sup>한 사람이 없으므로 네게 주인을 정하여 독조사 도수<sup>度數</sup>를 붙였노라 진주<sup>眞主</sup> 노름에 독조사라는 것이 있어서 남의 돈은 따보지 못하고 제 돈만 잃어 바닥이 난 뒤에 개평을 뜯어가지고 새벽녘에 회복하는 수가 있느니라 고부<sup>古阜</sup>서도 주식<sup>酒食</sup> 값을 말한 일이 있었으나 그 돈을 쓰면 독조사가 아니니라 만일 네가 돈이 있어야만 되겠으면 달리 주선<sup>周旋</sup>이라도 하여주리라 공신<sup>公信</sup>이 이윽히 생각하다가 여쭈어 가로대 일이 그와 같을 진대 그만 두사이다 하니라 이 뒤에 천사<sup>天師</sup> 구릿골로 가시니라

4 : 63  이 뒤에 공신<sup>公信</sup>의 채인 곳이 복발<sup>復發</sup>하여 호정출입<sup>戶庭出入</sup>을 못하게 되자 응종<sup>應鍾</sup>을 구릿골로 보내어 천사<sup>天師</sup>께 아뢰니 천사<sup>天師</sup> 좀 기다리라 하거늘 돌아와서 그대로 전하니 공신<sup>公信</sup>이 다시 감정<sup>感情</sup>이 나서 아무 약도 쓰지 않고 두었더니 병세<sup>病勢</sup>가 점점<sup>漸漸</sup> 위중<sup>危重</sup>하여져서 몸을 움직이지 못하는지라 응종<sup>應鍾</sup>이 민망<sup>悶惘</sup>히 여겨 구릿골에 와서 천사<sup>天師</sup>께 뵈이니 가라사대 공신<sup>公信</sup>의 병세<sup>病勢</sup>가 어떠하더뇨 대하여 가로대 드러누워서 움직이지 못하나이다 가라사대 죽어서야 쓰겠느냐 찹쌀밥 아홉 때를 지어먹으라 하라 응종<sup>應鍾</sup>이 돌아가서 명하신 대로 전하니 그대로 하여 전쾌<sup>全快</sup>하니라

4: 64  하루는 천사<sup>天師</sup>께서 종도<sup>從徒</sup> 십여인<sup>十餘人</sup>을 뜰 아래 늘여 세우신 뒤에 고수부<sup>高首婦</sup>와 더불어 마루에 앉으사 차경석<sup>車京石</sup>을 명<sup>命</sup>하여 망치를 들리고 천사<sup>天師</sup>와 수부<sup>首婦</sup>를 치며 동상례<sup>同床禮</sup>를 받게 하시니 수부<sup>首婦</sup>가 방으로 뛰어 들어가며 가로대 죽으면 한번 죽을 것이요 두번 죽지는 못하리라 하니 천사<sup>天師</sup>께서 크게 칭찬<sup>稱讚</sup>하시고 다시 안내성<sup>安乃成</sup>에게 망치를 들리사 경석<sup>京石</sup>을 치며 무엇을 하려느냐고 물으시니 경석<sup>京石</sup>이 역모<sup>逆謀</sup>를 하겠다고 대답<sup>對答</sup>하는지라 이에 수부<sup>首婦</sup>에게 일러 가라사대 「네 나이는 스물 아홉이요 내 나이는 서른 여덟이라 내 나이에서 아홉 살을 감하면 내가 너 될 것이요 네 나이에 아홉 살을 더하면 네가 나 될지니 곧 내가 너 되고 네가 나 되는 일이니라」 하시니라

4: 65  하루는 걸군<sup>乞軍</sup>이 들어와서 굿을 친 뒤에 천사<sup>天師</sup>께서 수부<sup>首婦</sup>로 하여금 춤을 추게 하시고 친히 장고<sup>長鼓</sup>를 들어 메고 노래를 부르시며 가라사대 「이것이 곧 천지<sup>天地</sup>굿이라 나는 천하<sup>天下</sup> 일등재인<sup>一等才人</sup>이요 너는 천하<sup>天下</sup> 일등무당<sup>一等巫堂</sup>이라 이 당<sup>黨</sup> 저 당<sup>黨</sup> 다 버리고 무당<sup>巫堂</sup>의 집에 가서 빌어야 살리라」 하시고 인하여 수부<sup>首婦</sup>에게 무당<sup>巫堂</sup> 도수<sup>度數</sup>를 정하시니라

4: 66  하루는 천사<sup>天師</sup>께서 반드시 누우신 뒤에 수부<sup>首婦</sup>로 하여금 배 위에 걸터앉아 칼로 배를 겨누며 「나를 일등<sup>一等</sup>으로 정하여 모든 일을 맡겨 주시렵니까」라고 다짐을 받게 하시고 천사<sup>天師</sup>께서 허락<sup>許諾</sup>하여 가라사대 「대인<sup>大人</sup>의 말은 천지<sup>天地</sup>에 쩡쩡 울려 나가나니 오늘의 이 다짐

은 털끝만치도 어김이 없으리라」 하시고 이도삼<sup>李道三</sup> 임정준<sup>林正俊</sup> 차경석<sup>車京石</sup> 세 사람으로 중인<sup>證人</sup>을 세우시니라

4: 67  하루는 천사<sup>天師</sup>께서 이경문<sup>李京文</sup>을 명하사 천원<sup>川原</sup>에서 일등교자<sup>一等轎子</sup>와 일등하인<sup>一等下人</sup>을 구하여오라 하사 교자<sup>轎子</sup>를 마당에 꾸며놓고 천사<sup>天師</sup>께서 수부<sup>首婦</sup>와 더불어 나란히 앉으사 구릿골로 가자 하시며 길을 재촉하시다가 정지하시니라

4: 68  이 뒤에 태인<sup>泰仁</sup> 신경원<sup>辛京元</sup>의 집에 이르사 한달 동안 머무르실 새 최창조<sup>崔昌祚</sup>에게 명하여 가라사대 돝 한 마리를 잡아서 계란<sup>鷄卵</sup>으로 전야를 부쳐서 대그릇에 담아 깨끗한 곳에 두고 또 내 옷 한 벌을 지어두라 장차<sup>將次</sup> 쓸 곳이 있노라 창조<sup>昌祚</sup> 대답하고 돌아가서 명하신 대로 하여 두니라

4: 69  하루는 천사<sup>天師</sup>께서 태인<sup>泰仁</sup> 새올에 계시면서 박공우<sup>朴公又</sup>를 보내어 경석<sup>京石</sup>을 부르시거늘 경석<sup>京石</sup>이 가 뵈이니 천사<sup>天師</sup>께서 돈을 주시며 돌아가서 쌀을 팔아 놓으라 하셨더니 경석<sup>京石</sup>이 그 돈을 사사<sup>私事</sup>로 써버린지라 그 뒤에 천사<sup>天師</sup>께서 오사 수부<sup>首婦</sup>에게 물어 가라사대 「쌀을 많이 팔았느냐」 수부<sup>首婦</sup>가 가로대 「알지 못하나이다」 천사<sup>天師</sup> 경석<sup>京石</sup>을 불러 물어 가라사대 「일전<sup>日前</sup>에 새올서 네게 돈을 주며 쌀을 팔라하였더니 매씨<sup>妹氏</sup>에게 그 말을 고하지 아니 하였느냐」 경석<sup>京石</sup>이 대하여 가로대 「고<sup>告</sup>하지 아니하였나이다」 하거늘 이 뒤로는 천사<sup>天師</sup>께서 모든 일을 경석<sup>京石</sup>에게 부탁하지 아니하시고 바로 수부<sup>首婦</sup>와 의

논議論하여 조처措處하시니라

4: 70  삼월三月에 구릿골에 이르사 형렬亨烈에게 명하여 가라사대 태인泰仁에 가서 신경원辛京元과 최내경崔乃敬을 데리고 백암리白岩里 최창조崔昌祚의 집에 가서 일찍 준비準備하여 둔 옷 한 벌을 세 사람이 한 가지씩 나누어 입고 돝 한 마리를 잡아서 삶아 익힌 뒤에 오늘 저녁 인적人跡이 그치기를 기다려서 그 집 정문正門 밖에 땅을 파고 그 앞에 청수淸水 한 그릇과 화로火爐를 놓고 깨끗한 그릇에 호주胡酒와 문어文魚와 돼지고기를 넣고 그 위에 두부豆腐로 덮어 그 구덩이 속에 넣고 다시 한 사람은 저육猪肉 전야를 들어 청수淸水와 화로火爐를 넘기고 한 사람은 다시 받아서 구덩이 속에 넣은 뒤에 흙으로 덮으라 하여 자세仔細히 일러 주고 빨리 돌아오라 형렬亨烈이 명을 받들고 태인에 가서 일일이 지휘指揮한 뒤에 빨리 돌아와 집에 이르니 밤이 깊고 검은 구름이 하늘을 덮어 소나기가 쏟아지며 우뢰와 번개가 크게 일어나는지라 천사天師 물어 가라사대 이때쯤 일을 행하겠느냐 대하여 가로대 행할 때가 꼭 되었나이다 가라사대 변산邊山과 같은 큰 불덩이가 나타나 구르면 세계가 재가 될지라 그러므로 이제 그 불을 묻었노라 하시니라

4: 71  사월四月에 공신公信의 집 벽에 정의도情誼圖를 그려 붙이시고 구릿골로 돌아오신 뒤에 백남신白南信에게서 돈 천냥千兩을 가져오사 김준상金俊相의 집에 방 한칸을 수리修理하고 약방藥房을 차리실 새 공우公又로 하여금 고부古阜에 가서 장판을 사오라 하사 깔으시며 가라사대 이는 고부선인포전古阜仙人布氈 기운을 씀이로다 하시고 목수木手 이경문李京文을

불러 약장$^{藥藏}$과 궤$^{櫃}$를 짜이심에 장광척촌$^{長廣尺寸}$과 짜는 방법을 낱낱이 가르치시고 기한$^{期限}$을 정하여 주시며 그 기한$^{期限}$을 넘기지 말라 하셨더니 목수$^{木手}$가 기한$^{期限}$에 마치지 못하거늘 천사$^{天師}$ 목수$^{木手}$로 하여금 재목$^{材木}$을 한곳에 모아 놓고 그 앞에 꿇어앉게 하신 뒤에 기한$^{期限}$을 넘겼음을 꾸짖으시며 한 봉서$^{封書}$를 주어 불사르시니 문득 번개가 번쩍이는지라 이에 목수$^{木手}$가 몸을 떨며 땀을 흘리더라 다시 명하사 속히 짜라 하시니 목수$^{木手}$가 손이 떨리는 증수$^{症祟}$가 나서 한 달이 넘은 뒤에야 비로소 마치거늘 천사$^{天師}$ 목수$^{木手}$에게 일러 가라사대 약장$^{藥藏}$에 번개가 들어야 하리니 너는 몸을 정히 씻고 의관$^{衣冠}$을 정제$^{整齊}$하여 청수$^{淸水}$ 한 그릇을 약장 앞에 놓은 뒤에 성심$^{誠心}$으로써 절하라 하심에 목수$^{木手}$가 명하신 대로 하니 문득 맑은 하늘에 번개가 크게 치는지라 약장$^{藥藏}$과 궤$^{櫃}$를 약방$^{藥房}$에 들여 놓은 뒤에 갑칠$^{甲七}$을 명하사 날마다 이른 아침에 방을 깨끗이 쓸게 하시며 문을 닫고 사람의 출입을 금하시고 스무 하루를 지낸 뒤에 비로소 방을 쓰실 새 통감$^{通鑑}$ 서전$^{書傳}$ 주역$^{周易}$ 각 한 질$^{秩}$과 철연자$^{鐵硏子}$ 삭도$^{削刀}$ 등 모든 약방기구를 장만하여 두시고 가라사대 주역$^{周易}$은 개벽$^{開闢}$할 때 쓸 글이니 주역$^{周易}$을 보면 내 일을 알리라 하시니라

# 情 誼 圖

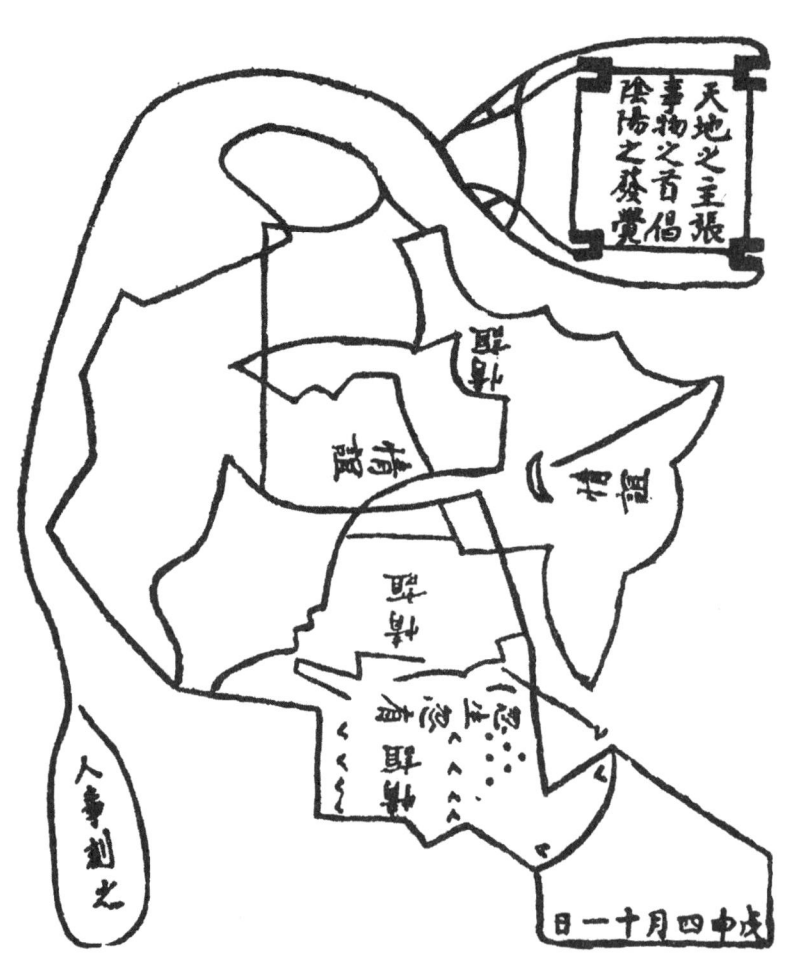

4:72  이 뒤에 전주全州 용머리 고개에 이르사 공우公又에게 일러 가라사대 천지天地에서 약기운藥氣運이 평양平壤으로 나렸으니 내일來日 평양平壤에 가서 약재藥材를 사오라 공우公又 대답對答하고 행장行裝을 수습하여 다시 명령命令이 있기를 기다리더니 이날 밤에 글을 써서 불사르시며 가라사대 평양서 약기운이 전주로 왔도다 하시고 김병욱金秉旭을 불러 약藥 삼백냥三百兩어치를 사오라 하시니라 수일 후에 구릿골로 돌아오사 밤나무로 약패藥牌를 만들어 패면牌面에 「광제국廣濟局」이라 각刻하여 글자 획劃에 경면주사鏡面朱砂를 바르신 뒤에 공우公又에게 명하여 가라사대 이 약패藥牌를 원평院坪 길거리에 붙이라 공우公又 대답하고 원평으로 가려 하거늘 물어 가라사대 이 약패藥牌를 붙일 때에 경관警官이 물으면 어떻게 대답하려하느뇨 공우公又 대하여 가로대 만국의원萬國醫員을 설립設立하여 죽은 자를 다시 살리며 눈먼 자를 보게 하며 앉은뱅이를 걷게 하며 그밖에 모든 병을 대소大小를 물론하고 다 낫게 하노라 하겠나이다 가라사대 네 말이 옳으니 그대로 하라 하시고 약패藥牌를 불사르시니라

4:73  약장藥藏은 아래에 큰 칸을 두고 그 위에 빼닫이 세 칸이 가로로 있고 또 그 위에 세로 셋 가로 다섯 합하여 열다섯 빼닫이 칸이 있는데 한가운데 칸에 「단주수명丹朱受命」이라 쓰시고 그 속에 목단피牧丹皮를 넣고 또 「열풍뇌우불미 烈風雷雨不迷」라 쓰시고 또 태을주太乙呪를 쓰셨으며 그 윗 칸에는 천화분天花粉 아랫 칸에는 금은화金銀花를 각각 넣고 양지洋紙를 오려서 칠성경七星經을 외줄로 내려 쓰신 뒤에 그 끝에 「우보상최등양명 禹步相催登陽明」이라 가로로 써서 약장藥藏 위로부터 뒤로 넘겨서 내려

붙였으며 궤 안에는 「팔문둔갑八門遁甲」이라 쓰시고 그 글자를 눌러서 「설문舌門」 두 자를 불 지짐을 하신 뒤에 그 주위周圍에 스물넉점을 붉은 물로 돌려 찍으시니라 전주로부터 약재藥材를 가져 올 때에 마침 비가 오거늘 가라사대 이는 약탕수藥湯水니라 하시니라

4∶74 약재藥材는 이상以上 세 가지 이외以外에 또 스물 네 가지인데 당귀當歸 천궁川芎 백작약白芍藥 숙지황熟地黃 목과木果 오매烏梅 원지遠志 석창포石菖蒲 독활獨活 강활羌活 창출蒼朮 형개荊芥 방풍防風 길경桔梗 전호前胡 백지白芷 진피陣皮 고련근苦練根 갈근葛根 목단피牧丹皮 감초甘草 지각枳殼 양강良薑 시호柴胡등 이러라 이 때에 응종應鍾이 여쭈어 가로대 시속時俗에 약국藥局에 인삼人蔘이 빠지지 아니한다 하는데 어찌 인삼人蔘이 들지 아니하였나이까 천사天師 가라사대 삼정蔘精은 가는 곳이 있느니라 응종應鍾이 가로대 어디로 가나이까 가라사대 형렬亨烈에게로 가느니라 하시니라

4∶75 약방藥房 벽壁 위에 「사농공상士農工商 음양陰陽 기동북이고수氣東北而固守 이서남이교통理西南而交通」과 그밖에 여러 글을 많이 써 붙이시고 백지白紙로 배접背接한 뒤에 자현自賢을 명하사 뜻 가는 대로 밥사발을 대고 배접背接한 곳을 오려 떼니 음자陰字가 나타나거늘 가라사대 정히 옳도다 음陰과 양陽을 말할 때에 음자陰字를 먼저 읽나니 이는 지천태地天泰니라 또 가라사대 약장藥藏은 곧 안장롱安欌籠이며 또 신주독神主櫝이니라 또 가라사대 이 종이를 뜯을 날이 속히 이르러야 하리라 하시니라 이 뒤에 대홍리大興里에 가사 고수부高首婦에게 일러 가라사대 약장藥藏은 곧 네 농籠바리가 되

리라 하시니라

4: 76  하루는 약방<sup>藥房</sup> 후원<sup>後園</sup>에 청죽<sup>靑竹</sup> 십여주<sup>十餘株</sup>를 친<sup>親</sup>히 심으신 뒤에 약방<sup>藥房</sup>에 갖추어둔 모든 물목<sup>物目</sup>을 기록<sup>記錄</sup>하여 공우<sup>公又</sup>와 광찬<sup>光贊</sup>에게 주시며 가라사대 이 물목기<sup>物目記</sup>를 금산사<sup>金山寺</sup>에 가지고 가서 그 곳에 봉안<sup>奉安</sup>한 석가불상<sup>釋迦佛像</sup>을 향하여 마음으로 업어다가 마당 서편<sup>西便</sup>으로 옮겨 세운다는 생각을 하면서 불사르라 하시니 두 사람이 금산사<sup>金山寺</sup>에 가서 명하신대로 행하니라 이로부터 몇 해 후에 금산사<sup>金山寺</sup>를 중수<sup>重修</sup>할 때에 석가불전<sup>釋迦佛殿</sup>을 마당 서편<sup>西便</sup>으로 옮겨 세우니 미륵전<sup>彌勒殿</sup> 앞이 넓어지니라

4: 77  하루는 종도<sup>從徒</sup>들에게 일러 가라사대 중천신<sup>中天神</sup>은 후사<sup>後嗣</sup>를 두지 못한 신명<sup>神明</sup>이요 황천신<sup>黃泉神</sup>은 후사<sup>後嗣</sup>를 둔 신명<sup>神明</sup>이라 중천신<sup>中天神</sup>은 의탁<sup>依託</sup>할 곳이 없으므로 황천신<sup>黃泉神</sup>에게 붙어서 물밥을 얻어 먹어왔나니 그러므로 원한<sup>怨恨</sup>을 품었다가 이제 나에게 하소연을 하니 이로부터는 중천신<sup>中天神</sup>에게 복<sup>福</sup>을 맡기어 사<sup>私</sup>가 없이 고르게 낳게 하려 하노라 하시니라

4: 78  하루는 여러날 동안 글을 쓰신 양지<sup>洋紙</sup>로 크게 권축<sup>卷軸</sup>을 만드신 뒤에 광찬<sup>光贊</sup> 형렬<sup>亨烈</sup> 갑칠<sup>甲七</sup> 윤근<sup>允根</sup> 경학<sup>京學</sup> 원일<sup>元一</sup> 등에게 명하여 가라사대 방안에서 문을 닫고 이 글축<sup>軸</sup>을 화로<sup>火爐</sup>에 불사르되 연기<sup>煙氣</sup>가 방안에 차게하여 다 사른 뒤에 문을 열라 일을 하려면 화지진<sup>火地晉</sup>도 하여야 하느니라 여러 사람이 명하신 대로 함에 연기가 방안에 가득차서 숨을 통하기 어려우므로 윤근<sup>允根</sup>과 원일<sup>元一</sup>

은 밖으로 나가고 남은 사람은 다 타기를 기다려서 문을 여니라

4: 79 하루는 응종應鍾이 이르거늘 천사天師 가라사대 황천신黃泉神이 이르니 황건역사黃巾力士의 숫대를 불사르리라 하시고 갑칠甲七을 명하사 짚 한 뭇을 물축여 잘라서 숫대를 만들어 화로火爐에 불사르시니라

4: 80 하루는 백암리白岩里 창조昌祚의 집에 계실 새 창조昌祚를 명하사 포대布袋를 지어서 벼 서말과 짚재를 섞어 넣은뒤에 응종應鍾에게 일러 가라사대 이 포대布袋를 가지고 네 집에 가서 항아리에 물을 붓고 그 속에 담궈두고 날마다 한번씩 둘러저으며 또 식혜 일곱 사발을 빚어 넣으라 내가 사흘 후에 네 집에 가리라 응종應鍾이 명을 받고 돌아가서 포대布袋를 물에 담궈두고 날마다 한 번씩 둘러 저으니 물빛이 잿빛이 되고 하늘도 또한 사흘 동안 잿빛이 되어 햇빛이 나지 아니하더라

4: 81 사흘 후에 응종應鍾의 집에 이르사 가라사대 이제 산하대운山河大運을 거두어 들이리라 하시고 이날 밤에 백지白紙로 고깔을 만들어 응종應鍾의 머리에 씌우고 포대布袋에 넣었던 벼를 꺼내어 그 집 사방에 뿌리며 백지白紙 일백이십장一百二十張과 양지洋紙 넉 장에 글을 써서 식혜에 버무려서 밤중에 인적人跡이 없을 때를 타서 시궁 흙에 파묻고 고깔 쓴 대로 세수洗手하라 하시니 응종應鍾이 명하신 대로 함에 문득 양미간兩眉間에 콩알과 같은 사마귀가 생겨나서 손에 거치더라 이튿날 아침에 벼 뿌리던 곳을 두루 살피니

하나도 남아 있는 것이 없더라

4: 82  하루는 공우<sup>公又</sup>에게 마음속으로 육임<sup>六任</sup>을 정<sup>定</sup>하라 하시거늘 공우<sup>公又</sup> 마음으로 육임<sup>六任</sup>을 생각하여 정할 새 한 사람을 생각하니 문득 불가하다 하시거늘 이에 다른 사람으로 바꾸어 정하였더니 이날 저녁에 이 여섯 사람을 부르사 하여금 밤중에 등불을 끄고 방안에서 돌아다니면서 시천주<sup>侍天呪</sup>를 읽게 하시니 문득 한 사람이 꺼꾸러지거늘 여러 사람이 놀라 읽기를 그치니 가라사대 놀라지 말고 계속하여 읽으라 하신지라 다시 계속하여 한 식경<sup>食頃</sup>을 지낸 뒤에 읽기를 그치고 불을 밝히니 손병욱<sup>孫秉旭</sup>이 거꾸러져 죽었는지라 가라사대 병욱<sup>秉旭</sup>에게 손병희<sup>孫秉熙</sup>의 기운<sup>氣運</sup>을 붙여 보았더니 이기지 못한다 하시며 물을 머금어서 얼굴에 뿜으시니 병욱<sup>秉旭</sup>이 겨우 정신<sup>精神</sup>을 돌리거늘 불러 가라사대 나를 부르라 하시니 병욱<sup>秉旭</sup>이 목안 소리로 겨우 천사<sup>天師</sup>를 부르니 곧 기운<sup>氣運</sup>이 회복<sup>恢復</sup>되는지라 이에 일러 가라사대 시천주<sup>侍天呪</sup>에 큰 기운<sup>氣運</sup>이 박혀있도다 또 가라사대 너를 그대로 두었더라면 밭두둑 사이에 엎드려져서 우마<sup>牛馬</sup>에게 밟힌 바가 되었으리라 또 가라사대 이 뒤에 괴이<sup>怪異</sup>한 병<sup>病</sup>이 온 세계를 엄습<sup>掩襲</sup>하여 몸 돌이킬 틈이 없이 이와 같이 사람을 죽일 때가 있으리니 그 위급<sup>危急</sup>한 때에 나를 부르라 하시니라 공우<sup>公又</sup>가 마음속으로 육임<sup>六任</sup>을 정할 때에 불가<sup>不可</sup>하다고 말씀하셨던 사람은 수일<sup>數日</sup> 후에 죽으니라

4: 83  오월<sup>五月</sup>에 고부<sup>古阜</sup> 와룡<sup>臥龍</sup> 문공신<sup>文公信</sup>의 집에 계실 새 김경학<sup>金京學</sup>이 와 뵈이니 경학<sup>京學</sup>에게 일러 가라사대

내일 일찍 태인泰仁 살포정에서 만나자 하시거늘 경학京學이 집으로 돌아갔다가 이튿날 조반朝飯 후에 살포정에 이르니 그 주막酒幕에서 행객行客 두 사람이 싸우고 있고 천사天師께서는 큰 길가 높은 곳에 돌아 앉으셨거늘 경학京學이 올라가서 인사를 드리니 천사天師께서 대답하실 뿐이오 여전히 돌아 앉으사 노기怒氣를 띠고 계신지라 경학京學은 무슨 일인지 알지 못하여 황공惶恐한 마음으로 모시고 섰을 따름이더니 이윽고 천사天師께서 싸우던 자들을 향하여 그만두라고 말씀하시니 그 사람들이 곧 싸움을 그치고 갈려 가는지라 경학京學이 여쭈어 가로대 어떠한 사람들이 싸웠나이까 가라사대 우리 국운國運을 위하여 정씨鄭氏를 없이 하였음에도 불구不拘하고 세상世上에서 정씨鄭氏의 노래가 끊어지지 아니하니 혹시 이씨李氏가 정씨鄭氏의 화禍를 받을 염려念慮가 있겠으므로 이제 그 살을 풀기 위하여 이씨李氏 기운氣運을 돋우고 정씨鄭氏의 기운氣運을 꺾어 버리는 공사公事를 보았노라 하시니라

4 : 84  하루는 태인泰仁 살포정에서 경학京學의 말을 타고 가실새 그 마부馬夫 총각總角이 다른 총각總角 두 사람을 상대相對하여 서로 머리채를 잡고 발길로 차며 싸우니 천사天師 문門 밖에서 노기怒氣를 띠고 계신지라 경학京學이 뒤쫓아 와서 싸움을 말려 마부馬夫와 다른 총각總角은 떼어 보냈으나 한 총각總角은 가지 않고 폭언暴言을 연발連發하고 있거늘 천사天師 술 한 잔盞을 주어 보내시니라 그 뒤에 공우公又가 그 사유事由를 물으니 가라사대 이씨李氏와 일본왕日本王과의 싸움을 붙였더니 이씨李氏가 패敗하였다 하시니라

4 : 85  김경학金京學에게 물어 가라사대 십인적十人敵이면 왕王이 되겠느냐 경학京學이 대對하여 가로대 적敵의 뜻을 모르겠나이다 천사天師 가라사대 일적一敵이 열 사람이니라 경학京學이 대對하여 가로대 십인적十人敵이면 왕王이 되지 못하겠나이다 또 물어 가라사대 백인적百人敵이면 어떠하겠으냐 대對하여 가로대 그도 불가하나이다 천인적千人敵이면 어떠하냐 그도 불가하나이다 만인적萬人敵이면 어떠하냐 그도 불가하나이다 십만인적十萬人敵이면 어떠하냐 경학京學이 이에 대하여 가로대 십만인적十萬人敵이면 가하나이다 천사天師 이에 글을 쓰사 불사르시니라

4 : 86  하루는 유찬명柳贊明으로 하여금 권지卷紙에 이십팔수자二十八宿字를 좌左로부터 횡서橫書한 후에 끊어서 자로 재니 일척一尺이 차거늘 이에 불사르시니라

4 : 87  유월六月에 대흥리大興里에 계실 새 공우公又를 명命하사 각처各處에 순회巡廻하여 종도從徒들로 하여금 스무하루 동안을 잠자지 말고 새벽에 한 시간時間씩만 자라 하시니라 경석京石이 여러날 동안 자지 못하여 심甚히 피곤疲困하더니 밖에 나갔다가 들어오는 길에 문앞 모시밭 가에 이르러 혼도昏倒하거늘 천사天師 가라사대 천자天子를 도모圖謀하는 자者는 다 죽으리라 하시니라

4 : 88  하루는 종도從徒들에게 일러 가라사대 이제 천하天下에 수기水氣가 말랐으니 수기水氣를 돌리리라 하시고 뒷산 피난동避難洞 안씨安氏 재실齋室에 가사 그 앞 우물을 댓가지로 한 번 저으시고 가라사대 음양陰陽이 고르지 못하니 재

실齋室에 가서 연고緣故를 물어오라 내성乃成이 대답對答하고 들어가서 물으니 사흘 전前에 재직齋直이는 죽고 그 아내만 있거늘 돌아와서 아뢴대 가라사대 다시 행랑行廊에 가보라 딴 기운氣運이 고이고 있도다 내성乃成이 행랑行廊에 들어가 보니 봇짐장수 남녀男女 두 사람이 들어 있거늘 돌아와서 아뢴대 이에 재실齋室 대청大廳에 오르사 여러 사람들로 하여금 서쪽 하늘을 바라보고 만수萬修를 크게 부르게 하시며 가라사대 이 가운데 수운가사水雲歌詞를 가진 자者가 있으니 가져오라 과연果然 한 사람이 가사歌詞를 내어올리고 물러가거늘 그 책 중간中間을 펴드시고 한 절節을 읽으시니 하였으되 「시운詩云 벌가벌가伐柯伐柯여 기측불원其測不遠이라 내 앞에 보는 것을 어길 바 없지마는 이는 도시都是 사람이요 부재어근不在於近이라 목전지사目前之事 쉽게 알고 심량深量없이 하다가서 말래지사末來之事 같잖으면 그 아니 내 한恨인가」라 하니라 처음에 가는 소리로 한번 읽으시니 맑은 날에 문득 뇌성雷聲이 일어나거늘 다시 크게 읽으시니 뇌성雷聲이 대포大砲소리와 같이 일어나서 천지진동天地震動하며 또 지진地震이 일어나서 여러 사람이 정신精神을 잃고 엎드러지거늘 내성乃成을 명命하사 각기 일으키니라

4：89 하루는 경석京石의 집 서쪽 벽에 이십사장二十四將과 이십팔장二十八將을 써 붙이시고 공우公又의 왼팔을 잡으시며 소리를 높여 만국대장萬國大將 박공우朴公又라고 부르시니라 이 뒤로 공우公又 어디를 심부름 가든지 문밖에 나서면 어디선가 방포성放砲聲이 나더라

4：90 하루는 태인泰仁 새울서 백암리白岩里로 가실 때에

공우(公又)가 모셨더니 문득 관운장(關雲長)의 얼굴로 변하사 돌아보시며 물어 가라사대 내 얼굴이 관운장(關雲長)의 얼굴과 같으냐 하시니 공우(公又)는 어떻게 대답하는 것이 좋을지 몰라서 알지 못한다고 대답하니 그와 같이 세 번을 물으시므로 이에 대답(對答)하여 가로대 관운장(關雲長)과 흡사(恰似)하나이다 하니 그 뒤로 본 얼굴로 회복(恢復)하시고 경학(京學)의 집에 이르러 공사(公事)를 행하시니라

4: 91  하루는 구릿골에 계실 새 한공숙(韓公淑)이 이르거늘 친히 술을 부으사 공숙(公淑)에게 주시며 가라사대 내 일을 많이 하였으니 술을 마시라 공숙(公淑)이 대하여 가로대 선생(先生)의 일을 한 바가 없나이다 가라사대 한 일이 있느니라 공숙(公淑)이 덩둘하여 술을 받아 마시고 한참 앉았다가 여쭈어 가로대 간밤 꿈에는 한 일이 있었나이다 가라사대 꿈에 한 일도 또한 일이니라 여러 사람이 공숙(公淑)에게 그 꿈을 물으니 가로대 선생이 내 집에 이르사 천하호구(天下戶口)를 성책(成冊)하여 오라 하시므로 대답(對答)하고 오방신장(五方神將)을 불러서 성책(成冊)하여 올림에 선생(先生)이 받아드신 것을 보았노라 하더라

4: 92  하루는 「천지대팔문 일월대어명 금수대도술 인간대적선 시호시호귀신세계 天地大八門 日月大御命 禽獸大道術 人間大積善 時乎時乎鬼神世界」라 써서 공우(公又)를 주사 신경수(申京洙)의 집 벽에 붙이라 하시며 가라사대 경수(京洙)의 집에 수명소(壽命所)를 정하노니 너희들은 모든 사람을 대할 때에 그 장처(長處)만 취(取)하여 호의(好意)를 둘 것이요 혹 단처(短處)가 보일지라도 잘 용서(容恕)하여 미워하는 마음을 두

지 말라 하시니라 이 때에 공우公又는 신경수申京洙 집에 함께 사는 고故로 공우公又를 시키심이러라 또 형렬亨烈에게 일러 가라사대 법法이란 것은 서울로부터 비롯하여 만방萬方에 펴 내리는 것이므로 서울경자京字 이름가진 사람의 기운氣運을 써야 할지라 그러므로 경수京洙의 집에 수명소壽命所를 정하노라 하시고 인하여 경학京學의 집에 대학교大學校를 정하시고 「다유곡기횡이입 비무탄로정난심多有曲岐橫易入 非無坦路正難尋」이라 써서 벽에 붙이라 하시고 경원京元의 집에 복록소福祿所를 정하시니라

4: 93  하루는 「천하자기신고부운회 천하음양신전주운회 천하통정신정읍운회 천하상하신태인운회 천하시비신순창운회 天下自己神古阜運回 天下陰陽神全州運回 天下通情神井邑運回 天下上下神泰仁運回 天下是非神淳昌運回」라 써서 불사르시고 또 가라사대 회문산回文山에 이십사혈二十四穴이 있고 변산邊山에 이십사혈二十四穴이 있어 각기 사람의 몸에 이십사추二十四椎를 응하여 큰 기운을 간직하였으니 이제 회문산回文山은 산군山君 변산邊山은 해왕海王의 도수度數로 정하여 천지공사天地公事에 그 기운을 쓰노라 하시니라

4: 94  하루는 형렬亨烈에게 일러 가라사대 내가 이제 화둔火遁을 묻었노니 너의 집에 불을 조심操心하라 만일萬一 너의 집에서 불이 나면 화신火神이 세력勢力을 얻어 온 세계世界에 큰 재앙災殃을 끼치리라 형렬亨烈이 놀래어 집안 사람들을 단속團束하여 종일終日토록 불을 조심操心하니라

4: 95  하루는 내성乃成을 명命하사 몽둥이로 마루장을 치

며 이제 병독<sup>病毒</sup>에 걸린 인류<sup>人類</sup>를 건지려면 일등방문<sup>一等方文</sup>이 여기 계신데 이등방문<sup>二等方文</sup>이 어찌 머리를 들리요 하여 꾸짖으라 하시니라 이 뒤에 안중근<sup>安重根</sup>이 하얼빈에서 이등박문<sup>伊藤博文</sup>을 쏘아 죽이니라

4: 96  하루는 구릿골에서 밤중에 글을 쓰시며 보경<sup>甫京</sup>을 명하여 가라사대 동쪽 하늘에 별이 나타났는가 보라 보경<sup>甫京</sup>이 밖에 나가서 우러러보고 대하여 가로대 검은 구름이 하늘을 가려서 별이 보이지 아니하나이다 천사<sup>天師</sup> 문을 열고 동쪽 하늘을 향하여 입으로 한번 부시니 구름이 흩어지고 별이 나타나니라

4: 97  팔월<sup>八月</sup> 열 여드렛 날 저녁에 천사<sup>天師</sup>께서 말을 타고 대흥리<sup>大興里</sup>에 오사 곧 안중선<sup>安重宣</sup> 차윤경<sup>車輪京</sup>을 불러 명<sup>命</sup>하여 가라사대 「이 길로 구릿골로 가서 일등교자<sup>一等轎子</sup>와 일등하인<sup>一等下人</sup>을 구하여 날 밝기 전에 당도하라 내일 수부<sup>首婦</sup>를 데리고 구릿골로 이사<sup>移徙</sup>하리라」 하시니 두 사람이 명을 받고 곧 떠나니라 이튿날 아침에 천사<sup>天師</sup>께서 수부<sup>首婦</sup>에게 일러 가라사대 「네가 구릿골로 가면 네 몸이 부서질 것이요 이곳에 있으면 네 몸이 크니 이곳에 있는 것이 옳으니라」 하시고 홀로 떠나사 살포정에 이르러 교자<sup>轎子</sup>를 만나매 드디어 말을 버리고 교자<sup>轎子</sup>로 바꾸어 타시고 구릿골로 가시니라

4: 98  구월<sup>九月</sup>에 천사<sup>天師</sup> 양지<sup>洋紙</sup> 일곱 조각에 각각<sup>各各</sup> 「병자기이발 장사병쇠왕관대욕생양태포 <sup>病自己而發 葬死病衰旺冠帶浴生養胎胞</sup>」라 써서 봉<sup>封</sup>하여 형렬<sup>亨烈</sup>을 주시며

가라사대 전주<sup>全州</sup>에 가서 아무아무 일곱 사람에게 나누어 주고 돌아오라 종도<sup>從徒</sup>들이 그 글 뜻을 묻거늘 가라사대 이제 말하여도 모를 것이요 성편<sup>成編</sup>한 뒤에는 스스로 알게 되리라 형렬<sup>亨烈</sup>이 명을 받고 전주<sup>全州</sup>에 이르러 김낙범<sup>金洛範</sup> 김병욱<sup>金秉旭</sup> 김광찬<sup>金光贊</sup> 김준찬<sup>金俊贊</sup> 김윤근<sup>金允根</sup> 다섯 사람에게 나누어 주고 그 밖에 두 사람을 만나지 못하여 전하지 못하고 돌아오니 천사<sup>天師</sup> 기다려서 전하지 아니 하였음을 꾸짖으시니라

4: 99　시월<sup>十月</sup>에 낙범<sup>洛範</sup>을 명<sup>命</sup>하사 백미<sup>白米</sup> 스무말을 약방<sup>藥房</sup>에 들여두었더니 형렬<sup>亨烈</sup>이 마침 양식<sup>糧食</sup>이 떨어져서 갑칠<sup>甲七</sup>로 하여금 그 쌀에서 반<sup>半</sup>말을 갈라내었더니 천사<sup>天師</sup> 알으시고 꾸짖으시니라

4: 100　시월<sup>十月</sup>에 천사<sup>天師</sup>께서 구릿골로부터 대흥리<sup>大興里</sup>에 오시어 종도<sup>從徒</sup>들과 함께 밖에 나가사 무를 뽑아 나누어 먹으시며 내일<sup>來日</sup> 고수부<sup>高首婦</sup>를 구릿골로 데려가실 의논<sup>議論</sup>을 하시고 들어오사 수부<sup>首婦</sup>에게 일러 가라사대 「내 털토수와 남바우를 네가 쓰고 우리 둘이 걸어갈지라 우리가 그렇게 걸어서 곳곳을 구경<sup>求景</sup>하며 가면 사람들이 우리를 보고 부러워하여 말하기를 저 양주<sup>兩主</sup>는 둘이 똑같아서 천정연분<sup>天定緣分</sup>이로다 하리니 세상<sup>世上</sup>사람들은 우리를 구경<sup>求景</sup>하고 우리는 세상사람을 구경하며 슬슬 걸어 가는 것이 좋으리라」 하시더니 그 이튿날 다시 말씀치 아니 하시니라

4: 101　이달에 고부<sup>古阜</sup> 와룡리<sup>臥龍里</sup>에 이르사 종도<sup>從徒</sup>들

에게 일러 가라사대 이제 혼란混亂한 세상世上을 바루려면 황극신皇極神을 옮겨 와야 하리니 황극신皇極神은 청국淸國 광서제光緖帝에게 응기應氣되어 있느니라 하시고 또 가라사대 황극신皇極神이 이 땅으로 옮겨오게 될 인연因緣은 송우암宋尤庵이 만동묘萬東廟를 세움으로부터 시작始作되었느니라 하시고 종도從徒들을 명하사 밤마다 시천주侍天呪를 읽게 하시되 친히 곡조曲調를 먹이사 며칠이 지난 뒤에 가라사대 이 소리가 운상運喪하는 소리와 같도다 하시고 또 가라사대 운상運喪하는 소리를 어로御路라 하나니 어로御路는 곧 임금의 길이라 이제 황극신皇極神의 길을 틔었노라 하시고 문득 상씨름이 넘어간다고 외치시더니 이때에 청국淸國 광서제光緖帝가 죽으니라 인하여 세계일가世界一家 통일정권統一政權의 공사公事를 행하실새 제자弟子들을 앞에 엎드리게 하시고 일러 가라사대 이제 만국제왕萬國帝王의 기운氣運을 걷어 버리노라 하시더니 문득 구름과 같은 이상異常한 기운氣運이 제왕帝王의 장엄莊嚴한 거동擧動의 모양貌樣을 이루어 허공虛空에 벌려 있다가 이윽고 사라지니라

4: 102   와룡리臥龍里 신경수申京洙의 집에서 공우公又에게 물어 가라사대 너의 살과 나의 살을 떼어 쓸 곳이 있으니 너의 뜻이 어떠하뇨 대對하여 가로대 쓸 곳이 있으면 쓰시옵소서 하였더니 그 뒤로 떼어 쓰신 일은 없으나 익일翌日부터 천사天師의 용모容貌와 공우公又의 용모容貌가 심히 수척瘦瘠하여 지는지라 공우公又 여쭈어 가로대 살을 떼어 쓰신다는 말씀만 하시고 행치는 아니 하셨는데 그 뒤로 선생先生과 저의 용모容貌가 함께 수척瘦瘠하여짐은 무슨 연고緣故이오니까 천사天師 가라사대 살은 이미 떼어 썼느니라 묵은 하

늘이 두 사람의 살을 쓰려하거늘 만일 허락하지 아니하면
이는 배은<sup>背恩</sup>이 되는 고<sup>故</sup>로 허락<sup>許諾</sup>한 것이로다 하시니라

    4: 103 하루는 종도<sup>從徒</sup>들에게 일러 가라사대 범의 성질
<sup>性質</sup>이 너무 사납다 하므로 내가 그 성질<sup>性質</sup>을 알아보려고
일찍 손바래기 뒷산에서 호둔<sup>虎遁</sup>을 하여 보았더니 일체<sup>一切</sup>
인류<sup>人類</sup>가 개나 돼지와 같이 보이니 범을 그대로 두면 인
간<sup>人間</sup>에 작해<sup>作害</sup>가 많겠으므로 종자<sup>種子</sup>만 남겨두고 없이 하
여버렸노라 하시니라

    4: 104 하루는 공사<sup>公事</sup>를 보실 때에 글을 써서 불사르
시며 가라사대 이는 천지귀신축문<sup>天地鬼神祝文</sup>이니라 하시니
이러하니라 「천지귀신축문 소원인도 원군불군 원부불부
원사불사 유군무신 기군하립 유부무자 기부하립 유사무학
기사하립 대대세세 천지귀신수찰 天地鬼神祝文 所願人道
願君不君 願父不父 願師不師 有君無臣 其君何立 有父無子
其父何立 有師無學 其師何立 大大細細 天地鬼神垂察」

    4: 105 하루는 원일<sup>元一</sup>과 덕겸<sup>德兼</sup>에게 명<sup>命</sup>하여 가라사
대 너희 두 사람이 덕찬<sup>德贊</sup>의 모친 방을 치우고 이레 동안
을 한 도수<sup>度數</sup>로 하여 문밖에 나가지 말고 중국<sup>中國</sup> 일을
가장 공평<sup>公平</sup>하게 재판<sup>裁判</sup>하라 이 재판<sup>裁判</sup>으로 중국일이 결
정<sup>決定</sup>되리라 두 사람이 명하신 대로 이레 동안 전심<sup>專心</sup>으
로 연구<sup>研究</sup>하더니 이레가 지난 뒤에 원일<sup>元一</sup>을 불러 물어
가라사대 중국재판<sup>中國裁判</sup>을 어떻게 하였느냐 대하여 가로
대 청조<sup>淸朝</sup>가 실정<sup>失政</sup>하고 열국<sup>列國</sup>의 침략<sup>侵略</sup>을 당<sup>當</sup>하여 백
성<sup>百姓</sup>이 의지<sup>依支</sup>할 곳이 없사오니 이는 하늘이 주는 기회

라 선생<sup>先生</sup>의 무상<sup>無上</sup>한 권능<sup>權能</sup>으로 이를 평정<sup>平定</sup>하시고 제위<sup>帝位</sup>에 오르사이다 옛 말에 천여불수<sup>天與不受</sup>면 반수기앙<sup>反受其殃</sup>이라 하였나이다 천사<sup>天師</sup> 대답치 아니 하시고 다시 덕겸<sup>德兼</sup>에게 물어 가라사대 너는 어떻게 재판<sup>裁判</sup>하였느냐 덕겸<sup>德兼</sup>은 이레 동안 연구<sup>研究</sup>하여도 요령<sup>要領</sup>을 얻지 못하였더니 묻는 말씀에 문득 생각이 나서 대하여 가로대 물중지대<sup>物重至大</sup>하기 세계<sup>世界</sup>에 짝이 없고 예악문물<sup>禮樂文物</sup>이 크게 발달<sup>發達</sup>되었던 대명제국<sup>大明帝國</sup>의 산하<sup>山河</sup>와 인민<sup>人民</sup>이 이적<sup>夷狄</sup>의 칭호<sup>稱號</sup>를 받던 청국<sup>淸國</sup>에게 정복<sup>征服</sup>되었으니 어찌 원한<sup>怨恨</sup>이 맺히지 아니하겠나이까 이제 그 국토<sup>國土</sup>와 주권<sup>主權</sup>을 회복<sup>恢復</sup>하게 함이 옳을까 하나이다 천사<sup>天師</sup> 무릎을 치시며 칭찬<sup>稱讚</sup>하여 가라사대 네가 재판<sup>裁判</sup>을 잘 하였도다 이 재판<sup>裁判</sup>으로 인하여 중국<sup>中國</sup>이 회복<sup>恢復</sup>하게 되리라 하시니 원일<sup>元一</sup>이 불평<sup>不平</sup>하여 가로대 이제 명<sup>明</sup>나라 백성<sup>百姓</sup>의 해원공사<sup>解冤公事</sup>로 돌리면 우리나라 일은 어떻게 하려 하시나이까 가라사대 중국<sup>中國</sup> 인민<sup>人民</sup>이 부흥<sup>復興</sup>하여야 우리도 이어서 부흥<sup>復興</sup>하게 되리라 중국<sup>中國</sup>이 오랫동안 조선<sup>朝鮮</sup>의 조공<sup>朝貢</sup>을 받아 왔으니 이 뒤로 스무다섯해 만이면 중국<sup>中國</sup>으로부터 보은신<sup>報恩神</sup>이 넘어오리라 하시니라

4 : 106 하루는 천사<sup>天師</sup> 남<sup>南</sup>으로 향하여 누으시며 덕겸<sup>德兼</sup>에게 일러 가라사대 내 몸에 파리가 앉지 못하게 잘 날리라 하시고 잠들으사 반시간<sup>半時間</sup>쯤 지난 뒤에 덕찬<sup>德贊</sup>이 덕겸<sup>德兼</sup>을 불러 점심<sup>點心</sup>을 먹으라 하니 덕겸<sup>德兼</sup>이 천사<sup>天師</sup>의 명령<sup>命令</sup>이 있음을 말하고 가지 아니 하거늘 덕찬<sup>德贊</sup>이 다시 가로대 잠들어 계시니 관계<sup>關係</sup>없다 하므로 인하야 모든 파리를 멀리 쫓고 발을 옮기려 할 새 천사<sup>天師</sup> 문득 일

어나 앉으시며 가라사대 네가 밥 얻어 먹으려 다니느냐 공사公事를 보는 중에 그런 법이 없나니 윤회輪回로 돌려먹으라 하시고 그 뒤에 덕겸德兼과 겸상兼床하여 잡수신 후 양지洋紙에 무수히 태극太極을 그려 놓으시고 또 그 사각四角에 다른 글자를 쓰신 후 덕찬德贊에게 동도지東桃枝를 꺾어오라 하사 덕겸德兼에게 일러 가라사대 태극을 세는데 열 번째에 가서는 동도지東桃枝를 물고 세도록 하라 하시므로 그대로 하여 다 세니 사십구개四十九個러라 천사天師 가라사대 맞았다 하시며 또 가라사대 만일 잘못 세었으면 큰 일이 나느니라 하시며 동도지東桃枝를 들으시고 큰소리를 지르신 뒤에 그 문축文軸을 약방藥房으로 가져다 불사르시니라 그 뒤에 양지洋紙에 용龍자 한 자를 써서 약방 우물에 넣으라 하사 그대로 하니 그 종이가 우물 속으로 들어가니라

4 : 107　하루는 공우公又를 명하사 고부古阜에 가서 돈을 주선周旋하여오라 하시어 약방藥房을 수리修理하신 뒤에 갑칠甲七을 명하사 활 한 개와 화살 아홉 개를 만들어오라 하시고 공우公又로 하여금 지천紙天을 쏘아 맞히게 하신 뒤에 가라사대 이제 구천九天을 맞쳤노라 하시고 또 가라사대 고부古阜 돈으로 약방藥房을 수리修理한 것은 선인포전仙人布氈 기운氣運을 씀이로다 하시니라

4 : 108　하루는 호담요虎毯褥를 펴 놓으시고 가라사대 만물萬物의 영장靈長이 되는 사람이 짐승을 제어制御함이 옳거늘 이 짐승은 사람을 잡아먹으니 어찌 변괴變怪가 아니리요 그 악기惡氣가 눈에 있으니 악기惡氣를 제除하리라 하시고 붓에 먹을 묻혀 그 눈을 찍으시니라

4: 109 하루는 약방<sup>藥房</sup>에서 백지<sup>白紙</sup> 한권을 가늘게 잘라서 풀을 붙여 이은 뒤에 한 끝은 사립문에 한끝은 집앞 감나무에 맞추어 떼어서 한끝을 약방 문구멍으로 꿰어서 방안에서 말아 감으시며 원일<sup>元一</sup>로 하여금 청솔가지로 불을 때어 부채로 부치게 하시니 집이 크게 흔들리므로 종도<sup>從徒</sup>들이 모두 놀라 문밖으로 뛰어 나가더라 감기를 다하여 측간<sup>廁間</sup> 붓고개에 달아매고 불을 피우라 하시고 경학<sup>京學</sup>을 명하여 빗자루로 부치라 하사 측간<sup>廁間</sup>이 다 타니 가라사대 종이가 덜 탔는가 보라 하시거늘 자세<sup>仔細</sup>히 살피니 과연<sup>果然</sup> 한 조각이 측간<sup>廁間</sup> 옆 대밭 대가지에 걸려서 남아있는지라 그대로 아뢰니 속히 태우라 하시거늘 명하신대로 하니 하늘을 우러러 보시며 가라사대 속하다 하시거늘 모두 우러러보니 햇머리가 서다가 한쪽이 터졌더니 그 남은 종이 조각이 탐에 따라 햇머리가 완전<sup>完全</sup>히 잇대어 서는지라 가라사대 이는 기차 기운을 돌리는 일이로다 하시니라

4: 110 하루는 창조<sup>昌祚</sup>의 집에 계실 새 짚을 물에 축여 상투 모양으로 맺기도 하고 풀기도 하시며 가라사대 머리를 깎으리니 가위를 가져오라 하시고 글을 써서 불사르신 뒤에 그 짚을 땅에 묻으시니라

4: 111 최창조<sup>崔昌祚</sup>의 집에서 종도<sup>從徒</sup> 수십인<sup>數十人</sup>을 둘러 앉히시고 각기 글 석자씩을 부르라 하시니 천자문<sup>千字文</sup>의 처음부터 부르기 시작<sup>始作</sup>하여 덕겸<sup>德兼</sup>이 일자<sup>日字</sup>까지 부르니 가라사대 덕겸<sup>德兼</sup>은 일본왕<sup>日本王</sup>도 좋아 보이는가보다 하시며 남을 따라 부르지 말고 각기 제 생각대로 부르라 하시니라 그 다음날 밤에 담배대 진을 쑤셔내시며 덕겸<sup>德兼</sup>

으로 하여금 한번 잡아 놓치지말고 뽑아내어 문밖으로 내어버리라 하시거늘 명하신 대로 하니 온 마을의 개가 일시에 짖는지라 덕겸<sup>德兼</sup>이 여쭈어 가로대 어찌 이렇듯 개가 짖나이까 가라사대 대신명<sup>大神明</sup>이 오는 까닭이니라 가로대 무슨 신명<sup>神明</sup>이니까 가라사대 시두 손님이니 천자국<sup>天子國</sup>이라야 이 신명<sup>神明</sup>이 들어오느니라 하시니라

　4： 112　하루는 양지<sup>洋紙</sup>책에 글을 무수<sup>無數</sup>히 써서 한 장씩 떼이사 종도<sup>從徒</sup>들로 하여금 마음대로 무수<sup>無數</sup>히 찢게하신 뒤에 한 조각씩 세어서 불사르시니 모두 삼백<sup>三百</sup>여든 세 조각이라 가라사대 한 조각이 부족<sup>不足</sup>하니 자세<sup>仔細</sup>히 찾으라 하시거늘 두루 찾으니 사람 그린 한 조각이 요<sup>褥</sup>밑에 들어 있는지라 이에 마저 불사르시며 가라사대 이것이 곧 황극수<sup>皇極數</sup>라 당요<sup>唐堯</sup> 때에 나타났던 수가 이제 다시 나타났도다 하시니라

　4： 113　하루는 등<sup>燈</sup>불을 처마에 달고 공사<sup>公事</sup>를 행하실 때에 가라사대 오랫만에 어렵게 빠져 나오도다 하시고 글을 쓰시니 이러하니라 「면분수구심생신 지원급사속망망 허면허소거래간 불토심정견여의 세월여유검극중 왕겁망재십년호 부지이지지부지 엄상한설대홍로　面分雖舊心生新 只願急死速亡亡　虛面虛笑去來間 不吐心情見汝矣 歲月汝遊劍戟中 往劫忘在十年乎 不知而知知不知　嚴霜寒雪大鴻爐」

　4： 114　동짓달에 고부<sup>古阜</sup> 와룡리<sup>臥龍里</sup>에 이르사 신경수<sup>申京洙</sup>의 집에 머무르시며 벽 위에 글을 써 붙이시니 이러하니라

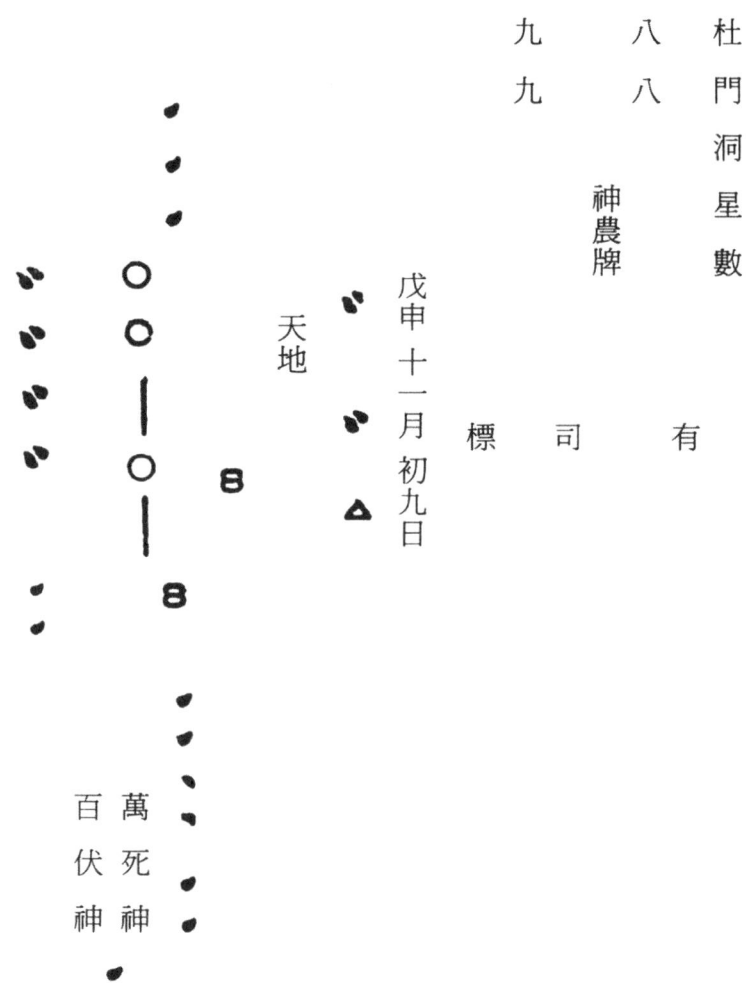

4：115  동짓달 스무 여드렛날 천사<sup>天師</sup> 정읍<sup>井邑</sup> 대흥리<sup>大興里</sup> 차경석<sup>車京石</sup>의 집에 이르사 포정소<sup>布政所</sup>를 정하시고 공사<sup>公事</sup>를 행하시니 대개 아래와 같으니라

4：116  하루는 천사<sup>天師</sup>께서 마당에 말<sup>斗</sup>을 엎어놓고 그 위에 요를 깔고 왼손에 칼과 오른손에 망치를 들고 앉으사 수부<sup>首婦</sup>로 하여금 땅에 앉게 하신 뒤에 말<sup>斗</sup>을 가리키시고 다시 수부<sup>首婦</sup>으로 하여금 칼과 망치를 들고 말<sup>斗</sup> 위에 앉게 하시고 천사<sup>天師</sup>께서 땅에 앉으사 수부<sup>首婦</sup>에게 말<sup>斗</sup>을 가리키시니라

4：117  하루는 천사<sup>天師</sup>께서 남<sup>南</sup>을 등지고 북<sup>北</sup>을 향하여 서시고 수부<sup>首婦</sup>로 하여금 북<sup>北</sup>을 등지고 남을 향하여 서게 하신 뒤에 그 가운데 술상<sup>床</sup>을 차려놓게 하시고 무수<sup>無數</sup>히 글을 써서 술상<sup>床</sup> 위에 놓으시고 수부<sup>首婦</sup>와 함께 서로 절하시니라

4：118  하루는 양지<sup>洋紙</sup>에 이십사<sup>二十四</sup> 방위자<sup>方位字</sup>를 둘러 쓰시고 중앙<sup>中央</sup>에 「혈식천추도덕군자<sup>血食千秋道德君子</sup>」라 쓰신 뒤에 가라사대 천지<sup>天地</sup>가 간방<sup>艮方</sup>으로부터 시작<sup>始作</sup>되었다 하나 그것은 그릇된 말이요 이십사방위<sup>二十四方位</sup>에서 한꺼번에 이루어졌느니라 하시고 또 가라사대 이 일은 남조선<sup>南朝鮮</sup> 배질이라 혈식천추도덕군자<sup>血食千秋道德君子</sup>의 신명<sup>神明</sup>이 배질을 하고 전명숙<sup>全明淑</sup>이 도사공<sup>都槎工</sup>이 되었느니라 이제 그 신명<sup>神明</sup>들에게 어떻게 하여 만인<sup>萬人</sup>에게 앙모<sup>仰慕</sup>를 받으며 천추<sup>千秋</sup>에 혈식<sup>血食</sup>을 끊임없이 받아오게 된 까닭을 물은즉 모두 일심<sup>一心</sup>에 있다고 대답<sup>對答</sup>하니 그러므로 일심

一心을 가진 자가 아니면 이 배를 타지 못하리라 하시고 모든 법을 행하신 뒤에 불사르시니라

4: 119  하루는 공사公事를 행하실 새 글을 쓰시며 가라사대 이것은 체면장體面章이니라 하시니 이러하니라

유세무신십이월칠일 維歲戊申十二月七日
     도술 道術    감소고우 敢昭告于
       황공복지문안   기체후만사불충불효무서신읍축어군어부어사 기체후대안천만복망복망
       惶恐伏地問安   氣體後萬死不忠不孝無序神泣祝於君於父於師 氣體後大安千萬伏望伏望

4: 120  하루는 여러 종도從徒들에게 소원所願을 물으시고 다시 경석京石에게 물으시니 경석京石은 열지裂地를 원願하거늘 가라사대 너는 병부兵部가 마땅하니라 하시니 경석京石이 불쾌不快히 여기는지라 천사天師 일러 가라사대 직신直神이 아니면 병권兵權을 맡기기 어려우므로 이제 특히 네게 맡기노라 하시니라

4: 121  섣달 스무날 종도從徒들에게 이십사二十四 절후節侯를 읽히시고 밤중에 경석京石의 집앞 버드나무 밑에 벌려 세우시고 북北쪽을 향하여 휘파람을 부시니 문득 방장산方丈山으로부터 실구름 한줄기가 일어나서 사방四方을 둘러 문턱 모양貌樣을 이루거늘 천사天師 훈계訓戒하여 가라사대 곤이내閫以內는 짐朕이 제지制之하고 곤이외閫以外는 장군將軍이 제지制之하라 하시니라

4 : 122  하루는 종도從徒들에게 명하사 과거過去의 모든 명장名將을 써들이라 하시니 경석京石이 여쭈어 가로대 창업군주創業君主도 명장名將이 되겠나이까 가라사대 그러하니라 경석京石이 모든 창업군주創業君主와 명장名將을 낱낱이 기록記錄하고 맨 끝에 전명숙全明淑을 써서 올린데 가라사대 왜 전명숙全明淑을 맨 끝에 썼느냐 경석京石이 대하여 가로대 왼편으로부터 보시면 전명숙全明淑이 첫머리가 되나이다 천사天師 가라사대 네 말이 옳도다 전명숙全明淑은 진실眞實로 만고명장萬古名將이라 백의한사白衣寒士로 일어나서 능能히 천하天下를 움직였느니라 하시니라

4 : 123  하루는 경석京石에게 일러 가라사대 전날에는 네가 나의 말을 쫓았거니와 이 공사公事에는 내가 네 말을 쫓으리니 모든 일을 묻는 대로 잘 생각하여 대답하라 하시고 물어 가라사대 서양西洋 사람이 발명發明한 모든 문명이기文明利器를 그대로 두어야 옳으냐 거두어버려야 옳으냐 대하여 가로대 그대로 두는 것이 인간생활人間生活에 이로울듯 하나이다 천사天師 가라사대 네 말이 옳으니 그들의 문명이기文明利器가 하늘로부터 내려온 것이니라 하시고 또 여러 가지를 물으신 뒤에 공사公事로써 결정決定하시니라

4 : 124  하루는 고수부高首婦로 하여금 춤추게 하시고 친히 장고를 치사 가라사대 이것이 천지天地굿이니 너는 천하일등무당天下一等巫堂이요 나는 천하일등재인天下一等才人이라 이 당黨 저 당黨 다 버리고 무당巫堂의 집에서 빌어야 살리라 하시고 인因하여 무당도수巫堂度數를 붙이시니라

4: 125   하루는 종이 서른 장되는 양지책洋紙冊에 앞 열다섯 장에는 면面마다 「배은망덕만사신 일양시생 背恩忘德萬死身 一陽始生」이라 쓰시고 뒤 열다섯 장에는 면面마다 「작지부지성의웅약 일음시생　作之不止聖醫雄藥　一陰始生」이라 쓰신 뒤에 경면주사鏡面朱砂 가루와 보시기 한 개를 놓고 광찬光贊에게 일러 가라사대 이 일은 살 길과 죽을 길을 결정決定하는 것이니 잘 생각하여 말하라 광찬光贊이 여쭈어 가로대 선영신先靈神을 부인否認하거나 박대薄待하는 자는 살 기운을 받기 어려울 것이로소이다 천사天師 한참 생각하시다가 가라사대 네 말이 옳도다 하시고 보시기를 종이로 싸서 주사朱砂 가루를 묻혀가지고 책장冊張마다 찍어 돌리시며 가라사대 이것이 마패馬牌니라 하시니라

4: 126   하루는 차윤경車輪京에게 일러 가라사대 저녁에 여덟 사람을 너의 집에 모아놓고 나에게 알리라 윤경輪京이 명命하신대로 여덟 사람을 약속約束하여 집에 모이게 하였더니 문득 아홉 사람이 모이게 된지라 윤경輪京이 천사天師께 사유事由를 고하니 가라사대 무방無妨하니 한사람은 나의 시종侍從으로 쓰리라 하시고 윤경輪京의 집에 이르사 등불을 끄신 뒤에 천사天師께서 한사람을 데리고 중앙中央에 서시고 여덟 사람을 팔방八方으로 벌려 세우신 뒤에 건감간진손이곤태乾坎艮震巽離坤兌를 외우게 하시고 방관傍觀한 종도從徒 이십여인二十餘人으로 하여금 각기 정좌定坐케하여 따라 외우게하사 밤이 깊어서 그치게 하신 뒤에 불을 켜시고 그 사람들에게 각기 훈계訓戒하신 뒤에 눈이 먼 차공숙車公淑에게 일러 가라사대 너는 통제사統制使라 연중年中 삼백육십일三百六十日을 맡았으니 돌아가서 삼백육십인三百六十人을 구하여오라 이 일

은 곧 팔봉<sup>八封</sup>을 맡기는 공사<sup>公事</sup>니라 공숙<sup>公淑</sup>이 명<sup>命</sup>을 받들고 돌아가서 수일<sup>數日</sup> 후에 한사람을 데리고 오거늘 천사<sup>天師</sup>께서 그 직업<sup>職業</sup>을 물으시니 농사<sup>農事</sup>에 전력<sup>專力</sup>하여 다른 출입<sup>出入</sup>이 없고 다만 추수<sup>秋收</sup> 후에 한번 시장<sup>市場</sup> 출입<sup>出入</sup>이 있을 따름임을 아뢴대 가라사대 참으로 순민<sup>淳民</sup>이로다 하시고 정좌<sup>定坐</sup>하여 잡념<sup>雜念</sup>을 두지 말라 하신 뒤에 윤경<sup>輪京</sup>에게 밖에 나가 구름이 어느 곳에 있는가 보라 하시니 윤경<sup>輪京</sup>이 나가 살핀즉 하늘이 맑고 오직 천사<sup>天師</sup> 계신 위에 돈잎 만한 구름 한 점이 떠 있을 뿐이거늘 윤경<sup>輪京</sup>이 그대로 아뢰니 가라사대 다시 나가서 그 구름이 어디를 향하여 퍼지는가 보라 윤경<sup>輪京</sup>이 다시 나가보니 벌써 구름이 온 하늘을 덮고 북쪽 하늘만 조금 터져서 가리우지 못하였는지라 그대로 아뢰니 가라사대 그 곳이 조금 터졌다고 안될 리 없으리라 하시고 두어 시간<sup>時間</sup> 후에 그 사람을 돌려보내시니라

4: 127 하루는 글을 써서 불사르시니 이러하니라 「인생세간하자미<sup>人生世間何滋味</sup>요 왈의왈식<sup>曰衣曰食</sup>이요 의식연후<sup>衣食然後</sup>에 왈색야<sup>曰色也</sup>라 고<sup>故</sup>로 지어의식색지도<sup>至於衣食色之道</sup>하여는 각수천지지기야<sup>各受天地之氣也</sup>니 혹세무민자<sup>惑世誣民者</sup>와 기인취물자<sup>欺人取物者</sup>도 역수천지지기야<sup>亦受天地之氣也</sup>니라」

4: 128 하루는 종도<sup>從徒</sup>들에게 일러 가라사대 있는 기운 그대로 풀어 버릴 수밖에 없다 하시고 상량공사<sup>上樑公事</sup>를 보실 때 경석<sup>京石</sup>에게 백목<sup>白木</sup>을 가져오라하사 공사<sup>公事</sup>를 보시다가 백목<sup>白木</sup>이 부족<sup>不足</sup>하다 하시고 경석<sup>京石</sup>으로 하여금 백목<sup>白木</sup>을 더 가져오라하사 이어서 공사<sup>公事</sup>를 마치시니라

4: 129　기유년$^{己酉年}$ 설날 경석$^{京石}$의 집에서 현무경$^{玄武經}$을 쓰시어 흰 병에 물을 담은 뒤에 양지$^{洋紙}$에 글을 써서 권축$^{卷軸}$을 지어 병$^{甁}$입을 막아 놓고 그 앞에 백지$^{白紙}$를 깔고 백지 위에 현무경$^{玄武經}$을 놓아 두시니라 천사$^{天師}$ 화천$^{化天}$하신 뒤에 병$^{甁}$마개를 빼어서 펴보니 「길화개길실 흉화개흉실$^{吉花開吉實 凶花開凶實}$」이라는 글과 병세문$^{病勢文}$도 쓰여 있었는데 병세문$^{病勢文}$은 이러하니라

　　　병유대세 病有大勢
　　　병유소세 病有小勢
　　　　　　대병무약 소병혹유약 연 대병지약 안심안신 소병지약 사물탕팔십첩
　　　　　　大病無藥 小病或有藥 然 大病之藥 安心安身 小病之藥 四物湯八十帖
　　　　　　　　기 도 祈 禱
　　　시천주조화정영세불망만사지 지기금지원위대강
　　　侍天主造化定永世不忘萬事知 至氣今至願爲大降
　　　대병출어무도 大病出於無道
　　　　　　소병출어무도 小病出於無道
　　　　　　득기유도즉 대병 물약자효 소병물약자효
　　　　　　得其有道則 大病 勿藥自效 小病勿藥自效
지기금지사월래 至氣今至四月來　　　　예장 禮章
　　　　　의 통 醫 統
　　　　　망기군자무도 忘其君者無道
　　　　　망기부자무도 忘其父者無道
　　　　　망기사자무도 忘其師者無道
　　　　　세무충세무효세무열 시고 천하개병
　　　　　世無忠世無孝世無烈 是故 天下皆病

병　세 病　勢
　　　유천하지병자 용천하지약 궐병내유
　　　有天下之病者 用天下之藥 闕病乃癒
성부 聖父
성자 聖子 원형리정봉천지도술약국 재전주동곡생사판단
　　　　　元亨利貞奉天地道術藥局 在全州銅谷生死判斷
성신 聖神
　　　대인대의 무병 大仁大義 無病
삼계복마대제신위원진천존관성제군
三界伏魔大帝神位願趁天尊關聖帝君
　　　지천하지세자 유천하지생기知天下之勢者 有天下之生氣
　　　암천하지세자 유천하지사기暗天下之勢者 有天下之死氣
　　　동유대성인 왈동학 東有大聖人 曰東學
　　　서유대성인 왈서학 도시교민화민
　　　西有大聖人 曰西學 都是敎民化民
　　　공자노지대사구 孔子魯之大司寇
　　　맹자선세제양지군 孟子善說濟梁之君
　　　근일일본국문신무신병무도통
　　　近日日本國文臣武臣並務道通
　　　　　조선국상계신중계신하계신　무의무탁　불가불문자
　　　　　계어인 궁상각치우 성인내작 선천하지직 선천하
　　　　　지업 직자의야 업자통야 성지직 성지업
　　　　　朝鮮國上計神中計神下計神　無依無托　不可不文字
　　　　　戒於人 宮商角徵羽 聖人乃作 先天下之職 先天下
　　　　　之業 職者醫也 業者統也 聖之職 聖之業

　　4: 130　또 종이에 철도선鐵道線을 그려놓고 북北쪽에 점點

을 치사 정읍<sup>井邑</sup>이라 쓰시고 남<sup>南</sup>쪽에 점<sup>點</sup>치사 사거리<sup>四街里</sup>
라 쓰신 뒤에 그 중앙에 점을 치려다가 그치기를 여러번
하시더니 대흥리<sup>大興里</sup>를 떠나실 때에 점을 치시며 가라사대
이 점이 되는 때에는 세상<sup>世上</sup>이 끝나게 되리라 하시니라

4：131  이튿날 모든 일을 마치시고 사흗날 고사<sup>告祀</sup>를
지내려 하실새 차문경<sup>車文京</sup>이 술이 취<sup>醉</sup>하여 고샅에 돌아다
니며 경석<sup>京石</sup>의 집에서 강모<sup>姜某</sup>가 역모<sup>逆謀</sup>한다고 큰 소리로
외치니 이 말이 천원<sup>川原</sup> 병참<sup>兵站</sup>에 들리어 헌병<sup>憲兵</sup>이 출동
<sup>出動</sup>하려 하는지라 천사<sup>天師</sup> 알으시고 고수부<sup>高首婦</sup>와 경석<sup>京石</sup>
에게 일러 가라사대 너희는 집을 지키고 나를 대신<sup>代身</sup>하여
내일<sup>來日</sup> 자정<sup>子正</sup>에 문틈을 봉하고 모든 제수<sup>祭需</sup>를 화로<sup>火爐</sup>
에 구으며 술병<sup>瓶</sup>은 마개만 빼고 지성<sup>至誠</sup>으로 심고<sup>心告</sup>하라
이것이 곧 고사<sup>告祀</sup>니라 하시고 떠나시니라 사흗날 새벽에
고수부<sup>高首婦</sup>와 경석<sup>京石</sup>이 명하신 대로 행한 뒤에 날이 밝으
니 일헌병<sup>日憲兵</sup> 수십명<sup>數十名</sup>이 몰려와서 천사<sup>天師</sup>를 찾다가
끝내 찾지 못하고 돌아가니라

4：132  이날 천사<sup>天師</sup> 백암리<sup>白岩里</sup> 경학<sup>京學</sup>의 집으로 가셨
더니 경석<sup>京石</sup>이 공우<sup>公又</sup>와 윤경<sup>輪京</sup>을 보내어 무사<sup>無事</sup>히 된
경과<sup>經過</sup>를 아뢰니 가라사대 내가 공사<sup>公事</sup>를 마친 뒤에 경
석<sup>京石</sup>을 시험<sup>試驗</sup>함이러니 무사<sup>無事</sup>히 겪어내니 다행<sup>多幸</sup>하도
다 하시니라

4：133  하루는 종도<sup>從徒</sup>들에게 물어 가라사대 일년중<sup>一年</sup>
<sup>中</sup>에 가장 속히 자라나는 물건<sup>物件</sup>이 무엇이뇨 모두 대<sup>竹</sup>로
써 대답<sup>對答</sup>하거늘 가라사대 대<sup>竹</sup>의 기운<sup>氣運</sup>이 만물중<sup>萬物中</sup>에
제일<sup>第一</sup> 크니 그 기운을 덜어쓰리라 하시더니 이 해에 대

가 크게 망하니라

4: 134  백암리<sup>白岩里</sup>로부터 구릿골 약방<sup>藥房</sup>에 이르러 계실때 여러 종도<sup>從徒</sup>들을 벌려 앉히시고 「삼국시절<sup>三國時節</sup>이 수지지어사마소<sup>誰知止於司馬昭</sup>」를 큰 소리로 읽히시니라

4: 135  하루는 공사<sup>公事</sup>를 보실새 글을 쓰시니 이러하니라
　　일삼오칠구 一三五七九
　　이사육팔십 二四六八十
　　　성기국 총묘천지신 기지천지신
　　　成器局 塚墓天地神 基址天地神
　　　운 영대사해박 득체 득화 득명
　　　運 靈臺四海泊 得體 得化 得明

4: 136  하루는 공사<sup>公事</sup>를 보실새 글을 쓰시니 이러하니라
　　　도전어야 천개어자 철환천하 허령
　　　道傳於夜 天開於子 轍環天下 虛靈
　　　교봉어신 지벽어축 불신간아족지각
　　　教奉於晨 地闢於丑 不信看我足知覺
　　　덕포어세 인기어인 복중팔십년신명
　　　德布於世 人起於寅 腹中八十年神明

4: 137  하루는 공사<sup>公事</sup>를 보실새 글을 쓰시니 이러하니라
　　　무내팔자지기금지원위대강
　　　無奈八字至氣今至願爲大降
　　　욕속부달시천주조화정영세불망만사지
　　　欲速不達侍天主造化定永世不忘萬事知
　　　구년홍수칠년대한천추만세세진

         九年洪水七年大旱千秋萬歲歲盡
         불선유　佛仙儒
         일원수　육십삼합위길흉도수
         一元數　六十三合爲吉凶度數
         십이월이십육일재생신강일순
         十二月二十六日再生身姜一淳


4：138　하루는 공사公事를 보실새 글을 쓰시니 이러하니라
         오주　五呪
         천문지리　풍운조화　팔문둔갑　육정육갑　지혜용력
         天文地理　風雲造化　八門遁甲　六丁六甲　知慧勇力
         도통천지보은
         道通天地報恩


4：139　하루는 공사公事를 보시며 글을 쓰시니 이러하니라
         지왈　천지화복지
         至日　天地禍福至
         기왈　천지화복기
         氣日　天地禍福氣
         금왈　지무망
         今日　至無忘
         강왈　천지화복강
         降日　天地禍福降


4：140　하루는 공사公事를 보시며 글을 쓰시니 이러하니라
         성사　聖師
         의통　醫統　　경주용담　慶州龍潭
         무극신 대도덕봉천명봉신교대선생전여율령심행

無極神 大道德奉天命奉神敎大先生前如律令審行
선지후각 원형리정포교오십년공부
先知後覺 元亨利貞布敎五十年工夫

4 : 141  하루는 공사公事를 보시며 글을 쓰시니 이러하니라
「천하분운 자작사당 이불안성상지심 이불안성부지심 이불안교사지심 天下紛紜 自作四黨 以不安聖上之心 以不安聖父之心 以不安敎師之心」

4 : 142  하루는 공사公事를 보시며 글을 쓰시니 이러하니라
「불지형체 선지조화 유지범절 佛之形體 仙之造化 儒之凡節」

4 : 143  하루는 공사公事를 보시며 글을 쓰시니 이러하니라
「한담서화閑談敍話로 가기풍진可起風塵이오 한담서화閑談敍話로 능소풍진能掃風塵이니라」 또 「천지종용지사天地從容之事도 자아유지自我由之하고 천지분란지사天地紛亂之事도 자아유지自我由之니라」

4 : 144  하루는 공사公事를 보시며 글을쓰시니 이러하니라
「불수편애편오왈인 불수전강전편왈예 불수전시전비왈의 불수자총자명왈지 불수남물남욕왈신 不受偏愛偏惡曰仁 不受專强專偏曰禮 不受全是全非曰義 不受恣聰恣明曰智 不受濫物濫慾曰信」

4 : 145  하루는 공사公事를 보시며 글을 쓰시니 이러하니라
「덕무이명 과징비식 德懋耳鳴 過懲鼻息」 「잠심지하도 덕존언 반장지간병법재언 潛心之下道德存焉 反掌之間兵法在焉」

4: 146  하루는 공사公事를 보시며 글을 쓰시니 이러하니라
「비인정불가근 비정의불가근 비의회불가근 비회운불가근 비운통불가근 비통령불가근 비영태불가근 비태통불가근 非人情不可近 非情義不可近 非義會不可近 非會運不可近 非運通不可近 非通靈不可近 非靈泰不可近 非泰統不可近」

4: 147  하루는 공사公事를 보시며 글을 쓰시니 이러하니라
「정심수신제가치국평천하 위천하자불고가사 걸악기시야 탕선기시야 천도교걸어악 천도교탕어선 걸지망 탕지흥 재이윤 正心修身齊家治國平天下 爲天下者不顧家事 桀惡其時也 湯善其時也 天道敎桀於惡 天道敎湯於善 桀之亡 湯之興 在伊尹」 「속수지지 갈공모계 불능선사 와해지여 한신병선 역무내하 束手之地 葛公謀計 不能善事 瓦解之餘 韓信兵仙 亦無奈何」

4: 148  하루는 공사公事를 보시며 글을 쓰시니 이러하니라
「궐유사상포일극 구주운조락서중 도리불모금수일 방위기맹초목풍 개벽정신흑운월 편만물화백설송 남아숙인선삼재 하산불양만고종 厥有四象包一極 九州運祖洛書中 道理不暮禽獸日 方位起萌草木風 開闢精神黑雲月 遍滿物華白雪松 男兒孰人善三才 河山不讓萬古鍾」 「구마일도금산하기천년간기만리 포운태운양세계 대도일월왕성령 龜馬一圖今山河 幾千年間幾萬里 胞運胎運養世界 帶道日月旺聖靈」 「원형리정도일월 조인장부통명명 元亨利貞道日月 照人腸腑通明明」

4: 149  하루는 윤경輪京이 이르거늘 천사天師 일러 가라사

대 천지天地에서 현무玄武가 쌀을 부르니 네 형兄의 기운을 써야 할지라 돌아가서 네 형兄에게 혀와 입술을 움직이지 말고 시천주侍天呪를 읽되 기거起居 동작動作 할 때라도 잠시暫時도 쉬지 말고 읽게하라 하시니라

4：150 하루는 약방藥房에 가서 종도從徒 여덟 사람을 벌려 앉히시고 사물탕四物湯 한첩帖을 지어 그 봉지에 사람을 그리사 두 손으로 드시고 시천주侍天呪 세 번을 읽으신 뒤에 여러 사람에게 차례次例로 돌려서 그와 같이 시키시고 「남조선南朝鮮 배가 범피중류汎彼中流로다」라고 노래하시며 가라사대 상륙上陸하였으니 풍파風波는 없으리라 하시니라

4：151 하루는 약방藥房에서 삼십육만신三十六萬神을 쓰시고 운장주雲長呪를 쓰사 종도從徒들로 하여금 칠백번씩七百番式 외우라 하시며 가라사대 이제 국가國家에나 사가私家에나 화둔火遁을 묻었는데 날마다 바람이 불다가 그치고 학담으로 넘어가니 사람이 많이 상傷할까하여 그리하노라 하시니라

4：152 하루는 전주全州 용머리 고개에 계실 새 광찬光贊으로 하여금 방약합편方藥合編에 있는 약藥 이름에 주묵朱墨으로 점點치라 하사 불사르시니라

4：153 하루는 종도從徒들에게 일러 가라사대 이제 청국淸國 일을 볼 터인데 길이 너무 멀어서 가기가 어려우므로 청주淸州 만동묘萬東廟에 가서 천지신문天地神門을 열고자하나 또한 가기가 불편하니 다만 음동音同을 취取하여 청도원淸道院에 그 기운氣運을 붙여서 일을 보려 하노라 하시고 형렬亨烈과

공우公又를 데리고 청도원淸道院으로 가실 때 청도원淸道院 고개에 이르사 성황묘城隍廟 마루에 잠깐 쉬어 앉으셨다가 다시 일어나시며 가라사대 청국淸國은 아라사俄羅斯 군사軍士에게 맡길 수 밖에 없노라 하시고 김송환金松煥의 집에 이르사 글을 써서 불사르시고 밤에 유찬명柳贊明의 집에서 유하시면서 대신문大神門을 열고 공사公事를 보실 새 무수無數한 글을 써서 불사르시니라

4 : 154  하루는 약방藥房 마루에 앉으시고 유찬명柳贊明을 마루 밑에 앉히사 순창淳昌 오선위기五仙圍碁와 장성長城 옥녀직금玉女織錦과 무안務安 호승예불胡僧禮佛과 태인泰仁 군신봉조君臣奉詔를 쓰이시고 또 청주淸州 만동묘萬東廟를 쓰시어 불사르시니라 이 때에 찬명贊明이 좀 방심放心하였더니 천사天師 가라사대 신명神明이 먹줄을 잡고 섰는데 어찌 방심放心하느냐 하시니라

4 : 155  하루는 용머리 고개에 계실 새 마당에 촛불을 밝히시고 「천유일월지명 지유초목지위 천도재명고 인행어일월 지도재위고 인생어초목 天有日月之明 地有草木之爲 天道在明故 人行於日月 地道在爲故 人生於草木」이라는 글을 써서 불사르시니 구름이 가득차고 바람이 급히 불며 비가 내리되 촛불은 꺼지지 아니하니라 천사天師 찬명贊明을 명命하사 서북西北쪽 하늘에 별이 나타났는가 보라 하시니 찬명贊明이 우러러 살핌에 다만 구름사이에 별 한 개가 보이거늘 그대로 아뢰니 다시 동남東南쪽 하늘을 보라 하시거늘 또 우러러보니 구름이 많이 흩어지고 별이 많이 보이는지라 그대로 아뢰니 가라사대 서북西北은 살아날 사

람이 적고 동남<sup>東南</sup>은 살아날 사람이 많으리라 하시니라

4: 156  하루는 종도<sup>從徒</sup>들에게 일러 가라사대 오늘은 청국<sup>淸國</sup> 만리창신명<sup>萬里廠神明</sup>이 이르리니 대접<sup>待接</sup>하여야 하리라 하시고 술을 사서 종도<sup>從徒</sup>들과 더불어 마시시니라

4: 157  하루는 청국<sup>淸國</sup> 기우제<sup>祈雨祭</sup>를 지내리라 하시고 돝 한 마리를 잡아서 찜하고 소주를 사서 종도<sup>從徒</sup>들과 더불어 마시시니라

4: 158  사월<sup>四月</sup>에 전주<sup>全州</sup> 용머리고개 김주보<sup>金周甫</sup>의 집에 계실새 이치복<sup>李致福</sup>이 이르거늘 가라사대 이런 때에 나이 적은 사람이 나이 많은 사람의 절을 받느니라 하시고 치복<sup>致福</sup>에게 사배<sup>四拜</sup>를 받으시니라 천사<sup>天師</sup> 가라사대 금년<sup>今年</sup>에는 비가 없나니 만일<sup>萬一</sup> 오늘 비가 오지 아니하면 천지<sup>天地</sup>의 동과혈<sup>冬瓜穴</sup>이 말라 죽을지라 그러므로 서양<sup>西洋</sup>으로부터 우사<sup>雨師</sup>를 불러 넘겨 비를 주리라 하시고 술상<sup>床</sup>을 부르사 치복<sup>致福</sup>에게 술 두 잔을 주시고 한 잔은 요강에 부으시니 요강에는 피가 좀 있더라

4: 159  다시 양지<sup>洋紙</sup> 석장을 펴놓고 귀마다 「천곡<sup>泉谷</sup>」이라 쓰시거늘 치복<sup>致福</sup>이 여쭈어 가로대 어떠한 사람이니이까 가라사대 옛날에 원노릇 가서 절사<sup>節死</sup>한 사람이니라 하시고 치복<sup>致福</sup>과 송환<sup>松煥</sup>을 명하사 양지<sup>洋紙</sup>를 마주잡아들게 하시고 가라사대 그 모양<sup>貌樣</sup>이 상여<sup>喪轝</sup>의 호방산<sup>護防傘</sup>과 같도다 하시고 양지<sup>洋紙</sup>를 땅에 놓게 하신 뒤에 갑칠<sup>甲七</sup>을 명하사 가라사대 밖에 나가서 하늘에 구름이 있는가 보라

갑칠<sup>甲七</sup>이 나가보니 서<sup>西</sup>쪽 하늘에 한점의 구름이 있거늘 돌아와 아뢰니 가라사대 구름이 하늘을 덮었는가 보라 하시거늘 다시 나가 보니 경각<sup>頃刻</sup>에 구름이 하늘을 덮었는지라 들어와 아뢰니 양지중앙<sup>洋紙中央</sup>에 호승예불<sup>胡僧禮佛</sup> 군신봉조<sup>君臣奉朝</sup> 오선위기<sup>五仙圍碁</sup> 선녀직금<sup>仙女織錦</sup>이라 쓰시며 치복<sup>致福</sup>에게 일러 가라사대 궁을가<sup>弓乙歌</sup>에 「사명당<sup>四明堂</sup>이 갱생<sup>更生</sup>」이란 말을 중 사명당<sup>四溟堂</sup>이란 말로 알아 왔으나 그릇된 말이요 이 사명당<sup>四明堂</sup>을 이름이라 조화<sup>造化</sup>는 불법<sup>佛法</sup>에 있으니 호승예불<sup>胡僧禮佛</sup> 기운<sup>氣運</sup>을 걷어 조화<sup>造化</sup>를 쓰고 무병장수<sup>無病長壽</sup>는 선술<sup>仙術</sup>에 있으니 오선위기<sup>五仙圍碁</sup> 기운을 걷어 무병장수<sup>無病長壽</sup>케 하고 군신봉조<sup>君臣奉朝</sup>는 장상<sup>將相</sup>이 왕명<sup>王命</sup>을 받는 것이니 그 기운을 걷어 나라를 태평케 할 것이요 선녀직금<sup>仙女織錦</sup>은 선녀<sup>仙女</sup>가 비단을 짜는 것이니 그 기운<sup>氣運</sup>을 걷어 창생<sup>蒼生</sup>에게 비단옷을 입히리니 유월<sup>六月</sup> 보름날 신농씨<sup>神農氏</sup> 제사<sup>祭祀</sup>를 지내고 나서 일을 행하리라 올해가 천지<sup>天地</sup>의 한문<sup>捍門</sup>이라 이제 일을 하지 못하면 일을 이루지 못하리라 하시니라

4: 160  또 양지<sup>洋紙</sup>에 이십칠년<sup>二十七年</sup>이라 쓰시거늘 그 뜻을 물은대 가라사대 홍성문<sup>洪成文</sup>이 회문산<sup>回文山</sup>에서 이십칠년<sup>二十七年</sup> 동안 헛공부<sup>虛工夫</sup>를 하였다 하니 이로부터 이십칠년<sup>二十七年</sup> 동안 헛도수<sup>虛度數</sup>가 있노라 또 양지<sup>洋紙</sup> 한 장을 열두 조각으로 내어 조각마다 글을 쓰신 뒤에 한 조각은 친히 불사르시고 열한 조각은 치복<sup>致福</sup>을 명하여 불사르시니 문득 비가 크게 내려 이 비로 인하여 보리를 잘 먹게 되니라

4：161 이 뒤에 치복致福과 여러 종도從徒들에게 일러 가라사대 불가지佛可止는 불佛이 가可히 그칠 곳이란 말이요 그 곳에서 가활만인可活萬人이라고 일러 왔으니 그 기운氣運을 걷어 창생蒼生을 건지리라 하시고 교자轎子를 타고 불가지佛可止로 가시며 옛글 한 수를 외우시니 이러하니라 「금옥경방 시역려 석문태벽검위사 사동초미수능해 죽관현심자불리 포락효성상가리 토장춘류일상수 혁원옹필유하익 목사경우의양이 金玉瓊房視逆旅 石門苔壁儉爲師 絲棟蕉尾誰能解 竹管絃心自不離 鮑落曉星霜可履 土墻春柳日相隨 革援瓮畢有何益 木耜耕牛宜養頤」를 외우시며 김성국金成國의 집에 이르사 용둔龍遁을 하리라 하시고 양지洋紙 이십장二十張을 각각 길이로 팔절八折 넓이로 사절四折로 잘라 책冊을 매시고 보시기에 실로 「미米」표와 같이 둘러매어 오색五色으로 그 실올을 물들이시고 보시기 변두리에는 푸른 물을 발라 책장冊張마다 찍어 돌리신 뒤에 그 책장冊張을 다 떼어 풀로 붙여서 연폭連幅하여 사절四折로 꺾어 접어서 시렁에 걸어놓으시니 오색찬란五色燦爛한 문채文彩가 용형龍形과 같더라 이에 그 종이를 걷어서 교자轎子를 내려놓았던 자리에 불사르시니라

4：162 다시 비에 물을 적셔 그 방벽房壁에 인형人形을 그리고 그 앞에 청수淸水를 놓고 꿇어앉으사 상여喪輿 소리를 하시며 가라사대 이마두利瑪竇를 초혼招魂하여 광주光州 무등산無等山 상제봉조上帝奉朝에 장사葬事하고 최수운崔水雲을 초혼招魂하여 순창淳昌 회문산回文山 오선위기五仙圍碁에 장사葬事하노라 하시고 종도從徒들에게 이십사절二十四節을 읽히시며 가라사대 그 때도 이 때와 같아서 천지天地의 혼란混亂한 시국時局을 광

정匡正하려고 당태종唐太宗을 내고 다시 이십사절二十四節을 응應하여 이십사장二十四將을 내어 천하天下를 평정平定하였나니 너희들도 장차將次 그들 못지 않은 대접待接을 받으리라 하시니라

4: 163  이 공사公事를 마치시고 덕찬德贊을 데리고 싸리재를 넘어 오시다가 고사리 뜯는 노구老嫗가 지나감을 보시고 그에게 향하여 중이 동냥을 비노라 하시니 노구老嫗 가로대 없나이다 하거늘 천사天師 다시 비시니 가로대 쌀 두되만 있나이다 하거늘 가라사대 그 중에서 한 홉만 베풀기를 원하노라 노구老嫗 허락許諾하거늘 그 쌀을 받으시며 덕찬德贊에게 일러 가라사대 중은 본래本來 걸식乞食 하는 것이니 이 땅을 불가지佛可止라 함이 옳도다 하시니라

4: 164  청도원淸道院 김송환金松煥의 집에 이르시니 마침 신경원辛京元이 이르는지라 가라사대 네가 올줄 알았노라 하시고 양지洋紙 한장을 주어 유불선儒佛仙 석자를 쓰이신 뒤에 천사天師 유자儒字 옆에 니구尼丘라 쓰시고 선자仙字 옆에 고현古縣이라 쓰시고 불자佛字 옆에 서역西域이라 쓰사 불사르시고 이 길로 약방藥房에 돌아오사 각처各處 종도從徒들에게 유월六月 스무날 약방藥房으로 모이라고 통지通知를 띄우시니라

4: 165  하루는 종도從徒들에게 일러 가라사대 내가 천지공사天地公事를 맡아봄으로부터 연사年事를 맡아서 일체一切 아표신餓莩神을 천상天上으로 올려 보냈노니 이 뒤로는 굶어죽는 폐단弊端이 없으리라 하시니라

4：166　하루는 종도從徒들에게 일러 가라사대 묵은 하늘이 사람을 죽이는 공사公事만 보고 있도다 이 뒤에 일용백물日用百物이 모두 핍절乏絶하여 살아 나갈 수 없게 되리니 이제 뜯어 고치지 않을 수 없노라 하시고 사흘동안 공사公事를 보신 뒤에 가라사대 간신艱辛히 연명延命은 해나가게 하였으나 장정壯丁의 배는 채워주지 못하게 되리니 배고프다는 소리가 구천九天에 사무치리라 하시니라

4：167　하루는 종도從徒들에게 일러 가라사대 내가 이 공사公事를 맡고자함이 아니로대 천지신명天地神明이 모여들어 법사法師가 아니면 천지天地를 바로잡을 수 없다 하므로 괴롭기는 한량限量없으나 어찌 할 수 없이 맡게 되었노라 하시니라

4：168　천사天師 매양 뱃소리를 하시거늘 종도從徒들이 그 뜻을 묻자 조선朝鮮을 장차將次 세계世界 상등국上等國으로 만들려면 서양신명西洋神明을 불러 와야 할지라 이제 배에 실어 오는 화물표貨物標를 따라서 넘어오게 되므로 그러하노라 하시니라

4：169　하루는 글을 많이 써서 종도從徒들에게 주사 태인泰仁 신방죽 쇠부리깐에 가서 그 풀무불에 넣어 사르라 하시거늘 종도從徒들이 명하신대로 하였더니 수일數日 후에 김갑칠金甲七을 명命하사 전주全州 김병욱金秉旭에게 가서 세상世上 소문所聞을 들어오라 하시거늘 갑칠甲七이 병욱秉旭에게 가니 때마침 일본日本 신호神戶에 큰 화재火災가 일어나서 피해被害가 많다 하는지라 갑칠甲七이 돌아와서 그대로 아뢰니

천사天師 가라사대 일본日本은 너무 강렬強烈한 지기地氣가 모여 있으므로 그 민족성民族性이 사납고 탐욕貪慾이 많고 침략열侵略熱이 강하여 우리나라가 예로부터 그들의 침로侵擄를 받아 편할 날이 적었나니 그 지기地氣를 뽑아 버려야 우리나라도 장차將次 편할 것이요 저희들도 또한 뒷날 안전을 누리리라 그러므로 내가 이제 그 지기地氣를 뽑아버리기 위하여 전날 신방죽 공사公事를 보았는데 신방죽神濠과 어음語音이 같은 신호神戶에 화재火災가 일어난 것은 장래에 그 지기地氣가 크게 뽑혀질 징조徵兆니라 하시니라

4: 170  천사天師 간혹 수십일씩數十日式 굶으사 가라사대 뒷날 박복薄福한 중생衆生에게 식록食祿을 붙여줌이로다 하시고 또 여름에 솜옷을 입으시며 겨울에 홑옷을 입으신 때가 많으사 가라사대 뒷날 빈궁貧窮에 빠진 중생衆生으로 하여금 옷을 얻게 함이로다 하시니라

4: 171  하루는 이도삼李道三에게 일러 가라사대 사람을 해롭게 하는 물건物件을 낱낱이 헤이라 하시니 도삼道三이 범과 사자와 이리로부터 모기와 이와 벼룩과 빈대에 이르기까지 자세仔細히 세어 아뢰자 천사天師 가라사대 후천後天에는 사람을 해롭게 하는 물건物件을 모두 없애리라 하시니라

4: 172  유월六月 스무 이튿날 약방藥房 마당에 자리를 깔고 천사天師 그 위에 누우사 치복致福을 명하여 새 자리를 그 앞에 펴라 하시더니 문득 공자孔子를 부르시며 가라사대 소정묘小正卯를 죽였으니 어찌 성인聖人이 되며 삼대출처三代出妻를 하였으니 어찌 제가齊家하였다 하리요 그대는 이곳에서

쓸데없으니 딴 세상世上으로 갈지어다 하시고 또 석가모니釋迦牟尼를 부르사 가라사대 수음樹陰 속에 깊이 앉아 남의 자질子侄을 유인誘引하여 부모父母의 윤기倫紀와 음양陰陽을 끊게하여 인종人種을 멸절滅絶시키려 하니 그대가 국가國家를 아느냐 선영先靈을 아느냐 창생蒼生을 아느냐 그대는 이곳에서 쓸데없으니 딴 세상世上으로나 갈지어다 하시고 또 노자老子를 부르사 가라사대 세속世俗에 산모産母가 열달이 차면 신 벗고 침실寢室에 들어앉을 때마다 신을 다시 신게 될까하여 사지死地에 들어가는 생각이 든다 하거늘 여든 한해를 어미 뱃속에 있었다하니 그런 불효不孝가 어디 있으며 그대가 이단異端 팔십권八十卷을 지었다하나 세상世上에서 본 자가 없고 나도 못 보았노라 그대도 이 세상世上에서 쓸데 없으니 딴 세상世上으로나 갈지어다 하시니라

4: 173 　천사天師 천지공사天地公事를 마치신 뒤에 「포교오십년공부종필 布敎五十年工夫終筆」이라 써서 불사르시고 여러 종도從徒들에게 일러 가라사대 옛사람이 오십살五十歲에 사십구년四十九年동안 그름을 깨달았다 하나니 이제 그 도수度數를 썼노라 내가 천지운로天地運路를 뜯어고쳐 물샐 틈 없이 도수度數를 굳게 짜놓았으니 제 도수度數에 돌아 닿는 대로 새 기틀이 열리리라 너희들은 삼가 타락墮落치 말고 오직 일심一心으로 믿어 나가라 이제 구년九年동안 보아온 개벽공사開闢公事의 확증確證을 천지天地에 질정質正하리니 너희들도 참관參觀하여 믿음을 굳게하라 오직 천지天地는 말이 없으니 뇌성雷聲과 지진地震으로 표징標徵하리라 하시고 글을 써서 불사르시니 문득 천동天動과 지진地震이 아울러 크게 일어나더라

4: 174   공사公事를 행行하실 때에는 식사食事나 대소변大小便 기타 어떠한 다른 일로도 중지中止 하심이 없이 반드시 공사公事를 마치신 뒤에 다른 일을 보시니라

4: 175   대저大抵 천사天師께서 구년九年동안 공사公事를 행하사 천지운로天地運路를 뜯어 고치시고 후천세계後天世界 인간생활人間生活의 모든 질서秩序를 결정決定하시니 세간世間 만사만물萬事萬物에 어느 것이나 천사天師의 필단筆端을 거쳐 나가지 아니한 것이 없어 공사公事 건수件數가 실로 무한無限하지마는 당시當時 종도從徒들이 기록記錄하여 둔 것이 없고 수십년數十年 후後에 생존生存한 종도從徒들의 구술口述대로 필기筆記하여 그 중에서도 의미意味가 분명分明치 못한 것은 빼버리고 의미가 통하는 것만 기록記錄한 것이 이뿐이라 더구나 갑진甲辰 을사乙巳 양년兩年에 반드시 큰 공사公事가 많이 있으련만 구술口述하는 종도從徒들이 모두 잊어버리고 전傳하지 못한 것은 큰 유감遺憾이라 아니할 수 없노라

## 제오장第五章   개벽開闢과 선경仙境

5: 1  천사天師 가라사대 이제 혼란混亂키 짝이 없는 말대末代의 천지天地를 뜯어 고쳐 새 세상世上을 열고 비겁否劫에 빠진 인간人間과 신명神明을 널리 건져 각기 안정安定을 누리게 하리니 이것이 곧 천지개벽天地開闢이라 옛일을 이음도 아니요 세운世運에 매어있는 일도 아니요 오직 내가 처음 짓는 일이라 비譬컨대 부모父母가 모은 재산財産이라도 항상恒常 얻어 쓰려면 쓸 때 마다 얼굴을 쳐다 보임과 같이 쓰러져가는 집에 그대로 살려면 무너질 염려念慮가 있음과 같이 남이 지은 것과 낡은 것을 그대로 쓰려면 불안不安과 위구危懼가 따라드나니 그러므로 새 배포排布를 꾸미는 것이 옳으니라

5: 2  대범大凡 판안에 드는 법法으로 일을 꾸미려면 세상世上에 들켜서 저해沮害를 받나니 그러므로 판밖에 남 모르는 법法으로 일을 꾸미는 것이 완전完全하니라

5: 3  크고 적은 일을 물론勿論하고 신도神道로써 다스리면 현묘불측玄妙不測한 공功을 거두나니 이것이 무위이화無爲而化라 이제 신도神道를 골라잡아 모든 일을 도의道義에 맞추어서 무궁無窮한 선경仙境의 운수運數를 정定하리니 제 도수度數에 돌아닿는 대로 새 기틀이 열리리라 지난 임진난리壬辰亂離에 정란靖亂의 책임責任을 최풍헌崔風憲이 맡았으면 사흘 일에 지나지 못하고 진묵震黙이 맡았으면 석 달이 넘지 않고 송구봉宋龜峰이 맡았으면 여덟 달에 끌렀으리라 하니 이는 선도仙道와 불도佛道와 유도儒道의 법술法術이 서로 다름을 이름이

라 옛적에는 판이 작고 일이 간단하여 한 가지만 따로 쓸지라도 능<sup>能</sup>히 난국<sup>亂局</sup>을 바로 잡을 수 있었거니와 이제는 판이 넓고 일이 복잡<sup>複雜</sup>하므로 모든 법<sup>法</sup>을 합<sup>合</sup>하여 쓰지 않고는 능<sup>能</sup>히 혼란<sup>混亂</sup>을 바로 잡지 못하리라

   5: 4 선천<sup>先天</sup>에는 상극지리<sup>相克之理</sup>가 인간사물<sup>人間事物</sup>을 맡았으므로 모든 인사<sup>人事</sup>가 도의<sup>道義</sup>에 어그러져서 원한<sup>冤恨</sup>이 맺히고 쌓여 삼계<sup>三界</sup>에 넘침에 마침내 살기<sup>殺氣</sup>가 터져 나와 세상<sup>世上</sup>의 모든 참혹<sup>慘酷</sup>한 재앙<sup>災殃</sup>을 일으키나니 그러므로 이제 천지도수<sup>天地度數</sup>를 뜯어고치며 신도<sup>神道</sup>를 바로 잡아 만고<sup>萬古</sup>의 원<sup>冤</sup>을 풀고 상생<sup>相生</sup>의 도<sup>道</sup>로써 선경<sup>仙境</sup>을 열고 조화정부<sup>造化政府</sup>를 세워 하염없는 다스림과 말없는 가르침으로 백성<sup>百姓</sup>을 화<sup>化</sup>하며 세상<sup>世上</sup>을 고치리라 무릇 머리를 들면 조리<sup>條理</sup>가 펴짐과 같이 인륜<sup>人倫</sup> 기록<sup>記錄</sup>의 시초<sup>始初</sup>이며 원<sup>冤</sup> 역사<sup>歷事</sup>의 처음인 당요<sup>唐堯</sup>의 아들 단주<sup>丹朱</sup>의 깊은 원<sup>冤</sup>을 풀면 그 뒤에 수천년<sup>數千年</sup> 동안 쌓여 내려온 모든 원<sup>冤</sup>의 마디와 고가 풀리리라 대저<sup>大抵</sup> 당요<sup>唐堯</sup>가 단주<sup>丹朱</sup>를 불초<sup>不肖</sup>히 여겨 두 딸을 우순<sup>虞舜</sup>에게 보내고 드디어 천하<sup>天下</sup>를 전<sup>傳</sup>하니 단주<sup>丹朱</sup>는 깊이 원<sup>冤</sup>을 품어 그 분울<sup>憤鬱</sup>한 기운<sup>氣運</sup>의 충동<sup>衝動</sup>으로 마침내 우순<sup>虞舜</sup>이 창오<sup>蒼梧</sup>에서 죽고 두 왕비<sup>王妃</sup>가 소상<sup>瀟湘</sup>에 빠진 참혹<sup>慘酷</sup>한 일을 이루었나니 이로부터 원<sup>冤</sup>의 뿌리가 깊이 박히고 시대<sup>時代</sup>의 추이<sup>推移</sup>를 따라 모든 원<sup>冤</sup>이 덧붙어서 더욱 발달<sup>發達</sup>하여 드디어 천지<sup>天地</sup>에 가득 차서 세상<sup>世上</sup>을 폭파<sup>爆破</sup>함에 이르렀나니 그러므로 단주<sup>丹朱</sup> 해원<sup>解冤</sup>을 첫머리로 하고 모든 천하<sup>天下</sup>를 건지려는 큰 뜻을 품고 시세<sup>時勢</sup>가 이롭지 못하므로 인하여 구족<sup>九族</sup>을 멸<sup>滅</sup>하는 참화<sup>慘禍</sup>를 당하여 의탁<sup>依託</sup>할 곳이 없이

한恨을 머금고 천고千古에 떠도는 만고萬古 역신逆神을 그 다음으로 하여 각기 원통冤痛과 억울抑鬱을 풀어 혹은 행위行爲를 바로 살펴 곡해曲解를 바루며 혹은 의탁依託하여 영원永遠히 안정安定을 얻게 함이 곧 선경仙境을 건설建設하는 첫 걸음이니라

5: 5 원래元來 역신逆神은 시대時代와 기회機會가 지은 바라 그 회포懷抱를 이루지 못하여 원한冤恨이 하늘에 넘치거늘 세상世上 사람들은 사리事理를 잘 알지 못하고 그들을 미워하여 비할 데 없는 악평惡評으로써 일용상어日用常語에 모든 죄악罪惡의 머리로 일컬으니 역신逆神들은 그것을 크게 싫어하는 지라 그러므로 이제 모든 역신逆神을 만물萬物 가운데 시비是非없는 성수星宿로 붙여 보내리라 하늘도 명천明天과 노천老天의 시비是非가 있고 땅도 후척厚瘠의 시비是非가 있고 날도 수한水旱의 시비是非가 있고 때도 한서寒署의 시비是非가 있으되 오직 성수星宿는 시비是非가 없느니라

5: 6 대개大槪 예로부터 각 지방地方을 할거割據한 모든 족속族屬들의 분란쟁투紛亂爭鬪는 각지방신各地方神과 지운地運이 서로 통일統一되지 못함으로 인因함이라 그러므로 이제 각지방신各地方神과 지운地運을 통일統一케 함이 인류화평人類和平의 원동력原動力이 되느니라

5: 7 전주全州 모악산母岳山은 순창淳昌 회문산回文山과 서로 마주서서 부모산父母山이 되었으니 지운地運을 통일統一 하려면 부모산父母山으로 비롯 할지라 이제 모악산母岳山으로 주장主張을 삼고 회문산回文山을 응기應氣시켜 써 산하山河의 기령氣

靈을 통일統一할지니라 또 수운水雲의 글에 「산하대운山河大運이 진귀차도盡歸此道」라 하고 궁을가弓乙歌에 「사명당四明堂이 갱생更生하니 승평시대불원昇平時代不遠이라」 하였음과 같이 사명당四明堂을 응기應氣하여 오선위기五仙圍碁로 시비是非를 끄르며 호승예불胡僧禮佛로 앉은 판이 되며 군신봉조君臣奉朝로 인금人金을 내이며 선녀직금仙女織錦으로 비단옷을 입히리니 이로써 밑자리를 정定하여 산하대운山河大運을 돌려 발음發蔭케 하리라

5: 8 또 모든 족속族屬들은 각기 색色다른 생활경험生活經驗으로 인하여 유전遺傳된 특수特殊한 사상思想으로 각기 문화를 지어내어 그 마주치는 기회機會에 이르러서는 마침내 큰 시비是非를 이루나니 그러므로 각 족속族屬의 모든 문화의 진액津液을 뽑아 모아 후천문명後天文明의 기초基礎를 정定할지니라

5: 9 선도仙道와 불도佛道와 유도儒道와 서도西道는 세계 각 족속族屬들의 문화의 근원이 되었나니 이제 최수운崔水雲은 선도仙道의 종장宗長이 되고 진묵震黙은 불도佛道의 종장宗長이 되고 주회암朱晦庵은 유도儒道의 종장宗長이 되고 이마두利瑪竇는 서도西道의 종장宗長이 되어 각기 그 진액津液을 거두며 모든 도통신道通神과 문명신文明神을 거느려 각 족속族屬들 사이에 나타난 여러 갈래 문화文化의 정수精髓를 뽑아 모아 통일統一케 하느니라

5: 10 이제 하늘도 뜯어 고치고 땅도 고쳐 물샐 틈 없이 도수度數를 짜 놓았으니 제 한도限度에 돌아 닿는 대로

새 기틀이 열리리라 또 신명<sup>神明</sup>으로 하여금 사람의 뱃속에 나들게 하여 그 체질<sup>體質</sup>과 성격<sup>性格</sup>을 고쳐 쓰리니 이는 비록 말뚝이라도 기운을 붙이면 쓰임이 되는 연고<sup>緣故</sup>라 오직 어리석고 가난하고 천하고 약한 것을 편히 하여 마음과 입과 뜻으로부터 일어나는 모든 죄를 조심<sup>操心</sup>하고 남에게 척을 짓지 말라 부하고 귀하고 지혜<sup>智慧</sup>롭고 강권<sup>強權</sup>을 가진 자는 모든 척에 걸려서 콩나물 뽑히듯 하리니 묵은 기운이 채워있는 곳에 큰 운수<sup>運數</sup>를 감당<sup>堪當</sup>키 어려운 까닭이라 부자<sup>富者</sup>의 집 마루와 방<sup>房</sup>과 곳집에는 살기<sup>殺氣</sup>와 재앙<sup>災殃</sup>이 가득히 채워 있느니라

5: 11  선천<sup>先天</sup>에는 위무<sup>威武</sup>로써 보배를 삼아 복<sup>福</sup>과 영화<sup>榮華</sup>를 이 길에서 구하였나니 이것이 상극<sup>相克</sup>의 유전<sup>遺傳</sup>이라 아무리 좋은 것이라도 쓸 곳이 없으면 버린 바 되고 비록 천한 것이라도 쓸 곳이 있으면 취한 바 되나니 이제 서양에서 건너온 무기<sup>武器</sup>의 폭위<sup>暴威</sup>에는 짝이 틀려서 겨루어 낼 것이 없으리니 전쟁은 장차 끝을 막으리라 그러므로 모든 무술<sup>武術</sup>과 병법<sup>兵法</sup>을 멀리하고 비록 비열<sup>卑劣</sup>한 것이라도 의통<sup>醫統</sup>을 알아두라 사람을 많이 살리면 보은<sup>報恩</sup>줄이 찾아들어 영원<sup>永遠</sup>한 복<sup>福</sup>을 얻으리라

5: 12  서양<sup>西洋</sup>사람 이마두<sup>利瑪竇</sup>가 동양<sup>東洋</sup>에 와서 천국<sup>天國</sup>을 건설<sup>建設</sup>하려고 여러 가지 계획<sup>計劃</sup>을 내었으나 쉽게 모든 적폐<sup>積弊</sup>를 고치고 이상<sup>理想</sup>을 실현<sup>實現</sup>하기 어려우므로 마침내 뜻을 이루지 못하고 다만 하늘과 땅의 경계<sup>境界</sup>를 틔워 예로부터 각기 지경<sup>地境</sup>을 지켜 서로 넘나들지 못하던 신명<sup>神明</sup>들로 하여금 서로 거침없이 넘나들게 하고 그 죽은

뒤에 동양의 문명신文明神을 거느리고 서양으로 돌아가서 다시 천국天國을 건설하려 하였나니 이로부터 지하신地下神이 천상天上에 올라가 모든 기묘奇妙한 법을 받아내려 사람에게 알음귀를 열어주어 세상의 모든 학술學術과 정묘精妙한 기계器械를 발명發明케하여 천국天國의 모형模型을 본떴나니 이것이 현대現代의 문명文明이라 그러나 이 문명은 다만 물질物質과 사리事理에 정통精通하였을 뿐이요 도리어 인류人類의 교만驕慢과 잔포殘暴를 길러내어 천지天地를 흔들며 자연을 정복征服하려는 기세氣勢로써 모든 죄악罪惡을 꺼림없이 범행犯行하니 신도神道의 권위權威가 떨어지고 삼계三界가 혼란混亂하여 천도天道와 인사人事가 도수度數를 어기는 지라 이에 이마두利瑪竇는 모든 신성神聖과 불타佛陀와 보살菩薩들로 더불어 인류와 신명계神明界의 큰 겁액劫厄을 구천九天에 하소연 하므로 내가 서천서역대법국천계탑西天西域大法國千階塔에 내려와서 삼계三界를 둘러보고 천하天下에 대순大巡하다가 이 동토東土에 그쳐 모악산母岳山 금산사金山寺 미륵금상彌勒金像에 임臨하여 삼십년三十年을 지내면서 최수운崔水雲에게 천명天命과 신교神敎를 내려 대도大道를 세우게 하였더니 수운水雲이 능히 유교儒敎의 테밖에 벗어나 진법眞法을 들쳐내어 신도神道와 인문人文의 푯대를 지으며 대도大道의 참빛을 열지 못하므로 드디어 갑자년甲子年에 천명天命과 신교神敎를 거두고 신미년辛未年에 스스로 세상世上에 내려왔노라

5: 13 진묵震黙이 천상天上에 올라가서 온갖 묘법妙法을 배워내려 좋은 세상世上을 꾸미려 하다가 김봉곡金鳳谷에게 참혹慘酷히 죽은 뒤에 원冤을 품고 동양도통신東洋道通神을 거느리고 서양西洋에 건너가서 문화계발文化啓發에 역사役事하였느

니 이제 그를 해원解寃시켜 고국故國으로 돌려 와서 선경건설仙境建設에 역사役事하게 하리라

5: 14  이 때는 천지성공시대天地成功時代라 서신西神이 명命을 맡아서 만유萬有를 지배支配하여 뭇 이치理致를 모아 크게 이루나니 이른바 개벽開闢이라 만물萬物이 가을바람에 혹 말라서 떨어지기도 하고 혹 성숙成熟하기도 함과 같이 참된 자는 큰 열매를 맺어 그 수壽가 길이 창성昌盛할 것이요 거짓된 자는 말라 떨어져 길이 멸망滅亡할지라 그러므로 혹 신위神威를 떨쳐 불의不義를 숙청肅淸하며 혹 인애仁愛를 베풀어 외로운 사람을 돕나니 삶을 구하는 자와 복을 구하는 자는 힘쓸지어다

5: 15  원래元來 인세人世에서 하고 싶은 일을 하지 못하면 분통憤痛이 터져서 큰 병을 이루나니 그러므로 이제 모든 일을 풀어놓아 각기 자유행동自由行動에 맡겨 먼저 난법亂法을 지은 뒤에 진법眞法을 내리니 오직 모든 일에 마음을 바르게 하라 거짓은 모든 죄罪의 근본根本이요 진실眞實은 만복萬福의 근원根源이라 이제 신명神明으로 하여금 사람에게 임감臨監하여 마음에 먹줄을 잡혀 사정邪正을 감정勘定하여 번갯불에 달리리니 마음을 바르게 못하고 거짓을 행하는 자는 기운이 돌 때에 쓸개가 터지고 뼈마디가 튀어나오리니 아무리 운수運數가 좋아도 목 넘기기가 어려우리라

5: 16  후천後天에는 천하天下가 한 집안이 되어 위무威武와 형벌刑罰을 쓰지 아니하고 조화造化로써 중생衆生을 다스려 화化할지니 벼슬아치는 직품職品을 따라 화권化權이 열리므로

분의<sup>分義</sup>에 넘는 폐단<sup>弊端</sup>이 없고 백성<sup>百姓</sup>은 원통<sup>冤痛</sup>과 한<sup>恨</sup>과 상극<sup>相克</sup>과 사나움과 탐심<sup>貪心</sup>과 음탕<sup>淫蕩</sup>과 노여움과 모든 번뇌<sup>煩惱</sup>가 그치므로 성음소모<sup>聲音笑貌</sup>에 화기<sup>和氣</sup>가 무르녹고 동정어묵<sup>動靜語黙</sup>이 도덕<sup>道德</sup>에 합<sup>合</sup>하며 쇠병사장<sup>衰病死葬</sup>을 면<sup>免</sup>하여 불로불사<sup>不老不死</sup>하며 빈부<sup>貧富</sup>의 차별<sup>差別</sup>이 철폐<sup>撤廢</sup>되고 맛있는 음식<sup>飮食</sup>과 좋은 옷이 요구<sup>要求</sup>하는 대로 뻬다짓간에 나타나며 모든 일은 자유<sup>自由</sup> 욕구<sup>慾求</sup>에 응하여 신명<sup>神明</sup>이 수종<sup>隨從</sup>들며 운거<sup>雲車</sup>를 타고 공중을 날아 먼데와 험<sup>險</sup>한 데를 다니며 하늘이 나직하여 오르내림을 뜻대로 하며 지혜<sup>智慧</sup>가 밝아서 과거<sup>過去</sup> 미래<sup>未來</sup> 현재<sup>現在</sup> 시방세계<sup>十方世界</sup>의 모든 일을 통달<sup>通達</sup>하며 수화풍<sup>水火風</sup> 삼재<sup>三災</sup>가 없어지고 상서<sup>祥瑞</sup>가 무르녹아 청화명려<sup>淸和明麗</sup>한 낙원<sup>樂園</sup>으로 화<sup>化</sup>하리라

5: 17 후천<sup>後天</sup>에는 계급<sup>階級</sup>이 많지 아니하나 두 계급<sup>階級</sup>이 있으리라 그러나 식록<sup>食祿</sup>은 고르리니 만일 급<sup>級</sup>이 낮고 먹기까지 고르지 못하면 원통<sup>冤痛</sup>치 아니하랴

5: 18 앞으로 오는 좋은 세상에는 불때지 않고 밥을 지어 먹으며 손에 흙을 묻히지 않고 농사지으며 도인<sup>道人</sup>의 집마다 등대 한 개씩 세우는 데 온 동학<sup>洞壑</sup>이 크게 밝아 햇빛과 같으리니 이제 전등<sup>電燈</sup>은 그 표본<sup>標本</sup>에 지나지 못하는 것이니라 또 기차<sup>汽車</sup>도 화통<sup>火筒</sup> 없이 몇만리<sup>萬里</sup>를 삽시간<sup>時間</sup>에 통행<sup>通行</sup>케 되며 또 문고리와 옷걸이도 황금<sup>黃金</sup>으로 만들며 신도 금당혜<sup>金唐鞋</sup>를 신으리라 또 곡식종자<sup>穀食種子</sup>도 한번 심어서 베어들인 뒤에 해마다 그 뿌리에 움을 길러서 거둬들이는 것이 생기리니 이제와 같이 심고 거두기에 큰 힘이 들지 아니하며 또 아무리 박전<sup>薄田</sup>이라도 옥토<sup>沃</sup>

土가 되게 하리니 이는 땅을 석자세치를 태운 까닭이니라

5: 19  치우蚩尤가 작란作亂하여 큰 안개를 지으므로 황제黃帝가 지남거指南車로써 정定하였나니 작란作亂하는 자도 조화造化요 정란靖亂하는 자도 조화造化라 최수운崔水雲은 동세動世를 맡았고 나는 정세靖世를 맡았나니 전명숙全明淑의 동動은 곧 천하天下의 난亂을 동動케 하였느니라

5: 20  동학東學 신도信徒들이 안심가安心歌를 잘못 해석解釋하여 난亂을 지었느니라 일본사람이 삼백년三百年동안 돈 모이는 공부工夫와 총銃쏘는 공부工夫와 모든 부강지술富強之術을 배워 왔나니 너희들은 무엇을 배웠느뇨 일심一心으로 석 달을 못 배웠고 삼년三年을 못 배웠나니 무엇으로 저희들을 대항對抗하리요 저희들을 하나 죽이면 너희들은 백百이나 죽으리니 그런 생각은 하지말라 이제 최수운崔水雲을 일본명부日本冥府 전명숙全明淑을 조선명부朝鮮冥府 김일부金一夫를 청국명부淸國冥府로 정하여 각기 일을 맡아 일령지하一令之下에 하룻저녁으로 대세大勢를 돌려 잡으리라

5: 21  용력술勇力術을 배우지 말라 기차汽車와 윤선輪船으로 백만근百萬斤을 운반運搬하리라 축지술縮地術을 배우지 말라 운거雲車를 타고 바람을 어거하여 만리萬里길을 경각頃刻에 대이리라

5: 22  조선朝鮮사람은 정씨鄭氏만 찾나니 아무것도 배운 것 없이 정씨鄭氏만 찾아서 무엇하리요 한 갓 분잡紛雜케만 될 뿐이라 그러므로 정씨鄭氏와 조씨趙氏와 범씨范氏를 다 없

이 하였노라 시속$^{時俗}$에 그른일 하는 자를 방정$^{訪鄭}$맞다 이르고 옳은 일 하는 자를 내정$^{來鄭}$이 있다 이르느니라

5: 23　이제 일본$^{日本}$ 사람이 조선$^{朝鮮}$에 와서 천고$^{千古}$ 역신$^{逆神}$을 거느려 역사$^{役事}$를 시키느니라 이조$^{李朝}$ 개국$^{開國}$한 후로 벼슬하는 자들이 모두 정씨$^{鄭氏}$를 사모$^{思慕}$하였나니 이는 곧 두 마음이라 남의 신하$^{臣下}$로써 두 마음을 두면 곧 적신$^{賊臣}$이니 그러므로 모든 역신$^{逆神}$들이 그들에게 이르되 너희들도 두 마음을 품었거니 어찌 역신$^{逆神}$을 그다지 학대$^{虐待}$하느뇨 하니 이로 인하여 저들이 일본사람을 대하면 죄$^{罪}$지은 자와 같이 두려워서 벌벌 떠느니라

5: 24　어떤 사람이 여쭈어 가로대 조선지말$^{朝鮮之末}$에 이란$^{吏亂}$이 있으리라 하오니 그러하오리까 가라사대 손병희$^{孫秉熙}$가 영웅$^{英雄}$이라 장차$^{將次}$ 난리$^{亂離}$를 꾸미리니 그 일을 이름이라 손병희$^{孫秉熙}$가 선진주$^{先眞主}$라 박절$^{薄切}$하게 성$^{城}$돌 밑에서 턱을 고이고 앉아서 거의$^{擧義}$ 하므로 성사$^{成事}$치 못하리라

5: 25　현하$^{現下}$ 대세$^{大勢}$를 오선위기$^{五仙圍碁}$의 기령$^{氣靈}$으로 돌리노니 두 신선$^{神仙}$은 판을 대하고 두 신선$^{神仙}$은 각기 훈수$^{訓手}$하고 한 신선$^{神仙}$은 주인$^{主人}$이라 주인$^{主人}$은 어느 편도 훈수$^{訓手}$할 수 없어 수수방관$^{袖手傍觀}$하고 다만 공궤$^{供饋}$만 하였나니 연사$^{年事}$에 큰 흠이 없어 공궤지절$^{供饋之節}$만 빠지지 아니하면 주인의 책임은 다할지라 만일 바둑을 마치고 판이 헤치면 판과 바둑은 주인에게 돌리리니 옛날 한고조$^{漢高祖}$는 마상$^{馬上}$에 득천하$^{得天下}$ 하였다 하나 우리나라는 좌상$^{坐上}$에 득천하$^{得天下}$ 하리라

5: 26  장차$^{將次}$ 일청전쟁$^{日淸戰爭}$이 두 번 나리니 첫 번에는 청국$^{淸國}$이 패$^{敗}$하고 말 것이요 두 번째 일어나는 싸움이 십년$^{十年}$을 가리니 그 끝에 일본$^{日本}$은 쫓겨 들어가고 호병$^{胡兵}$이 들어오리라 그러나 한강$^{漢江}$ 이남$^{以南}$은 범$^{犯}$치 못하리니 그때에 질병$^{疾病}$이 맹습$^{猛襲}$하는 까닭이요 미국$^{美國}$은 한 손가락을 퉁기지 아니하여도 쉬이 들어가리라 이 말씀을 마치신 뒤에 「동래울산$^{東來蔚山}$이 흐느적 흐느적 사국강산$^{四國江山}$이 콩튀듯 한다」라고 노래 부르시니라

5: 27  중국$^{中國}$은 동서양$^{東西洋}$의 오고 가는 발길에 채여서 망하게 되리라

5: 28  현하$^{現下}$ 대세$^{大勢}$가 씨름판과 같으니 애기판과 총각$^{總角}$판이 지난 뒤에 상씨름으로 판을 마치리라

5: 29  현하$^{現下}$ 대세$^{大勢}$가 가구판 노름과 같으니 같은 끗수에 말수$^{末手}$가 먹느니라

5: 30  동양$^{東洋}$은 불로 치고 서양$^{西洋}$은 물로 치리라 세상을 불로 칠 때에는 산도 붉어지고 들도 붉어져서 자식이 지중$^{至重}$하지만 손목 잡아 끌어 낼 겨를이 없으리라

5: 31  김병선$^{金炳善}$에게 글 한 장을 써주시니 이러하니라
　　　　　일입유배 해자난분 日入酉配 亥子難分
　　　　　일출인묘진 사부지 日出寅卯辰 事不知
　　　　　일정사오미 개명 日正巳午未 開明
　　　　　일중위시교역퇴 제출진 日中爲市交易退 帝出震

5: 32 　동서양 싸움을 붙여 기우른 판을 바로 잡으려 하나 워낙 짝이 틀려 겨루기 어려우므로 병病으로써 판을 고르게 되느니라

5: 33 　바둑도 한수만 높으면 이기나니 남 모르는 공부工夫를 하여두라 이제 비록 장량제갈張良諸葛이 두룸으로 날지라도 어느 틈에 끼인지 모르리라 선천先天 개벽開闢 이후로 수한도병水旱刀兵의 겁재劫災가 서로 번갈아서 그칠 새 없이 세상을 진탕震盪하였으나 아직 병겁病劫은 크게 없었나니 이 뒤에는 병겁病劫이 온 세상을 엄습掩襲하여 인류人類를 전멸全滅케 하되 살아날 방법方法을 얻지 못 하리니 모든 기사묘법奇事妙法을 다 버리고 의통醫統을 알아두라 내가 천지공사天地公事를 맡아 봄으로부터 이 땅에 모든 큰 겁재劫災를 물리쳤으나 오직 병겁病劫은 그대로 두고 너희들에게 의통醫統을 전하여 주리니 멀리 있는 진귀珍貴한 약품藥品을 중히 여기지 말고 순전純全한 마음으로 의통醫統을 알아두라 몸 돌이킬 겨를이 없이 홍수 밀리듯 하리라

5: 34 　이 뒤에 괴병怪病이 돌 때에는 자다가도 죽고 먹다가도 죽고 왕래往來 하다가도 죽어 묶어낼 자가 없어 쇠스랑으로 찍어 내되 신 돌려신을 정신精神을 차리지 못하리라

5: 35 　시속時俗에 부녀자들이 비위만 거슬리면 급살急殺 맞아 죽으라 이르나니 이는 급살병急殺病을 이름이라 하루밤 하루 낮에 불면불휴不眠不休하고 짚신 세 켤레씩 떨어치며 죽음을 밟고 넘어 병자病者를 건지리니 이렇듯 급박急迫할

때에 나를 믿으라 하여 안믿을 자가 있으리요 시장이나 집회중集會中에 갈지라도 저 사람들이 나를 믿으면 살고 잘 되련만 하는 생각을 두면 그 사람들은 몰라도 덕德은 너희 들에게 있으리라

5: 36  대저大抵 사람이 아무것도 모르는 것이 편할지라 오는 일을 아는 자는 창생蒼生의 일을 생각할 때에 비통悲痛을 이기지 못하리로다 이제 천하창생天下蒼生이 진멸지경殄滅之境에 박도迫到하였는데 조금도 깨닫지 못하고 이利끝에만 몰두沒頭하니 어찌 애석哀惜치 아니하리오

5: 37  하루는 벽壁을 향하여 돌아누으셨더니 문득 크게 슬퍼하시며 가라사대 전 인류가 진멸지경殄滅之境에 이르렀는데 아무리 하여도 전부 다 건져 살리기는 어려우니 어찌 원통冤痛하지 아니 하리요 하시고 느끼어 울으시니라

5: 38  이 세상에 조선朝鮮과 같이 신명대접神明待接을 잘하는 곳이 없으므로 신명神明들이 그 은혜恩惠를 갚기 위하여 각기 소원所願을 따라 꺼릴 것 없이 공궤供饋하리니 도인道人들은 아무 거리낌 없이 천하사天下事만 생각하게 되리라

5: 39  내가 출세出世 할 때에는 하루 저녁에 주루보각珠樓寶閣 삼십육만三十六萬 간間을 지어 각各기 닦은 공력功力에 따라서 앉을 자리에 들어 앉혀 옷과 밥을 신명神明들이 받들게 하리니 만일 못 앉을 자리에 앉는 자가 있으면 신명神明들이 그 목을 끌어 내치리라

5: 40  하루는 우뢰$^{雨雷}$와 번개를 크게 일으키시며 가라사대 뒷날 출세$^{出世}$할 때에는 어찌 이러할 뿐이리요 천지진동$^{天地震動}$하고 뇌성벽력$^{雷聲霹靂}$이 크게 일어나리니 잘 못 닦은 자는 앉을 자리로 갈 때에 따라오지 못하고 엎어지리라 부디 마음을 부지런히 닦고 나의 생각을 많이 하라 하시니라

5: 41  하루는 원평$^{院坪}$을 지나시며 가라사대 시속$^{時俗}$에 오비이락$^{烏飛梨落}$이라 이르나니 이 앞뜰에 큰 윤선$^{輪船}$이 떴다가 길 위로 올라오지는 못하고 까마귀 날며 배는 떨어진다는 말이니라

5: 42  하루는 용암리$^{龍岩里}$ 앞을 지나시며 가라사대 지금은 이곳에서 원평$^{院坪}$이 건너다 보이나 뒷날 건너다 보이지 아니 할 때가 있을 것이요 또 다시 건너다 보일 때가 있으리니 다시 건너다 보이게 되면 세상$^{世上}$일이 가까이 온줄 알지어다 하시니라

5: 43  나의 말은 약$^{藥}$이라 말로써 사람의 마음을 위안$^{慰安}$도 하며 말로써 병든 자를 일으키기도 하며 말로써 죄에 걸린 자를 끄르기도 하나니 이는 나의 말이 곧 약$^{藥}$인 까닭이니라 충언$^{忠言}$이 역이$^{逆耳}$나 이어행$^{利於行}$이라 하나니 나의 말을 잘 믿을지어다

5: 44  공부$^{工夫}$하는 자$^{者}$들이 방위$^{方位}$가 바뀐다고 이르니 내가 천지$^{天地}$를 돌려 놓았음을 세상$^{世上}$이 어찌 알리오

# 제육장第六章 법언法言

6: 1  천사天師 가라사대 선천先天에는 하늘만 높이고 땅은 높이지 아니하였으니 이는 지덕地德이 큰 것을 모름이라 이 뒤에는 하늘과 땅을 일체一體로 받들음이 옳으니라

6: 2  형렬亨烈에게 일러 가라사대 남 잘 되는 것을 부러워 말고 남은 복福이 많으니 남은 복을 구求하라 호한신천呼寒信天이 유불사猶不死니라

6: 3  춘무인春無仁이면 추무의秋無義라 농가農家에서 추수秋收한 뒤에 곡식종자穀食種子를 가려두는 것은 오직 토지土地를 믿는 연고緣故니 이것이 곧 신로信路니라.

6: 4  어떤 사람이 연사年事를 물으니 가라사대 칠산七山바다에 고기잡이도 먹을 사람을 정定하여 놓고 잡히나니 농사農事도 또한 그와 같아서 먹을 사람을 정하고 될지니 그러므로 굶어죽지는 아니하리라.

6: 5  이 때는 해원시대解寃時代라 사람도 이름없는 사람이 기세氣勢를 얻고 땅도 이름 없는 땅에 길운吉運이 돌아오느니라.

6: 6  양반兩班을 찾는 것은 그 선령先靈의 뼈를 오려내는 것 같아서 망하는 기운이 이르나니 그러므로 양반兩班의 기습氣習을 속速히 빼고 천인賤人을 우대優待하여야 속히 좋은 시대時代가 이르리라

6：7  경석京石이 모든 행동行動에 위엄威嚴을 내며 양반兩班의 기습氣習을 본뜨거늘 가라사대 대인大人의 공부工夫를 닦는 자는 항상恒常 공근恭勤하고 온화溫和한 기운을 기를지니 이 뒤로는 그런 기습氣習을 빼어버리라 망하는 기운이 따라 드느니라

6：8  사람이 몸가짐과 처사處事와 언습言習을 제 본성本性대로 할 것이요 억지로 꾸며서 점잔과 교식巧飾을 내는 것은 사邪된 일이니라

6：9  보화寶貨라는 글자에 낭패狼狽라는 패자貝字가 붙어 있느니라

6：10  돈이란 것은 순환지리循環之理로 생겨 쓰는 것이요 구하여 쓸것은 못되나니 백년百年 탐물貪物이 일조진一朝盡이라 하느니라

6：11  선천先天에는 돈에 눈이 어두워서 불의不義한 사람을 따랐거니와 이 뒤로는 그 눈을 틔워서 선善한 사람을 따르게 하리라

6：12  선천先天 영웅시대英雄時代에는 죄罪로써 먹고 살았으나 후천後天 성인시대聖人時代에는 선善으로써 먹고 살리니 죄罪로써 먹고 사는 것이 장구長求하랴 선善으로써 먹고 사는 것이 장구長久하랴 이제 후천後天 중생衆生으로 하여금 선善으로써 먹고 살 도수度數를 짜 놓았노라

6: 13 마음을 깨끗이 하여야 복福이 이르나니 남의 것을 탐貪내는 자는 도적盜賊의 기운氣運이 따라들어 복을 이루지 못하느니라

6: 14 부귀富貴한 자는 빈천貧賤함을 즐기지 아니하며 강强한 자는 잔약孱弱함을 즐기지 아니하며 지혜智慧로운 자는 어리석음을 즐기지 아니하나니 그러므로 나는 그들을 멀리하고 오직 빈천貧賤하고 병들고 어리석은 자를 가까이 하노니 그들이 곧 내 사람이니라

6: 15 부귀富貴한 자는 자만자족自滿自足하여 그 명리名利를 증대增大하기에 몰두沒頭하여 딴 생각이 나지 아니하니 어느 겨를에 나에게 생각이 미치리요 오직 빈궁貧窮한 자라야 제 신세身世를 제가 생각하여 도성덕립道成德立을 하루바삐 기다리며 운수運數조일 때마다 나를 생각하리니 그들이 내 사람이니라

6: 16 안내성安乃成에게 일러 가라사대 불의不義로써 남의 자제子弟를 유인誘引치 말며 남의 보배를 탐貪내지 말며 남과 서로 싸우지 말며 도한屠漢과 무당巫堂에게 천賤하게 대우待遇하지 말라 하시니라

6: 17 마음 지키기가 죽기보다 어려우니라

6: 18 경우는 천하天下가 같으니라

6: 19 풍역취이식風亦吹而息 하나니 남의 박해迫害에 굽히지

말라 만사萬事 동정動靜이 각기 때가 있느니라

6：20  공우公又에게 일러 가라사대 내가 너를 데리고 다니는 것은 네 뱃속에 경우가 많은 연고緣故라 여인女人도 경우가 많아야 아해兒孩를 많이 낳느니라

6：21  한고조漢高祖는 소하蕭何의 덕德으로 천하天下를 얻었으나 너희들은 베풀 것이 없으니 오직 언덕言德을 잘 가지라 남의 말을 좋게 하면 그에게 덕이 되어 잘되고 그 남은 덕이 밀려서 점점 큰 복福이 되어 내 몸에 이르고 남의 말을 나쁘게 하면 그에게 해가 되어 망치고 그 남은 해가 밀려서 점점 큰 재앙災殃이 되어 내 몸에 이르느니라

6：22  외식外飾을 버리고 음덕陰德을 힘쓰라 덕德은 음덕陰德이 크니라

6：23  유찬명柳贊明에게 일러 가라사대 훼동도자毁東道者는 무동거지로無東去之路 하고 훼서도자毁西道者는 무서거지로無西去之路니라

6：24  도적盜賊질 하는 자도 나누어 먹는 것이 덕德이 되어 혹 살아나는 자가 있느니라

6：25  뱀도 인표人票를 맞아야 용龍이 되나니 남의 말을 좋게 하면 덕이 되느니라

6：26  인망人望을 얻어야 신망神望에 오르느니라

6: 27  내 밥을 먹는 자라야 내 일을 하여 주느니라

6: 28  식불언食不言이라 하였으니 남의 먹는 일을 말 하지말며 침불언寢不言이라 하였으니 남의 누행陋行을 말 하지 말라

6: 29  우리 일은 남 잘 되게 하는 공부工夫니 남이 잘 되고 남은 것만 차지하여도 우리 일은 되느니라 전명숙全明淑이 거사擧事 할 때에 상놈을 양반兩班 만들어 주려는 마음을 두었으므로 죽어서 잘 되어 조선명부朝鮮冥府가 되었느니라

6: 30  너희들은 손에 살릴 생자生字를 쥐고 다니니 득의지추得意之秋가 아니냐 삼천三遷이라야 일이 이루어 지느니라

6: 31  시속時俗에 길성소조吉星所照를 찾으나 길성소조吉星所照가 따로 있는 것이 아니요 덕德을 잘 닦고 사람대우待遇하는 데 길성吉星이 비치나니 이 일이 곧 피난避難하는 길이니라

6: 32  시속時俗에 어린 학동學童들에게 통감通鑑을 가르치나니 이는 첫 공부工夫를 시비是非로써 시작하는 것이라 어찌 마땅하리요

6: 33  전쟁사戰爭史를 읽지 말라 전승자戰勝者의 신神은 춤을 추되 전패자戰敗者의 신神은 이를 가나니 도가道家에서는 글 읽는 소리에 신神이 응應하는 까닭이니라

6： 34  형렬亨烈에게 일러 가라사대 망하는 세간살이는 애체愛滯없이 버리고 새 배포排布를 꾸미라 만일 아껴서 놓지 않고 붙들고 있으면 몸까지 따라 망하느니라

6： 35  시속時俗에 화복禍福이라 이르나니 이는 복보다 화가 먼저 이름을 말함이라 이르는 화를 견디어 잘 받아야 복이 이어서 이르느니라

6： 36  선천先天에 안락安樂을 누리는 자는 후천後天에 복을 받지 못하리니 고생을 복으로 알고 잘 받으라 만일 당하는 고생을 이기지 못하여 애통哀痛하는 자는 오는 복을 물리치는 것이니라

6： 37  나는 해마解魔로 위주爲主하는 고로 나를 따르는 자는 모든 복마伏魔가 발동發動하나니 복마伏魔의 발동發動을 잘 받아 이겨야 복이 이어서 이르느니라

6： 38  상말에 무척 잘 산다 이르나니 척이 없어야 잘 산다는 말이라 남에게 원억冤抑을 짓지 말라 척이 되어 갚느니라 또 남을 미워하지 말라 그의 신명神明이 먼저 알고 척이 되어 갚느니라

6： 39  이웃 사람이 정붙여 주는 음식이 맛 없어 먹고 병들지라도 사색辭色을 내지 말라 오는 정이 꺾여서 다시 척이 되느니라

6： 40  어떤 사람을 대하든지 마음으로 반겨하며 잘 대

우<sup>待遇</sup>하면 사람은 모를지라도 신명<sup>神明</sup>은 알아서 어디를 가든지 대우를 잘 받게 되느니라 밥을 한 그릇만 먹어도 잊지 말고 반 그릇만 먹어도 잊지 말라 또 가라사대 일반지덕<sup>一飯之德</sup>을 필보<sup>必報</sup>라는 말이 있으나 나는 반반지은<sup>半飯之恩</sup>도 필보<sup>必報</sup>하라 하노라

6: 41  남이 힘들여 말할 때에 설혹 그릇된 점이 있을지라도 일에 낭패<sup>狼狽</sup>만 없으면 반박<sup>反駁</sup>하지 말라 그도 또한 척이 되느니라

6: 42  이제 모든 선령신<sup>先靈神</sup>들이 발동<sup>發動</sup>하여 그 선자선손<sup>善子善孫</sup>을 척신<sup>斥神</sup>의 손에서 빼앗아 내어 새 운수<sup>運數</sup>의 길로 인도<sup>引導</sup>하려고 분주<sup>奔走</sup>히 서두느니라

6: 43  대군<sup>大軍</sup>을 거느리고 적진<sup>敵陣</sup>을 쳐 파破함이 영화<sup>榮華</sup>롭고 장쾌<sup>壯快</sup>하다 할지라도 인명을 잔멸<sup>殘滅</sup>하는 일이므로 악척<sup>惡斥</sup>이 되어 앞을 막느니라

6: 44  파리 죽은 귀신<sup>鬼神</sup>이라도 원망<sup>怨望</sup>이 붙으면 천지공사<sup>天地公事</sup>가 아니니라

6: 45  한 사람의 원한<sup>怨恨</sup>이 능히 천지<sup>天地</sup> 기운을 막히게 하느니라

6: 46  예로부터 처녀<sup>處女</sup>나 과부<sup>寡婦</sup>의 사생아<sup>私生兒</sup>와 그 밖의 모든 불의아<sup>不義兒</sup>의 압사신<sup>壓死神</sup>과 질사신<sup>窒死神</sup>이 철천<sup>徹天</sup>의 원<sup>寃</sup>을 맺어 탄환<sup>彈丸</sup>과 폭약<sup>爆藥</sup>으로 화化하여 세상<sup>世上</sup>을

진멸<sup>殄滅</sup>케 하느니라

6 : 47  다른 사람이 만일 나를 치면 그의 손을 만져 위로<sup>慰勞</sup>할지니라

6 : 48  원수<sup>怨讐</sup>를 풀어 은인<sup>恩人</sup>과 같이 사랑하면 덕이 되어 복을 이루느니라

6 : 49  악<sup>惡</sup>을 악<sup>惡</sup>으로 갚으면 피로 피를 씻기와 같으니라

6 : 50  나를 모르는 자가 나를 헐뜯나니 내가 같이 헐므로써 갚으면 나는 더욱 어리석은 자가 되느니라

6 : 51  남의 비소<sup>鼻笑</sup>를 비수<sup>匕首</sup>로 알며 남의 조소<sup>嘲笑</sup>를 조수<sup>潮水</sup>로 알라 대장<sup>大將</sup>이 비수<sup>匕首</sup>를 얻어야 적진<sup>敵陣</sup>을 헤치며 용<sup>龍</sup>이 조수<sup>潮水</sup>를 얻어야 천문<sup>天門</sup>에 오르느니라

6 : 52  형렬<sup>亨烈</sup>이 여쭈어 가로대 세상<sup>世上</sup> 사람이 선생<sup>先生</sup>을 광인<sup>狂人</sup>으로 여기나이다 가라사대 전일<sup>前日</sup>에 거짓말로 행세<sup>行世</sup>할 때에는 신인<sup>神人</sup>이라 부르더니 이제 참말을 하는 때에는 도리어 광인<sup>狂人</sup>으로 아는도다 광인<sup>狂人</sup>은 입경<sup>立經</sup>도 못하고 건사<sup>建事</sup>도 못하나니 후일에 광인<sup>狂人</sup>이라고 부르는 자가 광인<sup>狂人</sup>이란 말을 듣는 자에게 절할 날이 있으리라

6 : 53  어떤 사람이 천사<sup>天師</sup>를 모심으로부터 남이 비소<sup>鼻笑</sup>하는 것을 괴로워 하거늘 가라사대 남의 비소<sup>鼻笑</sup>를 잘 받아 쌓으면 내어쓸 때에 비수<sup>匕首</sup> 내어 쓰듯 하리라

6: 54  형렬<sup>亨烈</sup>에게 일러 가라사대 이 시대<sup>時代</sup>를 지내려면 남에게 폭<sup>幅</sup>을 잡히지 아니하여야 하리니 너는 광<sup>狂</sup>이 되지 못하니 농판으로 행세<sup>行世</sup>하라 하시니라

6: 55  어떤 사람이 남의 일을 비방<sup>誹謗</sup>하거늘 일러 가라사대 각기 제 노릇을 제가 하는데 어찌 남의 시비<sup>是非</sup>를 말하느뇨

6: 56  허물이 있거든 다 풀어 버리라 만일 하나라도 남아 있으면 신명<sup>身命</sup>을 그르치느니라

6: 57  이 때는 신명시대<sup>神明時代</sup>라 삼가 죄<sup>罪</sup>를 짓지말라 새 기운<sup>氣運</sup>이 돌때에 신명<sup>神明</sup>들이 불칼을 휘두르며 죄지은 것을 내어 놓으라 할 때에는 정신<sup>精神</sup>을 놓으리라

6: 58  경석<sup>京石</sup>이 옛 허물을 생각하여 근심하거늘 가라사대 일찍이 내 앞에 낱낱이 생각하여 풀어버리라 하였나니 어찌 이제까지 남겨 두었느뇨 이 뒤로는 다시 생각하지 말라 하시니라

6: 59  창생<sup>蒼生</sup>에 큰 죄<sup>罪</sup>를 지은 자는 천벌<sup>天罰</sup>을 받고 작은 죄<sup>罪</sup>를 지은 자는 신벌<sup>神罰</sup> 혹은 인벌<sup>人罰</sup>을 받느니라

6: 60  유부녀<sup>有夫女</sup>를 범犯하는 것은 천지<sup>天地</sup>의 근원<sup>根源</sup>을 떼는 것과 같아서 워낙 죄<sup>罪</sup>가 크므로 내가 간여<sup>干與</sup>하지 아니하노라

6: 61　죄$^{罪}$는 남의 천륜$^{天倫}$을 끊는 것보다 더 큰 죄$^{罪}$가 없느니라 최익현$^{崔益鉉}$이 고종$^{高宗}$ 부자$^{父子}$의 천륜$^{天倫}$을 해$^{害}$하였으므로 죽어서 죄$^{罪}$가 되어 나에게 하소연하는 것을 볼지어다

6: 62　죄$^{罪}$중에 노름죄가 크나니 다른 죄$^{罪}$는 홀로 짓는 것이로되 노름죄는 남까지 끌고들어 짓는 까닭이요 또 서로 속이지 않고는 목적$^{目的}$을 달$^{達}$하지 못하는 연고$^{緣故}$니라

6: 63　수운가사$^{水雲歌詞}$에 「난법난도$^{亂法亂道}$ 하는 사람 날 볼 낯이 무엇인가」라 하였나니 부디 죄$^{罪}$를 짓지 말라

6: 64　안으로는 불량$^{不良}$하고 겉으로만 꾸며대면 누가 능히 분별$^{分別}$하리오

6: 65　오장$^{五臟}$이 바르지 못한 자는 수숫대 꼬이듯 하여 죽고 거짓말 하는 자는 쓸개가 터져서 죽으리라

6: 66　일신수습$^{一身收拾}$이 중천금$^{重千金}$이니 경각안위$^{頃刻安危}$가 재처심$^{在處心}$이니라

6: 67　나는 생장염잠$^{生長斂藏}$ 사의$^{四義}$를 쓰노니 곧 무위이화$^{無爲而化}$니라

6: 68　예로부터 생이지지$^{生而知之}$를 말하나 이는 그릇된 말이라 천지$^{天地}$의 조화$^{造化}$로도 풍우$^{風雨}$를 지으려면 무한$^{無限}$한 공부$^{工夫}$를 들이나니 공부$^{工夫}$ 않고 아는 법$^{法}$은 없느니라

정북창鄭北窓같은 재조才操로도 입산入山 삼일三日에 시지천하사始知天下事라 하였느니라

6: 69  생각에서 생각이 나오느니라

6: 70  신보神報가 인보人報만 같지 못하느니라

6: 71  모든 일을 알기만 하고 변통變通을 못하면 모르는 것만 같지 못하나니 될 일을 못되게 하고  못될 일을 되게 하여야 하느니라 손빈孫臏의 재조才操는 방연龐涓으로 하여금 모지마릉暮至馬陵하게 함에 있고 제갈량諸葛亮의 재조才操는 조조曹操로 하여금 화용도華容道에서 만나게 함에 있었느니라

6: 72  글도 않고 일도 않는 자는 사농공상士農工商에 벗어난 자니 쓸 데가 없느니라

6: 73  안다는 자는 죽으리니 아는 것도 모르는 체 하여 어리석은 자와 같이하라 남이야 어떻게 알든지 실지實知만 있으면 좋으리라 길가에 좋은 꽃을 심어두면 아해兒孩도 꺾고 어른도 꺾느니라

6: 74  가장 두려운 것은 박람박식博覽博識이니라

6: 75  마음은 성인聖人의 바탕으로 닦고 일은 영웅英雄의 도략韜略을 취取하라

6: 76  예로부터 상통천문上通天文과 하찰지리下察地理는 있

었으나 중통인의$^{中通人義}$는 없었나니 내가 비로소 인의$^{人義}$를 통$^{通}$하였노라 위징$^{魏徵}$은 밤이면 상제$^{上帝}$를 섬기고 낮이면 당태종$^{唐太宗}$을 도왔다하나 나는 사람의 마음을 빼었다 찔렀다 하노라

6: 77　도$^{道}$를 잘 닦는 자는 그 정혼$^{精魂}$이 굳게 뭉쳐서 죽어서 천상$^{天上}$에 올라 영원$^{永遠}$히 흩어지지 아니하나 도$^{道}$를 닦지 않는 자는 정혼$^{精魂}$이 흩어져서 연기$^{煙氣}$와 같이 사라지느니라

6: 78　모든 일을 있는 말로 지으면 천지$^{天地}$가 부수려 하여도 못 부술 것이요 없는 말로 꾸미면 부서질 때에 여지$^{餘地}$가 없느니라

6: 79　나의 말은 한 마디도 땅에 떨어지지 아니 하리니 들을 때에 익히 들어 두어 내어쓸 때에 서슴지 말고 내어 쓰라

6: 80　대인$^{大人}$의 말은 구천$^{九天}$에 사무치나니 나의 말도 그와 같아서 늘지도 줄지도 않고 부절$^{符節}$과 같이 합$^{合}$하느니라

6: 81　말을 듣고 실행치 아니하면 바위에 물주기와 같으니라

6: 82　어떤 사람이 도술$^{道術}$을 가르쳐 주시기를 청$^{請}$하니 가라사대 이제 가르쳐 주어도 들어가지 않고 밖으로 흘러

바위에 물주기와 같으리니 쓸 때에 열어주리라 하시니라

6：83  술수術數는 삼국시대三國時代에 나서 해원解寃하지 못하고 이제야 비로소 해원解寃하게 되느니라

6：84  수운가사水雲歌詞에 「발동發動말고 수도修道하소 때 있으면 다시 오리」라 하였나니 알아두라

6：85  상말에 맥脈 떨어지면 죽는다 이르나니 연맥連脈을 잘 바루라

6：86  나를 믿고 마음을 정직正直히 하면 하늘도 오히려 떠느니라

6：87  모든 일에 마음을 바로 하여 정리正理대로 행하여야 큰 일을 이루나니 만일 사곡邪曲한 마음을 끼어두면 사신邪神이 들어 일을 망치고 믿음이 없이 일에 처處하면 농신弄神이 들어 일을 번롱飜弄하며 탐심貪心을 두는 자는 적신賊神이 들어 일을 더럽히느니라

6：88  앉을 자리를 탐내어 당當치 않은 자리에 앉으면 신명神明들이 등을 쳐서 물리치나니 자리탐貪을 내지 말고 덕德 닦기를 힘쓰며 마음을 잘 가지면 신명神明들이 자리를 정하여 서로 받들어 앉히느니라

6：89  운수運數는 가까워 오고 도道는 멀어 가리니 작심불휴作心不休하여 목넘기를 잘하라

6 : 90  수운시$^{水雲詩}$에 「도기장존사불입 道氣長存邪不入」이라 하였으나 나는 「진심견수복선래 眞心堅守福先來」이라 하노라

6 : 91  수운가사$^{水雲歌詞}$에 「제 소위$^{所謂}$ 추리$^{推理}$한다고 생각나니 그뿐이라」 하였나니 너희들이 이곳을 떠나지 아니함은 의혹$^{疑惑}$이 더하는 연고$^{緣故}$라 이곳이 곧 선방$^{仙房}$이니라

6 : 92  이제 모든 일에 성공$^{成功}$이 없는 것은 일심$^{一心}$ 가진 자가 없는 연고$^{緣故}$라 만일 일심$^{一心}$만 가지면 못 될 일이 없느니라 그러므로 무슨 일을 대하든지 일심$^{一心}$ 못함을 한$^{恨}$할 것이요 못되리라는 생각은 품지 말라

6 : 93  천지$^{天地}$ 안에 있는 말은 하나도 헛된 말이 없느니라

6 : 94  최익현$^{崔益鉉}$이 순창$^{淳昌}$에서 잡히거늘 가라사대 일심$^{一心}$의 힘이 크니라 같은 탄환 속에서 정시해$^{鄭時海}$는 죽었으되 최익현$^{崔益鉉}$이 살았으니 이는 일심$^{一心}$의 힘으로 인$^{因}$하여 탄환$^{彈丸}$이 범$^{犯}$하지 못함이라 일심$^{一心}$을 가진 자는 한 손가락을 퉁겨 만리$^{萬里}$ 밖에 있는 군함$^{軍艦}$을 깨뜨리느니라

6 : 95  인간$^{人間}$의 복록$^{福祿}$을 내가 맡았으나 태워 줄 곳이 없음을 한$^{恨}$하노니 이는 일심$^{一心}$ 가진 자가 적은 연고$^{緣故}$라 만일 일심$^{一心}$자리만 나타나면 유루$^{遺漏}$ 없이 베풀어 주리라

6 : 96  세상에서 수명$^{壽命}$ 복록$^{福祿}$이라 하여 복록$^{福祿}$보다

수명<sup>壽命</sup>을 중히 여기나 복록<sup>福祿</sup>이 적고 수명<sup>壽命</sup> 긴 것 보다 욕<sup>辱</sup>된 자가 없나니 그러므로 나는 수명<sup>壽命</sup>보다 복록<sup>福祿</sup>을 중히 여기노니 녹<sup>祿</sup>이 떨어지면 죽느니라

6: 97　내가 서촉<sup>西蜀</sup>에 있어도 일심<sup>一心</sup>하는 자에게는 찾으리라

6: 98　너희들이 이제는 이렇듯 친숙<sup>親熟</sup>하되 뒷날에는 눈을 바로 뜨지 못 하리니 마음을 바로잡고 닦기를 잘 하라 수운가사<sup>水雲歌詞</sup>에 「많고 많은 저 사람에 어떤 사람 이러하고 어떤 사람 저러한가」라 함과 같이 탄식<sup>歎息</sup>줄이 나오리라

6: 99　천지간<sup>天地間</sup>에 찬 것이 신<sup>神</sup>이니 풀잎 하나라도 신<sup>神</sup>이 떠나면 마르고 흙 바른 벽<sup>壁</sup>이라도 신<sup>神</sup>이 떠나면 무너지고 손톱 밑에 가시 하나 드는 것도 신<sup>神</sup>이 들어서 되느니라

6: 100　신<sup>神</sup>은 사람 먹는데 따라서 흠향<sup>歆享</sup>이 되느니라

6: 101　사람들끼리 싸우면 천상에서 선령신<sup>先靈神</sup>들 사이에 싸움이 일어나나니 천상<sup>天上</sup> 싸움이 끝난 뒤에 인간<sup>人間</sup> 싸움이 귀정<sup>歸正</sup>되느니라

6: 102　너희들은 항상 평화<sup>平和</sup>를 주장<sup>主張</sup>하라 너희들끼리 서로 싸우면 밖에서는 난리<sup>亂離</sup>가 일어나느니라

6: 103  풍신 좋고 재조$^{才操}$ 있는 자를 보고 기운을 잃어 생각하되 저런 사람이 일을 이룰 것이요 나와 같이 졸$^{拙}$한 자가 어찌 큰 일을 감당$^{堪當}$하리오 하여 낙심$^{落心}$하는 소리를 내면 이는 스스로 일을 깨뜨리는 것이니 아무 일도 못 이룰 것이요 아무리 잘 되려 하여도 못될지라 그러므로 그를 호위$^{護衛}$한 신명$^{神明}$들이 의구심$^{疑懼心}$을 내어 저런 나약$^{懦弱}$한 자에게 붙어 있다가 우리 일까지 그르치리라 하여 서로 이끌고 떠나느니라

6: 104  이제 천하사$^{天下事}$에 뜻하는 자 어려움을 헤치고 괴로움을 무릅쓰고 정성$^{精誠}$과 힘을 다하여 뜻을 이루려 하다가 설혹 성공치 못하더라도 죽어서 천상$^{天上}$에 올라가면 예로부터 몸을 던져 천하사$^{天下事}$에 종사$^{從事}$하다가 시세$^{時勢}$가 이롭지 못하여 성공$^{成功}$치 못하고 죽어서 잘된 신명$^{神明}$들이 서로 반겨 맞아 상좌$^{上座}$에 앉히고 고생$^{苦生}$ 많이 하였다 하여 극진$^{極盡}$히 위로$^{慰勞}$하며 여러가지 진기$^{珍奇}$한 것으로 즐겁게 하여 천상$^{天上}$의 모든 영화$^{榮華}$를 누리게 하리니 무슨 한$^{恨}$이 있으리오

6: 105  아무리 큰 일이라도 도수$^{度數}$에 맞지 아니하면 허사$^{虛事}$가 될 것이요 경미$^{輕微}$하게 보이는 일이라도 도수$^{度數}$에만 맞으면 마침내 크게 이루게 되느니라

6: 106  선천$^{先天}$에는 모사$^{謀事}$는 재인$^{在人}$하고 성사$^{成事}$는 재천$^{在天}$이라 하였으나 이제는 모사$^{謀事}$는 재천$^{在天}$하고 성사$^{成事}$는 재인$^{在人}$이니라

6: 107  일꾼된 자 씨름판을 본 받을지니 씨름판에 뜻하는 자는 판 밖에서 보양물<sup>保養物</sup>을 많이 먹고 기운<sup>氣運</sup>을 잘 길러 끝 판을 겨누고 있느니라

6: 108  위천하자<sup>爲天下者</sup> 불고가사<sup>不顧家事</sup>니 제갈량<sup>諸葛亮</sup>이 성공<sup>成功</sup>치 못한 것은 유상팔백주<sup>有桑八百株</sup>로 인함이니라

6: 109  일꾼된 자 강유<sup>剛柔</sup>를 겸비<sup>兼備</sup>하여 한편으로 기울지 아니하여야 할지니 천지<sup>天地</sup>의 대덕<sup>大德</sup>이라도 춘생추살<sup>春生秋殺</sup>의 은위<sup>恩威</sup>로써 이루느니라

6: 110  생유어사<sup>生由於死</sup>하고 사유어생<sup>死由於生</sup>하나니 나를 믿는 자는 먼저 망하고 들어서야 하느니라

6: 111  일에 뜻하는 자는 넘어오는 간<sup>肝</sup>을 잘 삭혀 넘겨야 하느니라

6: 112  현세<sup>現世</sup>에는 아는 자가 없나니 상<sup>象</sup>도 보이지 말고 점<sup>占</sup>도 치지 말지어다

6: 113  경석<sup>京石</sup>이 논에 내리는 새떼를 굳이 쫓거늘 가라사대 한떼 새의 배 채움을 용납<sup>容納</sup>치 못하니 어찌 천하<sup>天下</sup> 사람의 배 채워 주기를 뜻하리오 하시니라

6: 114  사람을 쓸 때는 남녀<sup>男女</sup>의 구별<sup>區別</sup>이 없나니 진평<sup>陳平</sup>은 야출동문<sup>夜出東門</sup> 여자<sup>女子</sup> 이천인<sup>二千人</sup> 하였느니라

6: 115　한신韓信이 한고조漢高祖의 추식식지推食食之와 탈의의지脫衣衣之한 은혜恩惠를 감격感激하여 괴철蒯徹의 말을 듣지 아니 하였으니 한신韓信이 한고조漢高祖를 저버린 것이 아니요 한고조漢高祖가 한신韓信을 저버렸느니라

6: 116　세상世上 사람이 전명숙全明淑의 힘을 많이 입었나니 한몫에 팔십냥八十兩하는 세금稅金을 삼십냥三十兩으로 감減하게 한 자는 전명숙全明淑이라 언론言論이라도 그의 이름을 해害하지 말라

6: 117　병욱秉旭에게 일러 가라사대 남은 어떻게 생각하든지 너는 전명숙全明淑의 이름을 해害하지 말라 너의 영귀榮貴에는 전명숙全明淑의 힘이 많으니라 하시니라

6: 118　이마두利瑪竇가 이십사절二十四節을 마련하여 인민人民이 그 덕德을 입어 왔으나 이 뒤로는 분각分刻이 나리니 분각分刻은 우리가 쓰리라

6: 119　천존天尊과 지존地尊보다 인존人尊이 크니 이제는 인존시대人尊時代니라

6: 120　나의 일은 남 죽을때에 살자는 일이요 남 사는 때에는 영화榮華와 복록福祿을 누리자는 일이니라

6: 121　너희들은 아무리 죽고저 하여도 못죽을 것이요 내가 놓아 주어야 죽으리라

6 : 122   믿는 자를 가려 손을 꼽는데 만일 배신背信하는 행위行爲가 있어 꼽혔던 손이 펴지는 때에는 살아나지 못하리라

6 : 123   너희들이 신信을 주어야 나의 신信을 받으리라

6 : 124   이 시대時代는 원시반본原始返本하는 시대時代라 혈통血統줄이 바로 잡히는 때이니 환부역조換父易祖하는 자와 환골換骨하는 자는 다 죽으리라

6 : 125   옛적에 신성神聖이 입극立極함에 성웅聖雄이 겸비兼備하여 정치政治와 교화敎化를 통제관장統制管掌하였으나 중고中古 이래로 성聖과 웅雄이 바탕을 달리하여 정치政治와 교화敎化가 갈렸으므로 마침내 여러 가지로 분파分派되어 진법眞法을 보지 못하였나니 이제는 원시반본原始返本이 되어 군사위君師位가 한 갈래로 되리라

6 : 126   이제는 천지天地 도수度數가 정리整理되어 각 신명神明의 자리가 잡히는 때라 일본日本 사람이 효孝줄을 띠고 조선朝鮮에 건너와서 임진란壬辰亂에 각 오지奧地에 들어가서 죽은 저의 선령신先靈神들을 찾아가려 하므로 의병義兵들이 일어나서 그 일을 이루어 주려고 각 깊숙한 곳까지 이끌고 들어가느니라

6 : 127   세상에서 우순虞舜을 대효大孝라 이르나 그 부친父親 고수瞽嫂의 이름을 벗기지 못하였으니 어찌 한恨스럽지 아니하리오

6：128　우리 공부工夫는 물 한 그릇이라도 연고緣故없이 남의 힘을 빌리지 못하는 공부工夫니 비록 부자父子 형제간兄弟間이라도 헛된 의뢰依賴를 하지 말라

6：129　이제 서양 사람에게 재조才操를 배워 다시 그들에게 대항對抗하는 것은 배은망덕背恩忘德 줄을 범犯하므로 판 밖에서 남의 의뢰依賴없이 남 모르는 법으로 일을 꾸미노라 일본사람이 미국美國과 싸우는 것은 배사율背師律을 범犯하는 것이므로 참혹慘酷히 망하리라

6：130　내가 보는 일이 일국一國 일에 그칠진대 어렵지 않지마는 천하사天下事인 고故로 이렇듯 더디노라

6：131　이제 동양東洋 형세形勢가 위급危急함이 누란累卵과 같아서 내가 붙잡지 아니하면 영원永遠히 서양西洋으로 넘어가리라

6：132　조선朝鮮은 원래元來 일본日本을 지도指導하던 선생국先生國이었나니 배은망덕背恩忘德은 신도神道에서 허락許諾치 아니하므로 저희들에게 일시의 영유領有는 될지언정 영원히 영유領有하지는 못하리라 시속時俗에 중국中國을 대국大國이라 이르나 조선朝鮮이 오랫동안 중국을 섬긴 것이 은혜恩惠가 되어 소중화小中華가 장차將次 대중화大中華로 뒤집혀 대국大國의 칭호稱號가 조선으로 옮기게 되리니 그런 언습言習을 버릴지니라

6：133　수운가사水雲歌詞에 「인물人物보고 가사家舍보고 모

몰염치추존<sup>冒沒廉恥推尊</sup>말라」라고 하였으며 또 그 시에 「선불처변명불수<sup>善不處變名不秀</sup>」라 하였나니 알아두라

6 : 134  이 때는 해원시대<sup>解寃時代</sup>라 몇 천년<sup>千年</sup>동안 깊이 깊이 갇혀 있어 남자<sup>男子</sup>의 완롱<sup>玩弄</sup>거리와 사역<sup>使役</sup>거리에 지나지 못하던 여자의 원<sup>寃</sup>을 풀어 정음정양<sup>正陰正陽</sup>으로 건곤<sup>乾坤</sup>을 짓게 하려니와 이 뒤로는 예법<sup>禮法</sup>을 다시 꾸며 여자의 말을 듣지 않고는 함부로 남자<sup>男子</sup>의 권리<sup>權利</sup>를 행하지 못하리라

6 : 135  예전에는 억음존양<sup>抑陰尊陽</sup>이 되면서도 항언<sup>恒言</sup>에 음양<sup>陰陽</sup>이라 하여 양<sup>陽</sup>보다 음<sup>陰</sup>을 먼저 이르니 어찌 기이<sup>奇異</sup>한 일이 아니리오 이 뒤에는 음양<sup>陰陽</sup> 그대로 사실<sup>事實</sup>을 바로 꾸미리라

6 : 136  수운가사<sup>水雲歌詞</sup>에 세가지 기운이 갈무려 있으니 말은 소장<sup>蘇張</sup>의 구변<sup>口辯</sup>이 있고 글은 이두<sup>李杜</sup>의 문장<sup>文章</sup>이 있고 앎은 강절<sup>康節</sup>의 지식<sup>知識</sup>이 있나니 다 내 비결<sup>秘訣</sup>이니라

6 : 137  어떤 사람이 생식<sup>生食</sup>과 벽곡<sup>辟穀</sup>의 편리<sup>便利</sup>함을 말하니 천사<sup>天師</sup> 놀래어 가라사대 천하사<sup>天下事</sup>는 살고 죽는 두 길에 그치나니 우리의 쉴 새 없이 서두르는 일은 하루에 밥 세때 벌이로 먹고 살려는 일이라 이제 먹지 않기를 꾀하는 자 무슨 영위<sup>營爲</sup>가 있으리요

6 : 138  최내경<sup>崔乃敬</sup>의 아들이 가난하여 헌병<sup>憲兵</sup> 보조원<sup>補</sup>

助員에 들어 생계<sup>生計</sup>를 얻고저 하여 천사<sup>天師</sup>께 아뢰니 가라 사대 총<sup>銃</sup> 끝이나 칼 끝이나 덕<sup>德</sup>을 붙이면 관계<sup>關係</sup>없으리라 하시니라

6: 139  김병욱<sup>金秉旭</sup>이 차력약<sup>借力藥</sup>을 먹고자하여 아뢰니 가라사대 네가 약<sup>藥</sup>먹고 차력<sup>借力</sup>하여 태전<sup>駄錢</sup>짐을 지겠느냐 길품을 팔겠느냐 난리<sup>亂離</sup>를 치겠느냐 사약<sup>死藥</sup>이니라 하시니라

6: 140  천<sup>天</sup>이 이기예<sup>以技藝</sup>로 여서인<sup>與西人</sup>하여 이복성인지역<sup>以服聖人之役</sup>하고 천<sup>天</sup>이 이조화<sup>以造化</sup>로 여오도<sup>與吾道</sup>하여 이제서인지악<sup>以制西人之惡</sup>이니라

6: 141  삼생<sup>三生</sup>의 인연<sup>因緣</sup>이 있어야 나를 쫓으리라

6: 142  선령<sup>先靈</sup>의 음덕<sup>蔭德</sup>으로 나를 믿게 되나니 음덕<sup>蔭德</sup>이 있는 자는 들어왔다가 나가려 하면 신명<sup>神明</sup>들이 등을 쳐들이며 이곳을 벗어나면 죽으리라 이르고 음덕<sup>蔭德</sup>이 없는 자는 설혹 들어왔을지라도 이마를 쳐 내치며 이곳이 너는 못 있을 곳이라 이르느니라

6: 143  대학<sup>大學</sup>에 물유본말<sup>物有本末</sup>하고 사유종시<sup>事有終始</sup>하니 지소선후<sup>知所先後</sup>면 즉근도의<sup>即近道矣</sup>라 하였으며 또 기소후자<sup>其所厚者</sup>에 박<sup>薄</sup>하고 소박자<sup>所薄者</sup>에 후<sup>厚</sup>하니 미지유야<sup>未之有也</sup>라 하였으니 인도<sup>人道</sup>의 규범<sup>規範</sup>이니라

6: 144  사지당왕<sup>事之當旺</sup>이 재어천지<sup>在於天地</sup>요 필부재인<sup>必不在</sup>

人이라 연然이나 무인無人이면 무천지고無天地故로 천지생인天地生人하여 용인用人하나니 이인생以人生으로 불참어천지용인지시不參於天地用人之時면 하가왈인생호何可曰人生乎아라

6: 145  수운가사水雲歌詞에 「원처遠處에 일이 있어 가게 되면 이利가 되고 아니 가면 해害가 된다」라 하였으며 「네가 무슨 복력福力으로 불로자득不勞自得 하단 말가」라 하였나니 알아두라

6: 146  수운가사水雲歌詞에 「운수運數는 가까워 오고 조갈(기회機會)은 잠시暫時로다」라 하였나니 도道에 뜻하는 자의 거울이니라

6: 147  광찬光贊이 천지개벽天地開闢의 더딤을 불평不平하여 매양 좌석座席을 분요紛擾케 하거늘 천사天師 일러 가라사대 모든 일이 욕속부달欲速不達이라 마음을 평안平安케하여 유치幼稚를 면免하라 사지종용事之從容도 자아유지自我由之하고 사지분란事之紛亂도 자아유지自我由之라 자방지종용子房之從容과 공명지정대孔明之正大를 본 받아 유치幼稚를 면免하라 하시니라

6: 148  현대現代에 허다許多한 주의主義로 허다許多한 단체團體가 모임은 추성후秋成後에 오곡五穀을 거두어 결속結束함과 같으니라

6: 149  혹或 말하되 증산甑山은 진실眞實로 폭幅을 잡기가 어렵다 하거늘 천사天師 들으시고 가라사대 사람이 마땅히 폭幅잡기가 어려 워야 할지니 만일 폭幅을 잡히면 범속凡俗

에 지나지 못하느니라 하시니라

6: 150 남이 트집을 잡아 싸우려 할지라도 마음을 눅혀서 지는 것이 상등上等 사람이라 복福이 되는 것이요 분忿을 참지 못하고 어울려 싸우는 자는 하등下等 사람이라 신명神明의 도움을 받지 못하나니 어찌 잘 되기를 바라리오

6: 151 믿기를 활 다리듯 하라 활 다리는 법이 너무 성급性急히 다리면 꺾어지나니 진득히 다려야 하느니라

6: 152 죄가 없어도 있는 듯이 잠시暫時라도 방심放心하지 말고 조심操心하라

6: 153 어떤 대신大臣이 대명大命을 받아 그 첫 공사公事에 장안長安에 있는 청루靑樓의 물정物情을 물었나니 이것이 옳은 공사公事니라

6: 154 무물無物이면 불성不成이니 마음을 알아 두려면 돈을 불러 보아야 하느니라

## 제칠장第七章 교범敎範

7: 1  천사天師 경학京學의 집에 대학교大學校를 정하시고 가라사대 학교學校는 이 학교學校가 크리라 이제는 해원시대解冤時代라 천賤한 사람에게서부터 교敎를 전傳하리니 무당巫堂 여섯 명을 불러 오라 경학京學이 명을 받고 무당을 불러오니 명하사 관건冠巾을 벗기고 각 사람의 앞에 청수淸水를 놓이시고 그 청수淸水를 향하여 네 번씩 절을 시키신 뒤에 시천주侍天呪 세 번을 읽으시며 각기 따라 읽게 하시고 주소住所와 성명姓名을 물으시되 세상世上이 다 아는 이름이냐고 물으신 뒤에 청수淸水를 마시라 하사 가라사대 이것이 곧 복록福祿이니라 하시니라

7: 2  하루는 경학京學의 집에서 백지白紙를 사지 오리듯 하여 두 기장으로 벽壁에 붙이시고 물을 머금어 품으시니 빗방울이 떨어지는지라 이에 청수淸水 한 동이를 길어 오라 하사 한 그릇을 떠마시다가 남겨서 다시 동이에 부으시고 여러 사람에게 그 동이 물을 한 그릇씩 먹이시니라

7: 3  구릿골에 계실 때 종도從徒 아홉 사람을 벌려 앉히시고 일러 가라사대 이제 교운敎運을 전하리라 하시고 갑칠甲七을 명하사 푸른 대 한 개를 뜻대로 잘라오라 하사 그 마디 수를 헤이니 모두 열마디어늘 또 명하사 한마디를 끊으시며 가라사대 이 한마디는 두목頭目이라 왕래往來와 순회巡廻를 마음대로 할 것이요 남은 아홉 마디는 교敎받는 자의 수효數爻와 맞는도다 하늘에 별이 몇 개나 나타났는가 보라 갑칠甲七이 밖에 나가서 우러러 보니 검은 구름이 하

늘을 덮었는데 다만 하늘 복판이 열려서 별 아홉 개가 나타났거늘 그대로 아뢰니 가라사대 이는 교$^{敎}$받는 자$^{者}$의 수효$^{數爻}$에 응應함이니라 하시고 또 가라사대 교운$^{敎運}$의 개시$^{開始}$가 초장봉기지세$^{楚將蜂起之勢}$를 이루리라 하시니라

7: 4 정미년$^{丁未年}$ 겨울에 고부$^{古阜}$ 와룡리$^{臥龍里}$에 계실 때 종도$^{從徒}$들에게 오주$^{五呪}$를 가르쳐 주시며 가라사대 이글은 천지$^{天地}$의 진액$^{津液}$이라 하시니 이러하니라

　　　　시천지가가장세　일월일월　만사지
　　　　時天地家家長世　日月日月　萬事知
　　　　시천지조화정　영세불망만사지
　　　　侍天地造化定　永世不忘萬事知
　　　　복록성경신　수명성경신　지기금지원위대강
　　　　福祿誠敬信　壽命誠敬信　至氣今至願爲大降
　　　　명덕관음팔음팔양　지기금지원위대강
　　　　明德觀音八陰八陽　至氣今至願爲大降
　　　　삼계해마　대제신위　원진천존관　성제군
　　　　三界解魔　大帝神位　願趁天尊關　聖帝君

7: 5 경석$^{京石}$의 집에 계실 새 양지$^{洋紙}$ 온장에 사람을 그려서 벽에 붙이시고 제사$^{祭祀}$ 절차$^{節次}$와 같이 설위$^{設位}$하신 뒤에 종도$^{從徒}$들을 명$^{命}$하사 그곳을 향하여 반천무지식$^{攀天撫地式}$으로 사배$^{四拜}$를 하고 마음으로 소원$^{所願}$을 고告하라 하시며 천사$^{天師}$ 친히 사람 그려 붙인 곳에 서시더니 식$^{式}$을 마침에 물어 가라사대 누구에게 심고$^{心告}$하였느냐 대하여 가로대 선생께 소원$^{所願}$을 고하였나이다 천사$^{天師}$ 웃어 가라사대 내가 산 제사$^{祭祀}$를 받았노니 이 뒤에까지 미치리라 사배$^{四拜}$를

받았으니 내가 한번 절하리라 하시고 단배$^{單拜}$로 절하시며
또 가라사대 자리는 띠자리가 정$^{淨}$한 것이니라 하시니라

7: 6 기유년$^{己酉年}$ 봄에 종도$^{從徒}$들에게 운장주$^{雲長呪}$를 써
주시며 가라사대 이 글이 대차력주$^{大借力呪}$니라 하시니 이러
하니라
  천하영웅관운장 의막처 근청천지팔위제장 육정육갑육병육을
  天下英雄關雲長 依幕處 近聽天地八位諸將 六丁六甲六丙六乙
  소솔제장 일별병영사귀 엄엄급급여율령사바하
  小率諸將 一別屏營邪鬼 唵唵急急如律令娑婆訶

7: 7 하루는 종도$^{從徒}$들을 둘러 앉히시고 오주$^{五呪}$를 써서
한 사람에게 주어 읽히시고 만명$^{萬名}$에게 전하라 하사 다짐
을 받으신 뒤에 그 사람으로 하여금 다시 그와 같이 다른
사람에게 전$^{傳}$하여 연차$^{連次}$로 돌려서 서로 전하여 주게 하
시니라

7: 8 하루는 종도$^{從徒}$들에게 물어 가라사대 최수운$^{崔水雲}$
의 시천주$^{侍天呪}$는 포교$^{布教}$ 오십년$^{五十年}$ 공부$^{工夫}$가 들어 있고
김경흔$^{金京訢}$ (충청도$^{忠淸道}$ 비인$^{庇仁}$사람)은 오십년$^{五十年}$ 공부$^{工}$
$^{夫}$로 태을주$^{太乙呪}$를 얻었나니 같은 오십년$^{五十年}$ 공부$^{工夫}$에 어
느 주문$^{呪文}$을 취$^{取}$함이 옳으냐 광찬$^{光贊}$이 대$^{對}$하여 가로대
선생$^{先生}$의 처분$^{處分}$대로 하사이다 가라사대 시천주$^{侍天呪}$는
이미 행세$^{行世}$되었으니 태을주$^{太乙呪}$를 쓰라 하시고 읽어주시
니 이러하니라
  훔치훔치 태을천상원군 흠리치야도래 훔리함리 사바하
  吽哆吽哆 太乙天上元君 吽哩哆耶都來 吽哩喊哩 娑婆訶

7: 9  전주全州에서 김석金碩을 입교入敎시킬 때 광찬光贊과 형렬亨烈을 좌우左右에 세우시고 청수淸水를 그 앞에 놓고 두 사람으로 하여금 태을주太乙呪를 중이 염불念佛 하듯이 스물 한 번을 읽게 하신 뒤에 석碩으로 하여금 읽게 하시니라

7: 10  하루는 유찬명柳贊明과 김자현金自賢에게 일러 가라사대 각기 십만명十萬名에게 포교布敎하라 하시니 찬명贊明은 대답對答하고 자현自賢은 대답치 아니하거늘 재촉하사 대답을 받으신 뒤에 일러 가라사대 평천하平天下는 내가 하리니 치천하治天下는 너희들이 하라 치천하治天下 오십년五十年 공부工夫니라

7: 11  태인泰仁 숫구지 전쾌문全快文이 공우公又에게 와서 말하여 가로대 시천주侍天呪를 읽었더니 하루는 한 노인이 와서 살고 잘 될 곳을 가려면 남南쪽으로 이십리二十里를 가라하므로 찾아 왔노라 공우公又 쾌문快文을 데리고 와서 아뢰니 천사天師 글 한 장을 써서 쾌문快文에게 주신지라 쾌문快文이 집에 돌아와서 펴보니 곧 태을주太乙呪라 이에 하룻 저녁을 읽으니 온 마을 남녀노소男女老少가 다 따라 읽는지라 이튿날 쾌문快文이 와서 사실事實을 아뢰니 가라사대 숫구지는 곧 수數 꾸지라 장래將來 일을 수數놓아 보았노라 아직 시기時機가 이르니 그 기운을 걷으리라 하시고 약방벽壁에 「기동북이고수 이서남이교통氣東北而固守 理西南而交通」이라 쓰시고 문 밖 반석盤石 위에 물형物形을 그리고 점을 치신 뒤에 종이에 태을주太乙呪와 김경흔金京訢을 써서 붙이시고 일어나서 절하시며 가라사대 내가 김경흔金京訢에게서 받았노라 하시고 칼 한 개와 붓 한 자루와 먹 한개와 부채 한

개를 반석盤石 위에 벌려 놓으시고 종도從徒들로 하여금 뜻 가는대로 들라하시니 찬명贊明은 칼을 들고 형렬亨烈은 부채를 들고 자현自賢은 먹을 들고 한공숙韓公淑은 붓을 드는지라 이에 종도從徒들을 약방藥房 네 구석에 갈라 앉히시고 천사天師 방房 한가운데 서서 「이칠륙 구오일 사삼팔二七六 九五一 四三八」을 한번 외우신 뒤에 종도從徒 세 사람으로 하여금 종이를 지화紙貨와 같이 끊어서 벼룻 집 속에 채워 넣은 뒤에 한 사람으로 하여금 한 조각을 집어내어 등우鄧禹를 부르고 다른 한 사람에게 전하여 그 종이 조각을 받은 사람도 또 등우鄧禹를 부르고 다른 한 사람에게 전하며 다른 사람도 그와 같이 받은 뒤에 청국淸國 지면知面이라 읽고 다시 전前과 같이 하여 마성馬成을 부른 뒤에 일본日本 지면知面이라 읽고 또 그와 같이하여 오한吳漢을 부른 뒤에 조선朝鮮 지면知面이라 읽어서 이십팔장二十八將과 이십사장二十四將을 다 마치기까지 종이조각을 집으니 그 종이조각 수효數爻가 맞는지라 쾌문快文이 집에 돌아갔다가 수일數日 후에 다시 와서 그 뒤로는 마을에서 태을주太乙呪를 읽지 아니한다고 아뢰니라 태을주太乙呪를 쓰라고 말씀 하시기는 화천化天하실 무렵이었는데 태을주太乙呪를 문 위에 붙이면 신병神兵이 지나다가 도가道家라 하여 침범侵犯하지 아니하고 물러 가리라 하시니라

7: 12  하루는 종도從徒들에게 일러 가라사대 태을주太乙呪와 운장주雲長呪를 내가 시험試驗하였노니 너희들은 많이 읽으라 일찍 김병욱金秉旭의 화禍는 태을주太乙呪로 풀었고 장효순張孝淳의 난亂은 운장주雲長呪로 끌렀노라 태을주太乙呪는 역률逆律을 범犯하였을지라도 옥문獄門이 스스로 열리고 운장주雲長呪는 살인죄殺人罪에 걸렸을지라도 옥문獄門이 스스로 열리

느니라 하시니라

7: 13 하루는 교운敎運을 보리라 하시고 세숫물을 대하사 종도從徒들에게 눈을 감고 보라 하시거늘 모두 명하신대로 하여 보니 문득 큰 바다에 뱀의 머리와 용龍의 꼬리가 굽이치는지라 그대로 아뢰니 가라사대 나의 형체形體가 사두용미蛇頭龍尾니라 하시니라

7: 14 매양 공사公事를 보실 때 글이나 물형物形을 써서 불사르시므로 그 물형物形은 뜻을 알 수 없고 다만 그 글이나 기록記錄하려 하되 천사天師 금지禁止하시며 가라사대 문명文明은 뒷날에 나리라 하시므로 문명의 기록은 없고 다만 몇 절節을 전하여 온 것은 그 때에 종도從徒들이 한번 보아서 기록記錄된 것이니라

7: 15 공우公又 여쭈어 가로대 동학東學에 강필降筆로 부符를 그려서 병자病者를 먹이면 낫는 자도 있고 죽는 자도 있어 일치一致하지 못하니 무슨 연고緣故니이까 가라사대 부符를 먹이면 비위脾胃를 상傷하게 하여 해害가 될지언정 이롭지 못할 것이요 혹 차효差效를 보았다는 자는 본시本是 나을 사람이니라 강降에 허강虛降과 진강眞降이 있는데 진인眞人은 허강虛降이 없느니라 도통道通 시킨 뒤에 강降을 내려주리니 진강眞降을 받은 자는 병자病者를 만져도 낫고 건너다 보기만 하여도 낫고 말만 하여도 낫느니라

7: 16 공사公事를 행行하실 때나 어느 곳에 자리를 정하고 머무르실 때에는 반드시 종도從徒들에게 정심正心하라 명

하시고 혹 방심<sup>放心</sup>하는 자가 있으면 마음을 보는 듯이 일깨우시며 혹 주무실 때를 타서 방심<sup>放心</sup>하는 자가 있을지라도 문득 보시는 듯이 마음을 거두라고 명하시니라

7: 17  하루는 종도<sup>從徒</sup>들에게 일러 가라사대 내가 부안<sup>扶安</sup> 신명<sup>神明</sup>을 불러도 응<sup>應</sup>하지 아니 하므로 부득이<sup>不得已</sup>하여 그 지방<sup>地方</sup>까지 가본즉 신원일<sup>辛元一</sup>이 공부<sup>工夫</sup>할 때에 그 지방신<sup>地方神</sup>들이 호위<sup>護衛</sup>하여 떠나지 못한 까닭이라 이 일을 볼진대 공부<sup>工夫</sup>를 어찌 등한<sup>等閑</sup>히 알겠느냐 하시니라

7: 18  하루는 종도<sup>從徒</sup>들에게 일러 가라사대 오는 잠 적게 자고 태을주<sup>太乙呪</sup>를 많이 읽으라 하늘 으뜸가는 임금이니 오만년<sup>五萬年</sup> 동안 동리<sup>洞里</sup>동리<sup>洞里</sup> 각 학교<sup>學校</sup>에서 외우리라

7: 19  처음으로 종사<sup>從事</sup>하는 자에게는 반드시 평생에 지은 허물을 낱낱이 생각하여 마음으로 사<sup>赦</sup>하여 주시기를 빌라 하시되 만일 잊고 생각지 못한 일이 있으면 낱낱이 개두<sup>開頭</sup>하여 깨닫게 하시며 또 반드시 그 몸을 위하여 척신과 모든 병고<sup>病故</sup>를 맑혀 주시니라

7: 20  하루는 종도<sup>從徒</sup>들에게 일러 가라사대 옛사람이 삼년동안 공부<sup>工夫</sup>하고 집에 돌아갈 때 길에서 사람을 대하면 그 성명<sup>姓名</sup>이 알아지므로 낱낱이 말 하였더니 집에 돌아간 뒤에는 지각<sup>知覺</sup>이 막혀 어두워졌다 하시니라

7: 21  형렬<sup>亨烈</sup>이 양식<sup>糧食</sup>이 떨어져서 손 오는 것을 괴롭게 여기거늘 가라사대 개문납객<sup>開門納客</sup>에 기수기연<sup>其數其然</sup>이

라 하나니 사람이 와야 하느니라

7: 22 기유년己酉年 정월正月 열 나흘날 밤에 덕두리 최덕겸崔德兼의 집에 계실 때 새올新乶이라 써서 불사르시고 이튿날 덕겸德兼을 명하사 새올 최창조崔昌祚에게 가서 전도傳道하라 하시니 덕겸德兼이 그 방법을 물은 대 가라사대 창조昌祚의 집 조용한 방을 치우고 청수淸水 한 동이를 길어다 놓고 수도자受道者들을 모아 놓고 수저 마흔아홉 개를 동이 앞에 놓고 시천주侍天呪를 일곱번 읽은 뒤에 수저를 모아잡아 쇠소리를 내며 닭 울기까지 행行하라 만일 닭 울기 전에 잠든 자는 죽으리라 덕겸德兼이 명을 받고 창조昌祚의 집에 가서 명하신대로 낱낱이 행하니라 보름날 천사天師 원일元一을 데리고 백암리白岩里로부터 새올에 이르사 원일元一에게 명하사 백암리白岩里에서 가져온 당성냥과 주지周紙를 덕겸德兼에게 전하시니 주지周紙는 태을주太乙呪를 쓴 것과 또 천문지리 풍운조화 팔문둔갑 육정육갑 지혜용력 天文地理 風雲造化 八門遁甲 六丁六甲 智慧勇力이라 쓴 것이러라 창조昌祚를 명하사 밖에 나가서 살피라 하시니 창조昌祚가 나갔다가 들어와서 아뢰되 태인泰仁 순검巡檢이 선생先生을 체포逮捕하려고 백암리白岩里로 나갔다는 말이 있더이다 천사天師 일어나시며 창조昌祚에게 일러 가라사대 너도 피避하라 또 덕겸德兼에게 일러 가라사대 일분一分 동안 일이니 빨리 집으로 돌아가라 하시고 창조昌祚에게 돈 두냥을 가져오라 하사 새올 이공삼李公三에게 간직하라 하시고 통머릿골로 향하여 비틀 걸음으로 가시며 가라사대 도망逃亡하려면 이렇게 걸어야 하리라 하시고 이 길로 구릿골로 가시니라

# 제팔장第八章 치병治病

8: 1  임인년壬寅年에 천사天師 병病고치는 법을 전주全州 우묵실 이경오李京五에게 처음으로 베푸시니라 경오京五는 대원사大願寺 주지主持 박금곡朴錦谷과 친분親分이 있으므로 병세病勢가 위독危篤함을 금곡錦谷에게 말하여 의사를 구하여 주기를 청하니 금곡錦谷이 천사天師의 신성神聖하심을 알므로 그 일을 아뢰어 신방神方을 베풀어 주시기를 간청懇請하는지라 천사天師 경오京五를 가 보시니 그 병 증세症勢가 왼발 무명지無名旨가 아프고 쑤시며 오후부터 새벽까지 다리가 부어올라 다리 전부全部가 큰 기둥과 같이 되었다가 아침부터는 부기浮氣가 내려 정오正午에는 원상原狀을 회복恢復하여 이렇게 삼사년三四年 동안을 앓음에 촌보寸步를 옮기지 못하고 앉은뱅이가 되어 있더라 천사天師 가라사대 이 병이 진실眞實로 괴이怪異하도다 모든 일이 작은 것으로 부터 큰 것을 헤아리나니 내가 이 병으로써 본을 삼아 천하天下의 병을 다스리기를 시험하리라 하시고 손으로 만져 내리신 뒤에 처마 끝에서 떨어지는 빗물을 받아서 씻으라 하셨더니 경오京五가 명하신 대로 하여 곧 나으니라

8: 2  경오京五의 어린 아해兒孩가 배앓이가 있어서 여러날 동안 대소변大小便을 통通치 못하고 생명生命이 위독危篤한지라 경오京五가 어린 아해兒孩를 안고 와서 고쳐주시기를 청한대 천사天師 어린 아해兒孩를 앞에 누이시고 손으로 배를 만져 내리시니 곧 소변小便을 통通하는지라 그릇에 소변小便을 받아 두었다가 내어본즉 그릇 바닥에 무슨 가루가 가라앉았거늘 가라사대 이것은 사탕砂糖가루라 어린 아해兒孩가 사탕

砂糖을 많이 먹으면 항문<sup>肛門</sup>이 막히고 이러한 병<sup>病</sup>이 나기 쉬우니 주의하라 하시니라

8: 3  계묘년<sup>癸卯年</sup> 삼월<sup>三月</sup>에 전주부<sup>全州府</sup>에 머무르실 새 장효순<sup>張孝淳</sup>의 딸이 어려서부터 횟<sup>蛔</sup>배를 앓아 해마다 달포씩 서너번 고생<sup>苦生</sup>하더니 이 해에는 연하여 두어 달을 앓음에 생명이 위태<sup>危殆</sup>하게 된지라 효순<sup>孝淳</sup>이 그 일을 아뢰며 고쳐주시기를 청하니 천사<sup>天師</sup> 그 사위를 부르사 부부<sup>夫婦</sup>끼리 벽을 끼어서 서로 등을 맞추어 서라 하시니 그 사위가 명하신 대로 함에 아내의 병은 낫고 그 사위가 병을 옮겨서 앓거늘 천사<sup>天師</sup> 손으로 만져서 낫게 하시니라

8: 4  김윤근<sup>金允根</sup>이 묵은 치질<sup>痔疾</sup>로 수십년<sup>數十年</sup> 동안 앓아 오다가 이 해에는 더욱 심하여 기동<sup>起動</sup>을 못하고 누웠거늘 천사<sup>天師</sup> 불쌍히 여기사 아침마다 시천주<sup>侍天呪</sup>를 일곱 번 씩 외우라 하셨더니 윤근<sup>允根</sup>이 그대로 하여 곧 나으니라

8: 5  고부<sup>古阜</sup> 이도삼<sup>李道三</sup>이 간질<sup>癎疾</sup>이 있어서 고쳐 주시기를 청<sup>請</sup>하거늘 가라사대 나를 따르라 하시고 누워서 자지 못하게 하였더니 밥 먹은 뒤에는 배가 아프고 대변<sup>大便</sup>에 담<sup>痰</sup>이 섞여 나오다가 열나흘만에 나으니라

8: 6  갑진<sup>甲辰</sup> 구월<sup>九月</sup> 열나흔날 함열<sup>咸悅</sup> 회선동<sup>會仙洞</sup> 김보경<sup>金甫京</sup>의 집에 가시니 개가 심히 짖고 나오더라 이 때에 보경<sup>甫京</sup>이 병들어 누워서 크게 위독<sup>危篤</sup>하므로 천사<sup>天師</sup>께 고쳐 주시기를 청하거늘 천사<sup>天師</sup> 웃으시며 가라사대 주인<sup>主人</sup>

의 병病은 이미 저 개에게 옮겼으니 근심을 말라 하시더니 과연果然 보경甫京의 병은 곧 낫고 그 개는 병들어서 사흘만에 죽으니라

8: 7  섣달十二月에 구릿골에 이르시니 김갑진金甲辰이 여러 해 된 문둥병으로 얼굴과 손발에 부종浮腫이 나고 눈썹 털이 다 빠졌더니 천사天師의 신성神聖하심을 듣고 와서 고쳐 주시기를 청하거늘 천사天師 갑진甲辰으로 하여금 정문正門 밖에서 방을 향하여 서게 하시고 형렬亨烈 외 두어 사람으로 하여금 대학경大學經 일장장하一章章下를 읽히신 뒤에 돌려 보내시니 이로부터 갑진甲辰의 병이 곧 나으니라

8: 8  구릿골 앞에서 술장사 하는 전순일全順一이 장병長病으로 오랫동안 앓다가 천사天師께 한번 뵙기를 원하거늘 천사天師 한공숙韓公淑을 데리고 그 집에 가사 순일順一에게 일러 가라사대 나 있는 곳에 술 한상을 차려오라 하시고 또 일러 가라사대 의원醫員이 떠나니 병인病人은 문밖에 나와 전별餞別하라 하시니 순일順一이 강작强作하여 사람을 붙들고 일어나서 문밖에 나와서 전송傳送함에 병이 곧 나으니라 그 뒤에 순일順一이 술상을 차려오지 아니하거늘 가라사대 그 사람이 구미口味를 회복恢復하지 못하여 신고辛苦하리라 하시더니 과연果然 순일順一이 구미口味가 돌지 아니하여 두어 달을 신고辛苦하니라

8: 9  순일順一의 이웃에서 술장사 하는 김사명金士明의 아들 성옥成玉이 열일곱살 되었는데 어느날 급증急症에 걸려서 죽거늘 반일半日이 넘도록 살리려고 백방百方으로 주선周旋하

여도 회생回生할 여망餘望이 없는지라 할 수 없이 그 모친母親이 죽은 아해兒孩를 들고 구릿골 약방藥房에 다다르니 방문 앞에 당도當到할 때에 천사天師 미리 알으시고 문득 가라사대 약방藥房이 안 되려고 송장을 안고 오는 자가 있도다 하시더라 성옥成玉의 모친母親이 성옥成玉을 천사天師 앞에 눕혀 놓고 울면서 살려주시기를 애걸하거늘 천사天師 웃으시며 죽은 아해兒孩를 무릎 위에 올려 눕히고 배를 만져 내리시며 허공虛空을 향하여 미수眉叟시켜 우암尤庵 부르라고 큰 소리로 외치신 뒤에 침을 흘려서 죽은 아해兒孩의 입에 넣으시니 죽은 아해兒孩가 문득 항문肛門으로 시추물을 쏟으며 큰 소리를 치고 살아나거늘 이에 미음米飮을 쑤어서 먹이시고 걸어서 돌아가게 하시니라

8: 10  구릿골 김창여金昌汝가 여러해 된 적체積滯로 음식飮食을 먹지 못하여 심히 고통苦痛하거늘 천사天師 불쌍히 여기사 평상平床 위에 눕히신 뒤에 배를 어루만지시며 형렬亨烈을 명하사 「조래천하팔자곡 누류인간삼월우 규화세침능보곤 평수부종빈읍결 일년월명임술추 만리운미태을궁 청음교무이객소 왕겁오비삼국진 調來天下八字曲 淚流人間三月雨 葵花細忱能補袞 萍水浮踵頻泣玦 一年月明壬戌秋 萬里雲迷太乙宮 淸音蛟舞二客簫 往劫烏飛三國塵」이라는 글을 외워 주었더니 그 뒤로 창여昌汝의 체증滯症이 곧 나으니라

8: 11  전주全州 용머리 고개 김모金某가 앉은뱅이로서 교자轎子를 타고 와서 고쳐주시기를 청하거늘 천사天師 그 사람을 앞에 앉히시고 담뱃대를 들어 올리시며 가라사대 이

담뱃대를 따라서 차차 일어서라 하시니 그 사람이 천천히 들어 올리시는 담뱃대를 따라 무릎과 다리를 점점 펴며 일어서거늘 이에 형렬亨烈을 명하사 「예고신 예팽신 석란신 동서남북중앙신장 조화조화운오명령훔 曳鼓神 曳彭神 石蘭神 東西南北中央神將 造化造化云吾命令吽」이라는 글을 외운 뒤에 그 사람으로 하여금 마당에서 빨리 달리게 하시고 광찬光贊을 명하사 회초리로 다리를 때려 빨리 걷게 하시고 교자轎子를 버리고 도보徒步로 돌려 보내실때 사금謝金 서른냥을 받아서 큰 길가 주막酒幕에 나가 오고 가는 행인行人을 불러서 술을 사 주시며 가라사대 다리를 펴주니 고맙도다 하시니라

8: 12  금구金溝 수류면水流面 귀미란龜尾卵 최운익崔雲益의 아들이 병들어서 사경死境에 이르렀으므로 운익雲益이 와서 살려 주시기를 청하거늘 가라사대 병자病者의 얼굴이 심히 못나서 일생에 한恨을 품었으므로 이제 그 영혼靈魂이 청국淸國 심양瀋陽에 있어 돌아오기를 싫어하니 어찌할 수 없노라 운익雲益이 그 아들의 얼굴을 보는 듯이 알아 말씀하심을 신기神奇하게 여기며 살지 못하리라는 말씀에 더욱 슬퍼하여 굳이 약藥을 청하는지라 천사天師 사물탕四物湯 한 첩帖을 지으사 약포지藥包紙에 구월음九月飮이라 써서 주시니 운익雲益이 약藥을 가지고 집에 돌아간 즉 그 아들이 벌써 죽었더라 운익雲益이 돌아간 뒤에 종도從徒들이 구월음九月飮의 뜻을 물은 대 가라사대 「구월九月에 장시황어여산하葬始皇於驪山下」라 하였으니 살지 못할 뜻을 표시表示함이로다 만일 굳이 약藥을 청하여 얻지 못하면 한을 품을 것이므로 그 마음을 위로하기 위하여 약藥을 주었노라 하시니라

8: 13  구릿골 박순여$^{朴順汝}$의 모친$^{母親}$이 나이 육십여세$^{六十}$$^{餘歲}$에 병들어 매우 위독$^{危篤}$하여 회춘$^{回春}$될 희망$^{希望}$이 없으므로 초상 칠 제구$^{諸具}$를 준비하고 장사$^{葬事}$에 쓸 술까지 빚어 넣었더니 천사$^{天師}$ 들으시고 순여$^{順汝}$의 집에 가사 순여$^{順汝}$로 하여금 장場$^{場}$에 가서 초종$^{初終}$에 쓰는 모든 물건$^{物件}$에 대하여 쓰이지 않게 하여 달라는 심고$^{心告}$를 성의$^{誠意}$껏 하고 돌아오라 하시고 사물탕$^{四物湯}$ 한 첩을 달이신 뒤에 그 병실$^{病室}$ 정문$^{正門}$ 밖 뜰 밑에서 열두 걸음을 걸으사 땅을 장방형$^{長方形}$으로 파고 그 약$^{藥}$을 부으시며 가라사대 병이 이미 장기$^{葬期}$에 이르렀으니 약$^{藥}$을 땅에 써야 되리라 하시고 돌아오시니 병인$^{病人}$은 이로부터 회생$^{回生}$하니라 이 때에 순여$^{順汝}$가 장場$^{場}$으로부터 돌아오거늘 천사$^{天師}$ 물어 가라사대 장場$^{場}$에서 누구에게 심고$^{心告}$하였느뇨 순여$^{順汝}$ 대하여 가로대 선생$^{先生}$께 심고$^{心告}$하였나이다 천사$^{天師}$ 웃으시고 그 빚어 넣었던 술을 가져오라 하시어 이웃 사람들을 불러서 나누어 먹이시니라

8: 14  병오년$^{丙午年}$ 삼월$^{三月}$에 서울 황교$^{黃橋}$ 김영선$^{金永善}$의 집에 머무르실 새 이웃에 있는 오의관$^{吳議官}$이 삼년$^{三年}$ 전부터 폐병$^{肺病}$에 걸려서 이미 위기$^{危期}$에 이르렀더니 영선$^{永善}$에게서 천사$^{天師}$의 신성$^{神聖}$하심을 듣고 와 뵈인 뒤에 고쳐주시기를 간청$^{懇請}$하거늘 천사$^{天師}$ 글을 써주시며 가라사대 이것을 그대의 침실$^{寢室}$에 갊어두라 오의관$^{吳議官}$이 그대로 하였더니 그날 밤부터 잘 자고 모든 다른 증세$^{症勢}$도 다 나아 완쾌$^{完快}$하니라

8: 15  오의관$^{吳議官}$의 아내가 젊어서부터 청맹$^{靑盲}$관이가

되어 보지 못하더니 남편男便의 병이 나았음을 듣고 눈을 뜨게 하여주시기를 애걸哀乞하는지라 천사天師 그 봉사의 침실寢室 정문正門 앞에 이르사 양산洋傘대로 땅을 그어 돌리신 뒤에 소금을 좀 먹이시고 해 쪼이는 곳에서 사성음四聖飮 한 첩帖을 다려서 땅을 파고 부으시니 그 눈이 별안간瞥眼間 환하게 밝아지니라 오의관吳議官의 부처夫妻는 크게 감사感謝하여 지성至誠으로 천사天師를 공양供養하며 일행一行의 경비經費를 부담負擔하니라

8: 16  이 때 광찬光贊이 어느 곳에 부탁付託하여 천사天師의 의복衣服 한 벌을 지어 왔는데 천사天師 그 정묘精妙한 침선針繕을 칭찬稱讚하시니 광찬光贊이 여쭈어 가로대 이 옷을 지은 여자女子가 범절凡節은 극가極佳하나 앉은뱅이라 불쌍하여이다 가라사대 내가 한번 가 보리라 하시고 광찬光贊을 앞세우시고 두어 번 가 보셨더니 별로 치료법治療法을 베풀지 아니하셨으나 저절로 굳은 다리가 펴지고 힘을 얻어 자유自由로 행보行步하게 되니라

8: 17  구릿골 근처近處에 사는 김도일金道一이 천사天師께 심히 거만倨慢하더니 배앓이를 얻어서 여러 날 동안 고통苦痛하거늘 천사天師 도일道一에게 가보시고 손으로 가슴에서부터 배꼽 위에 까지 만져 내리시고 돌아오셨더니 그 뒤로는 배꼽 위에는 아픈 증症이 없어지고 배꼽 밑으로는 아픈 증症이 전과 같은지라 도일道一이 사람을 보내어 천사天師께 다시 만져주시기를 청하니 천사天師 도일道一을 불러오사 방 한가운데 눕히시고 문 밖에서 거닐으시다가 들어오시며 문득 도일道一을 꾸짖어 가라사대 네가 어찌 어른 앞에 누

웠느뇨 하시고 종도從徒들을 명하사 일으켜 쫓아내시니 도일道一이 크게 성내어 돌아갔는데 그때부터 병이 곧 낫거늘 도일道一이 비로소 그 꾸지람이 약이었음을 깨달으니라 종도從徒들이 꾸지람으로 병을 고치시는 까닭을 물으니 가라사대 그 병은 회충蛔蟲의 작란作亂이라 내가 한번 만짐에 회충蛔蟲이 배꼽 밑으로 내려가서 감히 일어서지 못하는데 만일 다시 만지면 회충蛔蟲은 녹아서 죽되 사람의 생명生命까지 위태危殆 할지라 그러므로 병인病人의 분노를 일으켜 회충蛔蟲이 그 기운氣運을 타고 올라와서 본처本處로 돌아와 안정安定을 얻게 한 것이니 이것이 의술醫術이니라 하시니라

8：18 도일道一이 병이 낳은 뒤에 요통腰痛이 다시 풀리지 아니하여 지팡이를 짚고 와 뵈이니 천사天師 가라사대 병나은 뒤에도 오히려 지팡이를 짚고 다님은 웬일이뇨 도일道一이 대하여 가로대 요통腰痛이 나서 그러하나이다 천사天師 광찬光贊을 명하사 그 지팡이를 꺾어버리셨더니 이로부터 요통腰痛이 곧 나으니라 다시 도일道一을 명하여 가라사대 서쪽 하늘에 붉은 구름이 떠 있는가 보라 하시니 도일道一이 나가보고 아뢰어 가로대 붉은 구름이 떠있나이다 가라사대 금산金山을 얻기가 어렵도다 하시니라

8：19 형렬亨烈이 다리가 아파서 오한惡寒 두통頭痛하며 음식을 전폐全廢하고 크게 앓거늘 천사天師 육십사괘六十四卦를 암송暗誦하라 명하시니 형렬亨烈이 그대로 함에 곧 오한惡寒이 물러가며 두통頭痛이 그치고 다리도 낫거늘 크게 이상히 여겨 그 까닭을 물으니 가라사대 팔괘八卦 가운데 오행五行 이치가 있고 약은 오행기운을 응應함인 연고緣故니라 하시더라

8: 20  서울 가셨을 때에 갑칠甲七이 설사泄瀉로 괴로워 하다가 막힌 뒤에 수십일이 되도록 뒤를 통치 못하여 고민苦悶하더니 영선永善의 아우가 순검巡檢으로 있을 때에 김병욱金秉旭을 잡으러 갔었던 일을 말하니 천사天師 물어 가라사대 군도軍刀는 어디에 있느뇨 가로대 집에 있나이다 곧 명하여 가져오라 하사 영선永善의 침방寢房 벽에 붙여 세우시고 갑칠甲七로 하여금 홀로 자라 하시며 가라사대 오늘 저녁에는 담배 한갑匣을 다 피우라 내일來日 새벽에는 대변大便이 통하리라 갑칠甲七이 홀로 자다가 새벽이 됨에 문득 군도軍刀가 스스로 꺼꾸러지며 소리를 내거늘 갑칠甲七이 잠결에 심히 놀랬더니 곧 대변大便이 통하니라

8: 21  오월五月에 광찬光贊을 데리고 임피읍내臨陂邑內 이봉현李鳳鉉에게 가시니 이 때에 봉현鳳鉉은 습종濕腫이 크게 발하여 행보行步를 못하고 있더니 광찬光贊이 전에없이 동맵시 바람으로 보퉁이를 결매고 다른 동맵시한 사람과 동행하여 오는지라 봉현鳳鉉이 광찬光贊을 반가히 맞아들여 술을 내어 대접하며 평소에 구마俱馬하고 점잖게 다니는 몸으로 이같이 변장變裝하고 온 것을 이상異常히 여기고 또 동행同行한 사람은 광찬光贊보다 연하年下인듯 함에도 불구不拘하고 예외例外로 존경尊敬함을 이상하게 생각하였더니 그 손님이 곧 천사天師라 술을 대함에 천사天師 봉현鳳鉉에게 술을 권하시거늘 봉현鳳鉉은 병을 빙자憑藉하여 받지 아니 하니 천사天師 가라사대 그 병을 낫게 하여주리니 염려念慮 말고 받으라 하시고 광찬光贊도 또한 병 염려念慮 말고 받으라고 권하므로 봉현鳳鉉이 드디어 대작對酌하였더니 술을 다 마신 뒤에 봉현鳳鉉을 명하사 다리를 냉수冷水에 씻으라 하시니 봉현鳳鉉이 명

하신 대로 함에 곧 나으니라

8：22  봉현鳳鉉의 이웃사람 강화운姜華運이 창증脹症으로 사경死境에 이르러 죽기만 기다리더니 천사天師의 신성神聖하심을 듣고 그 노부老父가 문앞에 와서 엎드려 살려주시기를 애걸哀乞하니 천사天師 불쌍히 여기사 화운華運에게 가보시니 몸이 크게 부어 다리는 기둥 같고 배는 산과 같거늘 천사天師 가라사대 부골富骨로 생겼다 하시고 손가락으로 부은 배를 짚어 누르시니 한자 깊이나 들어가더라 이에 사물탕四物湯 네 첩帖을 지어다가 두 첩帖은 시렁에 얹어 두고 두 첩帖은 문 밖에 뿌리신 뒤에 글을 써서 불사르시고 봉현鳳鉉의 집으로 돌아오셨더니 이튿날 화운華運의 부친父親이 와서 기뻐하며 가로대 병이 크게 효차效差가 있사오니 한번 더 보아주사이다 하거늘 다시 가보시니 부기浮氣가 거의 내렸더라 이에 미역국에 쌀밥을 말아 먹이라 하시고 돌아오셨다가 이튿날 다시 가사 시렁에 얹었던 사물탕四物湯 두 첩帖을 문 밖에 뿌리시고 활석滑石 한 냥중兩重을 방 가운데 뿌리며 가라사대 이렇게 앉아서만 지낼 것이 아니라 걸어보아야 하리라 하시고 억지로 걷게 하셨더니 이로부터 완쾌完快하여 이렛만에 천사天師께서 군둔리軍屯里로 떠나실 때에 보퉁이를 걸메고 따라가서 사금謝金 삼십냥三十兩을 올리니 천사天師 받지 아니 하시거늘 굳이 올리니 이에 받으사 내왕행인來往行人을 불러 술을 먹이시니라

8：23  또 그 이웃 사람이 아내가 폐병肺病이 중기中期에 들었으므로 천사天師께 와서 살려주시기를 애걸哀乞하니 천사天師 그 집에 가사 청홍염색靑紅染色을 물에 풀어 그 사람으

로 하여금 손으로 젓게 하시니 그 손에 청홍염靑紅染이 들었
더라 천사天師 웃으시며 가라사대 손을 씻지 말고 염색染色
이 저절로 지게 둘지어다 그 염색染色이 질 때에 네 아내의
병이 나으리라 하셨더니 과연果然 그러하니라

8: 24  또 이웃 사람 이명택李明澤이 안질眼疾로 고통하더
니 천사天師께 와서 고쳐주시기를 청하거늘 천사天師 명택明澤
으로 하여금 술을 마시게 하시고 백지白紙에 글을 써서 심
을 빚어 눈에 대이시니 눈물이 흐르고 곧 낫는지라 천사天
師 동천東天을 가리키시며 우러러보라 하시거늘 모두 보니
백주白晝에 밝은 별이 나타났더라

8: 25  봉현鳳鉉의 집에서 여러 날 동안 머무르시다가 떠
나실 새 봉현鳳鉉에게 일러 가라사대 네 집에 생폐生弊가 많
이 되었으나 갚을 것이 없으니 너의 병쇠病衰한 노모老母를
건강케 하여 세상世上 떠날 때까지 무병無病케 하여 주리라
하시고 푸른 대 한 개를 가져오라 하사 천사天師의 발에 맞
추어 끊으신 뒤에 종이에 글을 써서 그 대를 감아서 정문
正門 앞에 가로 놓고 모래로 그 두 머리를 덮은 후에 봉현鳳
鉉에게 일러 가라사대 오늘 밤에 보이는 것이 있으리라 하
시더니 그 날 밤에 그 곳으로부터 서기瑞氣가 일어나서 하
늘에 뻗질러 달빛과 같더라 이로부터 봉현鳳鉉의 노모老母가
강건康健하여 팔십八十이 넘도록 병없이 지내니라

8: 26  김낙범金洛範의 아들 석碩이 폐병肺病으로 사경死境에
이르렀다 하거늘 천사天師 덕찬德贊을 데리고 낙범洛範의 집에
가사 석碩을 사랑으로 업어 내다가 엎드려 놓고 발로 석碩

제팔장第八章  치병治病  283

의 허리를 밟으시며 어디가 아프냐 하시고 손으로 붙들어 일으켜 걸려서 돌려 보내시고 닭 한 마리를 삶아먹이라 하셨더니 이로부터 완쾌<sup>完快</sup>하니라

8: 27 치병<sup>治病</sup> 하실 때에는 흔히 병자<sup>病者</sup>로 하여금 그 가슴과 뱃속을 들여다 보라 하시므로 들여다 보면 속이 훤하게 보이는데 경락<sup>經絡</sup>과 장부<sup>臟腑</sup>를 낱낱이 가리켜 주시며 이곳은 어디고 이곳은 어디인 데 어느 장부<sup>臟腑</sup>에서 병<sup>病</sup>이 났다 하사 다 알게 하시고 또 누릿누릿하게 장부<sup>臟腑</sup>에 끼어있는 것이 담<sup>淡</sup>이라 하시니라

8: 28 정미년<sup>丁未年</sup> 봄에 전주<sup>全州</sup> 이서면<sup>伊西面</sup> 불가지<sup>佛可止</sup> 김성국<sup>金成國</sup>의 집에 계실 때 그 면<sup>面</sup> 황새물 문치도<sup>文致道</sup>가 천사<sup>天師</sup>께 뵈이려 할 때 오는 길에 이성동<sup>二聖洞</sup> 송대유<sup>宋大有</sup>에게 들러서 함께 오려 하였더니 대유<sup>大有</sup>는 마침 일이 있어서 같이 오지 못하고 그 종제<sup>從弟</sup>를 딸려 보내며 가로대 내 종제<sup>從弟</sup>가 폐병<sup>肺病</sup>으로 고통<sup>苦痛</sup>한 지 여러 해라 이제 위기<sup>危期</sup>에 이르렀으니 강선생<sup>姜先生</sup>께 말씀을 잘 하여 좋은 약을 얻어주기를 바라노라 하며 돈 이원<sup>二圓</sup>을 그 종제<sup>從弟</sup>에게 주며 가로대 이것이 약소하나 가지고 가서 술이나 한 잔 공양<sup>供養</sup>하라 그리고 갚을 때에 이자는 없이하라 병자<sup>病者</sup>가 돈을 받았다가 갚으라는 말을 듣고 일원<sup>一圓</sup>을 돌려주며 가로대 일원<sup>一圓</sup>이면 넉넉하외다 하고 치도<sup>致道</sup>를 따라서 와 뵈이니라 치도<sup>致道</sup>가 천사<sup>天師</sup>께 그의 병세<sup>病勢</sup>를 아뢰고 고쳐주시기를 청하니 가라사대 인색<sup>吝嗇</sup>한 자는 병을 고치지 못하느니라 치도<sup>致道</sup>가 대하여 가로대 이 사람이 본래 가난하여 인색<sup>吝嗇</sup>할 거리가 없나이다 가라사대 주는 것을

받아가지고 오지 아니하였으니 어찌 인색吝嗇이 아니리요 병이란 것은 제 믿음과 정성精誠으로 낫느니라 치도致道는 이 말씀을 듣고 신성神聖하심에 놀라고 병자病者는 부끄러워하여 돌아가니라 치도致道가 돈 일원一圓을 내어 성국成國에게 부탁하여 약간의 주효를 준비하여 올린대 천사天師 어데서 난 것임을 물으시니 성국成國이 치도致道가 올렸음을 아뢰거늘 가라사대 그 돈이 오늘 저녁에 많이 불어날 것이어늘 부질없이 소비消費하는도다 하시니 대저大抵 그 돈은 그날 저녁에 노름 밑천을 하려고 하였던 것이라 치도致道가 더욱 놀래어 천신天神이 강세降世하신줄로 믿으니라 치도致道가 물러감을 아뢰니 천사天師 가라사대 병자는 오늘 저녁부터 보리밥을 먹게하라 치도致道가 돌아와서 일렀더니 과연果然 보리밥을 먹음에 미구未久에 나으니라

8: 29  용암리龍岩里 물방앗집 김사유金士有의 협실夾室에 사는 정태문鄭泰文이 천사天師와 함께 여러 날 동안 한방에서 지낼 새 이때 토질土疾로 신고辛苦하여 고쳐주시기를 청하니 천사天師 허락許諾만 하시고 고쳐주지 아니하시더니 하루는 태문泰文에게 일러 가라사대 네가 병을 고치려 하느냐 대하여 가로대 고소원固所願이로소이다 가라사대 내가 모레는 정읍井邑으로 가리니 이제 치료治療하여 주리라 하시고 글을 써 주시며 가라사대 이 글을 네 침방寢房의 베개 위에 두고 자라 그리하여 내일 아침에 일어나서 방문房門을 열면 개가 방문을 향하고 앞발을 모두고 혈담血痰을 토하리니 곧 네 병을 개에게 옮겨서 낫게 함이라 그러나 그 개도 죽지는 아니하리라 태문泰文이 명하신대로 하였더니 과연 말씀하신 바와 같은지라 이에 천사天師를 모시고 술집에 가서 술을

올릴 새 천사<sup>天師</sup> 가라사대 만일 술을 먹고 술 값을 천연<sup>遷</sup><sup>延</sup>하면 먹지 아니함만 같지 못하니 잘 생각하여 하라 태문<sup>泰文</sup>이 가로대 내일 틀림없이 갚으려 하나이다 하고 일곱냥 어치를 먹었더라 이튿날 천사<sup>天師</sup> 정읍<sup>井邑</sup>으로 떠나신 뒤에 태문<sup>泰文</sup>이 술 값을 천천히 주려고 생각하였더니 문득 복통<sup>腹痛</sup>이 나서 고통<sup>苦痛</sup>하다가 술값을 갚지 아니하려 한 까닭인가 하여 나으면 곧 갚으리라고 결심<sup>決心</sup>하니 복통<sup>腹痛</sup>이 곧 낫는지라 이에 술값을 곧 갚으니라

8:30 형렬<sup>亨烈</sup>의 종제<sup>從弟</sup> 준상<sup>俊相</sup>의 아내가 좌우<sup>左右</sup> 발바닥에 종창<sup>腫瘡</sup>이 나서 모든 약에 효험<sup>效驗</sup>을 보지 못하고 마침내 사경<sup>死境</sup>에 이르렀거늘 준상<sup>俊相</sup>이 사방<sup>四方</sup>으로 의원<sup>醫員</sup>을 찾아 의논하니 어떤 의원이 말하되 그 종처<sup>腫處</sup>가 곧 용천혈<sup>龍泉穴</sup>이라 다스리기 어려우나 만일 정성<sup>精誠</sup>을 다하여 고치려 할진대 돈 백냥이 들어야 하리라 하는지라 준상<sup>俊相</sup>이 돌아 와서 탄식<sup>歎息</sup>하여 가로대 집이 가난하여 돈 백냥<sup>百</sup><sup>兩</sup>을 판출<sup>瓣出</sup>하기 어려우니 집을 팔 수 밖에 없다 하더니 천사<sup>天師</sup> 이 말을 들으시고 준상<sup>俊相</sup>을 불러 물어 가라사대 반드시 집을 팔아야 병치료<sup>病治療</sup>를 하겠느냐 대하여 가로대 집을 파는 수 밖 에는 도리<sup>道理</sup>가 없나이다 가라사대 진실<sup>眞</sup><sup>實</sup>로 그러할진대 집 문서<sup>文書</sup>를 써오라 내가 그 의원<sup>醫員</sup>을 대신<sup>代身</sup>하여 고쳐주리라 준상<sup>俊相</sup>이 곧 문서<sup>文書</sup>를 써 올리니 천사<sup>天師</sup> 받아서 불사르시고 손가락으로 물을 찍어서 그 종처<sup>腫處</sup>를 만져 낫게 하신 뒤에 그 집은 준상<sup>俊相</sup>으로 하여금 전과 같이 살게 하시고 다만 머릿방 한 칸만 수리<sup>修理</sup>하여 약방<sup>藥房</sup>을 차리시니라

8: 31   구릿골 박순여<sup>朴順汝</sup>가 반신불수증<sup>半身不隨症</sup>으로 오랫동안 앓다가 천사<sup>天師</sup>께 사람을 보내어 고쳐주시기를 청하거늘 천사<sup>天師</sup> 자현<sup>自賢</sup>에게 물어 가라사대 순여<sup>順汝</sup>의 병을 고쳐줌이 옳으냐 그대로 두어 죽게 함이 옳으냐 네가 마음을 풀어야 하리라 자현<sup>自賢</sup>이 이상<sup>異常</sup>히 여겨 가로대 살려주심이 옳으니이다 가라사대 순여<sup>順汝</sup>가 네게 불평<sup>不平</sup>을 끼칠 일이 많으니 너와 함께 가서 다스리리라 하시고 자현<sup>自賢</sup>을 데리고 순여<sup>順汝</sup>의 집에 이르사 휘파람을 한번 불으시고 병든 다리를 주물러 내리시며 끓인 물 한 그릇을 먹였더니 그 병이 곧 나으니라 대저<sup>大抵</sup> 자현<sup>自賢</sup>이 사교<sup>社交</sup>관계<sup>關係</sup>로 인<sup>因</sup>하여 순여<sup>順汝</sup>에게 불평을 품었는데 천사<sup>天師</sup> 그 일이 척이 되어 있음을 알으시고 물으심이니라

8: 32   구릿골 이재헌<sup>李載憲</sup>의 아내가 병들어서 수년 동안 앓음에 수척<sup>瘦瘠</sup>하여 뼈만 남았거늘 재헌<sup>載憲</sup>이 천사<sup>天師</sup>께 와 뵈옵고 고쳐 주시기를 청하니 가라사대 그 병은 병자가 평소<sup>平素</sup>에 남에게 욕설<sup>辱說</sup>을 많이 하여 그 보응<sup>報應</sup>으로 난 것이니 날마다 회개<sup>悔改</sup>하면 병이 저절로 나으리라 재헌<sup>載憲</sup>이 명하신대로 그 아내를 효유<sup>曉諭</sup>하여 날마다 허물을 뉘우치게 하였더니 그 뒤로 곧 나으니라

8: 33   용암리<sup>龍岩里</sup> 앞 주막<sup>酒幕</sup>을 지나실 새 그 주모<sup>酒母</sup>가 연주나력<sup>連珠瘰癧</sup>으로 여러 해 동안 신고<sup>辛苦</sup>하다가 천사<sup>天師</sup>께 고쳐주시기를 애걸하거늘 천사<sup>天師</sup> 글을 써서 그 집 개에게 던지시니 개는 곧 엎어져 죽고 주모<sup>酒母</sup>의 병은 곧 나으니라

8：34　공우公又의 아내가 겨울에 물을 긷다가 빙판氷板에 엎어져서 허리와 다리를 중상重傷하여 기동起動하지 못하고 누웠거늘 공우公又 크게 걱정하여 청수淸水를 떠놓고 멀리 천사天師 계신 곳을 향하여 아내의 상처傷處를 낫게하여 주시기를 지성至誠으로 빌었더니 그 아내의 상처傷處가 곧 나아 일어나니라 그 뒤에 공우公又가 천사天師께 와 뵈오니 천사天師 웃으시며 가라사대 내환內患으로 얼마나 염려念慮하였느냐 하시더라

8：35　무신년戊申年에 경석京石의 작은 집이 손가락 끝을 바늘에 찔린 것이 독毒이 나서 점점 팔이 저리다가 마침내 반신불수半身不遂가 되었거늘 천사天師 육십六十 간지干支를 쓰시고 한 간지干支씩 읽으심을 따라서 상傷하였던 손가락 끝으로 힘껏 짚으라 하신 뒤에 다시 명하사 술잔을 들고 거닐게 하시니 이로부터 혈기血氣가 돌아 곧 나으니라

8：36　하루는 형렬亨烈의 딸이 병들어 앓는다는 말을 들으시고 문 밖에 나가서 휘파람을 세 번 부신 뒤에 만수萬修를 세 번 부르시니 맑은 하늘에 문득 지미 같은 것이 가득 끼어 지척咫尺을 분별키 어려운지라 천사天師 가라사대 이런 것이 있어서 사람을 많이 병들게 한다 하시고 공중空中을 향하여 입으로 한번 부시니 그 지미 같은 것이 입 바람에 몰려 올라 푸른 하늘을 통通하고 문득 바람이 일어나서 헤쳐버리니 하늘이 다시 맑아지더라 이로부터 형렬亨烈의 딸은 병이 나으니라

8：37　대흥리大興里 거사막巨沙幕 장성원張成遠의 어린 아해兒

孩가 병들어서 낮이면 낫고 밤이면 신열身熱과 기침으로 잠을 자지 못하며 두어달 동안 고통하거늘 성원成遠이 아해兒孩를 안고 와서 고쳐 주시기를 청하니 가라사대 이 증수症祟는 곧 서양으로부터 멀리 온 비별飛鱉이니 산으로 옮기면 금수禽獸도 또한 생명生命이요 바다로 옮기면 어별魚鱉도 또한 생명이니 전선電線에 붙여서 사방으로 흩어지게 하리라 하시고 성원成遠을 명하사 철사鐵絲 두어 자를 구하여 아해兒孩의 머리 위에 두었다가 전선電線대 밑에 버리라 하시니 성원成遠이 그대로 하여 곧 나으니라

8: 38  경학京學의 아들 용주龍冑가 스물 여덟 살인 데 폐병肺病으로 여러해 동안 앓아서 사경死境에 이른지라 경학京學이 천사天師께 아뢰면 곧 나았다가 오래되면 다시 복발復發하여 여전히 앓음으로 온 집안이 걱정으로 지내더니 하루는 밤중에 천사天師 이르사 용주龍冑의 침실寢室로 향하시니 이때에 용주龍冑는 사경死境에 이르러 혼수중昏睡中에 있더라 천사天師 문 밖에서 꾸짖어 가라사대 아비가 오는 데 일어나 맞지 아니하느냐 하시니 용주龍冑 문득 정신精神을 차리거늘 경학京學이 붙들어 일으키려 하니 천사天師 금지禁止하시고 스스로 일어나기를 명하신지라 용주龍冑 억지로 몸을 떨며 일어나거늘 문밖으로 내세워서 한참동안 달음질을 시키시고 밥을 가져다 먹이라 하시니 용주龍冑의 모친母親이 밥짓는 중임을 아뢴대 가라사대 이제야 짓는 밥을 기다릴 수 없으니 용주龍冑의 저녁밥 담아둔 것을 가져오라 경학京學이 그 밥은 식어서 싸늘하여 졌음을 아뢰니 관계關係치 아니하니 가져오라 하사 용주龍冑에게 먹으라 하시니 용주龍冑가 그 밥을 삼분三分의 이二나 먹는지라 가라사대 달음질도

하고 밥도 많이 먹으니 아픈 사람이 아니로다 하시니라 이튿날 정읍井邑으로 가시니 이로부터 용주龍冑의 병이 완쾌完快하니라 그 뒤에 천사天師 약방藥房에 이르사 경학京學에게 일러 가라사대 용주龍冑가 수數를 모르니 수數를 가르쳐야 할지라 속速히 보내라 하시니 경학京學이 돌아가서 용주龍冑를 약방으로 보내니라 이때에 당국當局에서 엽전葉錢을 모아 없애려하거늘 천사天師 엽전葉錢 일흔냥을 약방에 갈머두시며 가라사대 아직 다 없애는 것이 불가不可하다 하시더니 용주龍冑가 이른 뒤에 엽전葉錢 두 푼으로 수數를 두시다가 가라사대 이 방에 있는 엽전葉錢이 도합都合 백두 냥 두 푼이어야 하리니 여러 사람에게 있는 것까지 다 찾아내어서 헤어보라 종도從徒들이 각기 가진 돈을 털어내어 약방藥房에 갈머둔 돈까지 합하여 계산하니 백 두냥밖에 되지 않는지라 천사天師 가라사대 맞지 아니하면 못쓰리니 잘 찾아보라 이에 각 사람의 주머니를 더듬으니 형렬亨烈의 부수쌈지에 총전摠錢 한 푼이 있고 약방궤藥房櫃 속에 또 한 푼이 있더라 이 뒤에 엽전葉錢은 전국全國이 다 쓰지 않게 되었으나 원평 부근院坪附近 만은 수십년數十年 후 경오庚午 신미辛未까지 쓰게 되었더라

8 : 39  이 뒤에 경학京學이 병들어 위독危篤하거늘 천사天師 알으시고 사물탕四物湯 한 첩帖을 달여서 땅에 붓고 달빛을 우러러보라 하시니 경학京學이 그대로 하여 나으니라

8 : 40  경학京學이 내환內患이 있어서 독삼탕獨蔘湯을 많이 쓰다가 천사天師께 약의 가부可否를 묻거늘 가라사대 인삼은 내가 모르는 약이로다 하시니라

8: 41  하루는 용머리 고개에 계실 새 김낙범金洛範이 천포창天疱瘡을 앓으면서 모시더니 천사天師 문득 진노震怒하사 꾸짖어 가라사대 네가 어찌 어른 앞에서 그렇게 태만怠慢하느뇨 하시니 낙범洛範이 다만 머리를 숙여 한편으로는 황송하게 생각하고 한편으로 이상히 여기다가 집으로 돌아와서 허물을 생각하되 깨닫지 못하고 황송惶悚히 지내더니 그 뒤로 천포창天疱瘡이 곧 낫거늘 비로소 천사天師의 진노震怒하심과 꾸짖으심이 곧 약임을 깨달으니라

8: 42  수류면水流面 회평會坪사는 십팔구세十八九歲 된 소년少年 광부鑛夫가 큰 돌에 상傷하여 다리가 부러지고 힘줄이 떨어져 마침내 그대로 굳어서 다리가 오그러져 굴신屈伸을 못하므로 천사天師께 와서 고쳐주시기를 애걸哀乞하거늘 가라사대 남의 눈에 눈물을 흘리게 하면 내 눈에는 피가 흐르느니라 하시며 몸을 뛰어서 골절骨節과 혈맥血脈을 충동衝動하라 하시니 그 소년少年이 몸을 솟아 한번 뜀에 오그라졌던 다리가 곧 펴져서 굴신屈伸을 마음대로 하게 되니라

8: 43  구릿골 이정삼李正三이 발찌가 나서 크게 고통苦痛하거늘 천사天師 보시고 광찬光贊을 명하사 백호白虎를 쳐주시니 그 병이 곧 나으니라

8: 44  구릿골 앞에서 술장사하는 평양집의 아들이 다섯 살 되었는데 앉은뱅이가 되어서 일어나지 못하므로 천사天師께 안고 와서 고쳐 주시기를 청하거늘 가라사대 내일 아침에 쇠고기와 참기름을 좀 먹이고 안고 오라 하시니 평양집이 가난하므로 쇠고기는 사 먹이지 못하고 참기름만

먹인 뒤에 안고 와서 그 일을 아뢰니 천사<sup>天師</sup> 누으사 아무 말씀도 아니하신지라 평양집이 심히 미안하여 아해<sup>兒孩</sup>를 때리며 가로대 병신<sup>病身</sup>이 되려거든 차라리 죽으라 하니 아해<sup>兒孩</sup>가 울며 문득 다리를 펴고 일어나서 피하여 달아나거늘 평양집이 그 광경을 보고 심히 기뻐하며 천사<sup>天師</sup>께 감사<sup>感謝</sup>하되 천사<sup>天師</sup>께서는 아무 말씀도 아니하시니라

8：45　황응종<sup>黃應鍾</sup>이 천사<sup>天師</sup>를 뵈려고 새올 최창조<sup>崔昌祚</sup>의 집에 이르니 마침 곡성<sup>哭聲</sup>이 들리거늘 응종<sup>應鍾</sup>이 들어가지 아니하고 창조<sup>昌祚</sup>를 불러내어 그 사연<sup>事緣</sup>을 말하니 창조<sup>昌祚</sup>가 들어가서 천사<sup>天師</sup>께 아뢴 뒤에 나와서 일러 가로대 선생<sup>先生</sup>이 이제 내 집에 계시나 지금<sup>只今</sup> 보시는 일이 있으니 좀 지체<sup>遲滯</sup>하라 하므로 응종<sup>應鍾</sup>이 그 앞 주막<sup>酒幕</sup>에 나가서 기다리려 하였더니 곧 부르시거늘 들어가서 천사<sup>天師</sup>께 뵈이니 천사<sup>天師</sup> 창조<sup>昌祚</sup>의 일곱 살 된 아들을 무릎 위에 눕혀 안으셨는데 곧 숨이 끊어진 송장이러라 대저<sup>大抵</sup> 창조<sup>昌祚</sup>의 아들이 그 전날 급증<sup>急症</sup>에 걸려서 죽었으므로 창조<sup>昌祚</sup>가 천사<sup>天師</sup> 계신 곳으로 찾아 가서 죽은 아해<sup>兒孩</sup>를 살려주기를 애걸<sup>哀乞</sup>하니 천사<sup>天師</sup> 이 때에 방장<sup>方將</sup> 창조<sup>昌祚</sup>의 집에 오사 죽은 아해<sup>兒孩</sup>를 살리려 하심이러라 천사<sup>天師</sup> 손으로 아해<sup>兒孩</sup>의 배를 만지시고 숟갈로 냉수<sup>冷水</sup>를 떠서 아해<sup>兒孩</sup>의 입에 넣으시니 죽은 아해<sup>兒孩</sup>가 왼다리를 움직이거늘 천사<sup>天師</sup> 꾸짖어 가라사대 네가 어찌 어른 앞에 누워 있느냐 하시니 죽은 아해<sup>兒孩</sup>가 문득 눈을 뜨고 정신<sup>精神</sup>을 차려 일어나거늘 천사<sup>天師</sup> 모든 사람에게 사담<sup>私談</sup>을 금하시며 가라사대 이 아해<sup>兒孩</sup>가 머나먼 천리길을 갔다 왔으니 고요히 있어야 할지라 안방으로 옮겨 눕히고 미음<sup>米飮</sup>을 쑤

어 먹이라 하셨더니 이튿날 그 아해兒孩가 사랑舍廊에 나오거늘 그 입에 참기름을 바르시고 밥을 먹이시니라

8: 46 고부古阜 벌매면 교동伐梅面 校洞 손병욱孫秉旭이 지성至誠으로 천사天師를 믿으나 그 아내가 불쾌不快히 생각하여 항상恒常 병욱秉旭의 믿음을 방해妨害하되 공우公又에게는 심히 후대厚待하더니 그 뒤에 병이 들어 골절骨節이 쑤시고 입맛을 잃어 식음食飮을 전폐全廢하여 사경死境에 이르렀거늘 공우公又가 듣고 불쌍히 여겨 천사天師께 아뢰어 고쳐주려고 생각하였더니 하루는 정읍井邑으로부터 천사天師를 모시고 와룡리臥龍里 네거리에 이르렀는데 이 곳에서 북北으로 가면 회룡리回龍里 신경수申京洙의 집에 이르고 서북西北으로 가면 교동校洞 황응종黃應鍾의 집에 이르는지라 천사天師 네거리 한복판에 서시며 공우公又에게 물어 가라사대 어디로 가는 것이 마땅하냐 공우公又 대하여 가로대 응종應鍾의 집으로 가사이다 천사天師 허락許諾지 아니하시고 이윽히 서계시다가 다시 물으시거늘 공우公又 또 응종應鍾의 집으로 가시기를 청하고 이렇게 세 번 물으심에 한결 같이 대답하니 부득이不得已하사 응종應鍾의 집으로 가셨다가 곧 공우公又를 데리고 병욱秉旭의 집에 이르사 안방에 들어 앉으시며 병욱秉旭에게 물어 가라사대 돈 서돈이 있느냐 대하여 가로대 있나이다 하고 혜여 올리니 공우公又를 명하사 갚어두게 하시고 또 가라사대 두 냥이 있느냐 가로대 있나이다 하며 혜여 올리니 또 공우公又로 하여금 갚어두게 하신 뒤에 병욱秉旭의 아내를 불러 앞에 앉히시고 꾸짖어 가라사대 왜 그리하였느냐 하며 이렇게 세번 말씀하신 뒤에 머리를 한쪽으로 돌리시며 혼자 말씀으로 다른 죽을 사람에게 가라 하

시니라 병욱秉旭이 천사天師께 공양供養할 술을 준비準備하려 하거늘 가라사대 나 먹을 술은 있으니 준비準備하지 말라 하시더니 과연 병욱秉旭의 장모丈母가 천사天師께서 오셨음을 알고 술과 안주를 가져오니라 술을 마시신 뒤에 응종應鍾의 집으로 가사 잠을 자지 아니하시고 새벽에 떠나사 구릿골로 향하실 새 길에서 공우公又에게 일러 가라사대 사나이가 잘 되려고 하는 데 아내가 방해하니 제 연분緣分이 아니라 신명神明들이 없이하려 하는 것을 구하여 주었노라 이제 병은 나았으나 이 뒤로 잉태孕胎는 못하리라 하시더니 과연 그 뒤로는 잉태孕胎하지 못하니라

8: 47　부친父親이 병들어서 위독危篤하거늘 응종應鍾이 병보病報를 아뢰려고 구릿골에 이르러 천사天師 계신 곳을 물으니 전주 능소陵所에 계신다 하거늘 다시 그곳으로 떠나가니 구릿골에서 칠십리七十里러라 능소에 이르러 천사天師를 뵈옵고 병보病報를 아뢰니 천사天師 술을 주신 뒤에 돈 십원十圓을 주시며 가라사대 날은 이미 늦었으나 불쾌不快한 마음을 품지 말고 곧 돌아가다가 청도원淸道院 김송환金松煥의 집에 들러 자고 내일 아침에 구릿골 갑칠甲七에게 가서 내 모시두루마기 한 벌을 가지고 집에 돌아가 부친父親께 입히고 이 돈으로 자양물滋養物을 사서 잘 공양供養하라 응종應鍾이 날은 이미 저물었으나 감히 명을 어기지 못하고 능소陵所를 떠났더니 길 걸은지 한 시간時間이 못 되어 뜻 밖에 길가에 비碑가 보이거늘 자세仔細히 살피니 곧 청도원淸道院이라 응종應鍾이 놀라 생각하되 능소陵所에서 여기가 육십리六十里인데 한 시간時間도 못 되어서 이르게됨은 반드시 선생先生의 권능權能에 밀려옴이로다 하니라 송환松煥의 집에 들러

자고 이튿날 아침에 구릿골에 들러 두루마기를 가지고 손바래기에 이르러 부친父親께 두루마기를 입히니 병이 곧 낫는지라 이에 자양물滋養物을 사서 공양供養하니 원기元氣도 곧 회복恢復되니라

8: 48  김보경金甫京의 모母가 병이 위독危篤하여 사경死境에 이르렀더니 마침 천사天師께서 이르시거늘 보경甫京이 울며 사유事由를 아뢰니 가라사대 사람이 죽으면 그 방 네 구석에 글을 써 붙이는 풍속風俗이 있느니라 하시고 종이 네 쪼각에 각기 사람인자人字를 쓰시고 그 아래 김보경金甫京이라 써서 보경甫京에게 주사 병실病室 네 구석에 붙이라 하시고 다시 보경甫京을 부르시더니 문득 소리를 높이사 정신精神차리라 하시니 보경甫京이 어찌 할줄 모르고 섰는지라 천사天師 병실病室에 다녀 오라 하시거늘 보경甫京이 병실病室에 들어가니 그 모母가 회생하였더라

8: 49  하루는 종도從徒들을 데리고 어디를 가시다가 한 주막酒幕에 드시니 그 주인主人이 창중脹症으로 사경死境에 이르렀더니 종도從徒에게 일러 가라사대 저 병을 치료治療하여 주라 하시며 「대학지도 재명명덕 재신민 재지어지선 大學之道 在明明德 在新民 在止於至善」을 읽히시니 금시今時에 아래로 물이 흘러내리고 부기浮氣가 빠지는지라 천사天師 웃으시며 가라사대 너희들의 재조才操가 묘妙하도다 하시고 떠나시니라 종도從徒들이 대학수장大學首章 한절節로 병을 치료治療한 이유理由를 물으니 가라사대 재신민在新民이라 하였으니 새 사람이 되지 않겠느냐 하시니라

8：50  김준찬金俊贊의 모母가 견비통肩臂痛으로 여러 해 동안 앓아 팔을 굴신屈伸하지 못하더니 하루는 형 덕찬德贊이 천사天師를 모시고 이르거늘 준찬俊贊의 소실小室의 집 침실寢室을 치우고 천사天師를 모셨더니 천사天師 가라사대 네 모친母親이 견비통肩臂痛으로 고통苦痛하느냐 대하여 가로대 그러하나이다 또 혼자 말씀하시되 밖 인심人心은 좋으나 안 인심人心은 좋지 못하도다 하시거늘 준찬俊贊이 이상히 여겨 안에 들어가 살피니 그 소실小室이 제 침실寢室 치운 것을 불평不平히 생각하여 노기怒氣를 띠고 있는지라 준찬俊贊이 잘 달래어 어루만지니 이튿날부터 그 모친의 견비통肩臂痛이 저절로 나아서 굴신屈伸을 마음대로 하니 이로부터 준찬俊贊은 크게 감복感服하여 천사天師를 따르니라

8：51  응종應鍾의 아들이 병들어 위독危篤하거늘 응종應鍾이 청수淸水를 떠놓고 천사天師 계신 곳을 향하여 발원發願하니 그 병이 곧 낫는지라 이튿날 구리골에 와서 천사天師께 뵈이니 천사天師 물어 가라사대 어제 구름을 타고 내려와 본즉 네가 손을 부비고 있었으니 무슨 일이 있었느냐 하시거늘 응종應鍾이 그 일을 아뢰니 천사天師 웃으시니라

8：52  준찬俊贊의 아들이 병들어 사경死境에 이르거늘 준찬俊贊이 구릿골에 와서 천사天師께 아뢰니 천사天師 아무 말씀도 아니하시므로 준찬俊贊이 초조焦燥하여 곧 돌아가기를 아뢰니 천사天師 만류挽留하사 밤을 지내고 가라 하시므로 명을 어기지 못하여 뜬 눈으로 밤을 새고 이튿날 아침에 떠나서 집에 돌아가니 병든 아들이 나아서 쾌활하게 노는지라 그 병세病勢가 나은 때를 물으니 곧 천사天師께 병세病勢

를 아뢰던 시간時間이러라

8: 53  김준상金俊相의 아내가 흉복통胸腹痛이 있어서 해마다 두서너 번씩 앓아 형용形容이 초췌憔悴할 뿐 아니라 살림을 거두지 못하여 항상 집안이 어지럽거늘 준상俊相이 천사天師께 아뢰며 고쳐주시기를 청하니 천사天師 불쌍히 여기사 사성음四聖飮 한 첩帖을 지어 주시며 장농藏籠 속에 깊이 갊아 두라 하시거늘 준상俊相이 명하신 대로 하였더니 그 뒤로는 그 증수症祟가 다시 일어나지 아니하니라

8: 54  대흥리大興里 신재인申才人의 아들이 흉복통胸腹痛으로 사경死境에 이른지라 신재인申才人이 와서 고쳐 주시기를 청하거늘 가라사대 돝 한 마리를 잡아서 삶아오라 재인才人이 명하신 대로 하려 하였더니 문득 다시 가라사대 미구未久에 돝고기 석 점이 이르리니 돝을 잡지 말라 하시니 이윽고 차윤경車輪京이 제사祭祀 지낸 집에 가서 술상을 가져오니 과연 술상에 돝고기 석 점이 있는지라 드디어 재인才人에게 주사 그 아들에게 먹이게 하시니 흉복통胸腹痛이 곧 나으니라

8: 55  동짓달에 고수부高首婦께서 안질眼疾을 앓으시거늘 윤경輪京이 구릿골에 가서 천사天師께 고하였더니 스무이렛날 밤에 천사天師께서 종도從徒들을 데리고 오사 저녁밥을 수저를 돌려 함께 먹으시며 종도從徒들을 명하사 「경주용담 대도덕 봉천명 봉신교 대선생전 여율령 심행 선지후각 원형이정 포교 오십년공부 慶州龍潭 大道德 奉天命 奉神敎 大先生前 如律令 審行 先知後覺 元亨利貞 布敎 五十年 工夫」를 읽게 하시고 천사天師께서 수부首婦를 팔에 안아

재우시더니 날이 장차$^{將次}$ 밝으려 할 때에 수부$^{首婦}$께서 잠을 깨어 눈을 뜨니 눈에서 뜨거운 눈물이 많이 흘러 내리고 인하여 안질$^{眼疾}$이 낫는지라 수일동안 수부$^{首婦}$의 안력$^{眼力}$을 검사$^{檢査}$하실 새 기$^{旗}$ 수십개$^{數十個}$를 세우고 그 아래 한 사람씩 세우신 뒤에 사람의 이름을 낱낱이 물어 알게 하시고 또 깃발에 글자를 써놓고 낱낱이 물어 알게 하시고 밤에는 등불을 향하여 불 모양을 물어 분명히 알게 하시더니 하루는 천사$^{天師}$께서 입으신 색$^{色}$저고리를 수부$^{首婦}$에게 입히시고 밖으로 나가서 집을 돌아 뒷문으로 들어오라 하시고 막 들어올 때에 미리 엎어두었던 양푼을 들라 하시거늘 수부$^{首婦}$께서 들어보니 그 밑에 머리털 한 개가 있는지라 그 털을 들고 아뢰니 천사$^{天師}$ 가라사대 이제는 염려$^{念慮}$없다 하시니라

8: 56 하루는 고수부$^{高首婦}$의 모친$^{母親}$이 단독$^{丹毒}$을 앓는다는 기별$^{寄別}$을 듣고 근친$^{覲親}$하려 하다가 천사$^{天師}$께서 좀 기다려서 함께 가자 하시므로 마음으로 기뻐하여 기다리시더니 얼마 아니되어서 모친$^{母親}$이 들어와서 아랫방에 앉거늘 천사$^{天師}$ 가라사대 「왕대 뿌리에 왕대나고 시누대 뿌리에 시누대 나나니 딸이 잘 되도록 축수$^{祝手}$ 하시라」고 부탁$^{付託}$하시더니 이로부터 단독$^{丹毒}$이 곧 나으니라

8: 57 하루는 원일$^{元一}$의 집에 이르사 원일$^{元一}$에게 일러 가라사대 네가 내종$^{內腫}$으로 죽게 되었으므로 살리려 왔노라 원일$^{元一}$이 놀라 가로대 아무 병도 없나이다 가라사대 그렇지 아니하니 국수를 사서 잘 말아오라 원일$^{元一}$이 명하신 대로 하여 국수를 말아오니 한 그릇을 먹이시고 가라

사대 속이 어떠하냐 가로대 별로 다른 일이 없나이다 다시 한 그릇을 먹이시고 또 물으시니 가로대 속이 쓰리나이다 가라사대 대변大便을 보고 살펴보라 원일元一이 나가서 대변大便을 보니 대변大便이 전부全部 고름이러라

8: 58  이도삼李道三의 딸이 병들어 죽거늘 그 모친母親이 울며 가로대 선생先生이 계시면 이 아해兒孩를 살릴 터인데 지금 어디 계신지 알 수 없으니 이 일을 어찌하리요 하더니 저물음에 천사天師 이르사 가라사대 이 아해兒孩가 죽지 아니하였으니 울지 말라 울면 살리지 못하리라 하시고 도삼道三을 명하사 달속에 무엇이 있는가 보라 하시니 도삼道三이 달을 우러러 보고 대하여 가로대 달 가운데 어린 아해兒孩가 있나이다 가라사대 네 딸이 살았으니 이름을 월례月禮라하라 하시더니 그 딸이 과연果然 다시 살아나니라

8: 59  병을 아뢰는 자가 있으면 세 손가락으로 담뱃대에 짚어서 진맥診脈하기도 하시고 혹 방바닥에 짚어서 진맥診脈하기도 하시며 또 병자病者와의 관계關係를 물으사 일가一家나 척분戚分이 되지 않는다 하면 그 부형父兄과의 관계를 물으사 또 아무 관계가 없다고 하는 때에는 어찌 무관계無關係한 사람이 왔느냐 하시며 곧 물리쳐 보내시나 그 병은 낫게 하시니라

8: 60  종도從徒들 중에 무슨 병고病故가 있어서 와서 아뢰는 자가 있으면 그 증세症勢의 어떠함을 물으신 뒤에는 아무 법을 베푸심이 없어도 나으며 만일 위경危境에 이른 사람이면 그 증수症祟를 가름하여 앓으시면 곧 나았나니 가령

배앓는 사람이면 문득 배아프다고 한번 말씀하시고 머리 앓는 사람이면 머리 아프다고 한번 말씀하실 따름이니라 그러므로 하루는 형렬$^{亨烈}$이 여쭈어 가로대 병을 낫게 하여 주시며 아해$^{兒孩}$를 낳게 하여 주시고도 아무 말씀을 아니하시니 그 공$^{功}$을 알아줄 사람이 없겠나이다 천사$^{天師}$ 가라사대 병만 낫고 아해$^{兒孩}$만 나으면 가$^{可}$할지니 공$^{功}$을 알게 할 필요가 있으리요 공덕$^{功德}$을 남에게 알게 하려는 것은 소인$^{小人}$의 일이니라 하시니라

## 제구장第九章 화천化天

9: 1  무신년戊申年에 천사天師 여러 종도從徒들에게 물어 가라사대 내가 비록 죽을 지라도 너희들이 마음을 변變치 않고 믿겠느냐 대하여 가로대 어찌 변할리가 있사오리까 이에 천사天師 글 한귀를 외워 주시니 이러하니라 「무어별시정약월 유기래처신통조 無語別時情若月 有期來處信通潮」

9: 2  고수부高首婦에게 일러 가라사대 내가 없으면 여덟가지 병으로 어떻게 고통하리요 그중에 단독丹毒이 크니니 이제 그 독기毒氣를 제除하리라 하시고 그 손등에 침을 바르시니라

9: 3  또 고수부高首婦에게 일러 가라사대 내가 없으면 그 크나큰 세 살림을 어떻게 홀로 맡아서 처리處理하리요 하시니 고수부高首婦는 천사天師께서 어느 외처外處에 출입出入하겠다는 말씀으로 알았더라

9: 4  동짓달에 광찬光贊이 개벽開闢을 속히 붙이지 아니하심에 불평不平을 품어 항상恒常 좌석坐席을 시끄럽게 하며 가로대 내가 집안 일을 돌보지 아니하고 여러해 동안 선생先生을 따른것은 하루바삐 새 세상世上을 보자는 일이어늘 이렇게 시일時日만 천연遷延함에 집에 돌아가서 처자妻子 권속眷屬을 대할 낯이 없으니 차라리 스스로 생명生命을 끊음만 같지 못하다 하거늘 천사天師 일깨워 가라사대 개벽開闢이란 것은 때와 기회機會가 있나니 마음을 눅혀 어린 짓을 버리라 사지종용事之從容도 자아유지自我由之하고 사지분란事之紛亂도

자아유지自我由之하나니 자방子房의 종용從容과 공명孔明의 정대正大를 본받으라 하시고 또 가라사대 죽는 일은 장차將次 내게서 보라 하시니라

9: 5  기유년己酉年 이월二月에 자현自賢을 데리고 김제金堤 내주평內住坪 정남기鄭南基의 집에 가사 일러 가라사대 이 길이 나의 마지막 길이니 처족妻族들을 낱낱이 찾으리라 하시며 등불을 들리시고 밤새도록 여러 집을 찾으신 뒤에 이튿날 새벽에 수각리水閣里 임상옥林相玉의 집에 가사 공사公事를 보시고 만경萬頃 삼거리三巨里에 이르사 쉬시며 가라사대 오늘 오후午後에 흰 무지개가 해를 꿰이리니 내가 잊어버리더라도 네가 잘 살펴보라 하시더니 과연果然 오후午後에 백홍白虹이 관일貫日하니라

9: 6  삼월三月에 자현自賢에게 물어 가라사대 학질로도 사람이 상傷하느냐 자현自賢이 대하여 가로대 학질이 세즉차次에는 거적을 가지고 달려든다 하오니 이 말이 상傷한다는 말일 것이외다 가라사대 진실로 그러하리라 하시고 전주全州로 가셨더니 그 뒤에 자현自賢의 여든 살 된 조모祖母가 문득 학질을 앓아서 세즉되는 날 죽거늘 천사天師 돌아와서 가라사대 학질瘧疾로 상한다 함이 옳도다 하시고 만들어 놓은 널 안에 누우시며 가라사대 내 몸에 맞는다 하시더니 그 뒤에 자현自賢을 불러 일러 가라사대 널 한벌을 만들어야 하겠으니 박춘경朴春京의 집에서 파는 관재棺材 중에서 잘 맞을 것으로 가져오라 내가 장차將次 죽으리라 자현自賢이 가로대 선생이시여 어찌 이런 상서祥瑞롭지 못한 말씀을 하시나이까 천사天師 가라사대 네가 내 말을 믿지 아니 하는

도다 하시니라

9: 7  하루는 종도從徒들에게 일러 가라사대 나의 얼굴을 잘 익혀두라 후일後日에 내가 출세出世 할 때에는 눈이 부시어 보기 어려우리라 또 가라사대 예로부터 신선神仙이란 말을 전설傳說로만 들어왔고 본 사람이 없었으나 오직 너희들은 신선神仙을 보리라

9: 8  또 가라사대 사람의 죽음길이 먼 것이 아니라 문턱 밖이 곧 저승이니 나는 죽고 살기를 뜻대로 하노라

9: 9  또 가라사대 내가 금산사金山寺로 들어가서 불양답佛養畓이나 차지하리라

9: 10  하루는 종도從徒들에게 일러 가라사대 이 세상이 너무 악惡하여 몸 둘 곳이 없으므로 장차 깊이 숨으려 하노니 어디가 합당合當하리요 원일元一이 대하여 가로대 변산邊山 속에 은벽隱僻한 곳이 많으니 그곳으로 가사이다 한데 천사天師 대답치 아니하시니라

9: 11  또 가라사대 내가 금산사金山寺로 들어가리니 나를 보고 싶거든 금산사金山寺로 오라

9: 12  유월六月에 원일元一이 여쭈어 가로대 천하天下는 어느 때 정定하려 하시나이까 가라사대 이제 천하天下를 도모圖謀하려 떠나리니 일을 다 본 뒤에 돌아오리라 하시니라

제구장第九章  화천化天  _303

9: 13  응종應鍾에게 일러 가라사대 내가 없을 때에 네가 나를 보지 못하여 애통哀痛하며 이곳에 내왕來往하는 거동擧動이 내 눈에 선연하게 보이노니 내가 네 등 뒤에 있어도 너는 보지 못할 것이요 내가 찾아야 서로 만나리라 하시니라

9: 14  종도從徒들에게 일러 가라사대 내가 이제 몸을 피하려 하노니 너희들이 능能히 찾겠느냐 모두 대하여 가로대 찾겠나이다 가라사대 너희들은 나를 찾지 못할 것이요 내가 너희들을 찾아야 만나보게 되리라 하시니라

9: 15  상말에 이제 보니 수원水原 나그네라 하나니 누구인지 모르고 대하다가 다시 보니 낯이 익고 아는 사람이라는 말이니 낯을 잘 익혀두라

9: 16  또 가라사대 내가 장차將次 열 석자로 오리라 하시니라

9: 17  유월六月 초 열흘께 모든 종도從徒들에게 유월六月 스무날 구릿골 약방藥房으로 모이라고 통지通知를 발發하시니라

9: 18  스무날 여러 종도從徒들이 구릿골에 모이니 천사天師 앞에 한 줄로 꿇려 앉히시고 물어 가라사대 너희들이 나를 믿느냐 모두 대하여 가로대 믿나이다 가라사대 죽어도 믿겠느냐 모두 대하여 가로대 죽어도 믿겠나이다 또 가라사대 한 사람만 있어도 나의 일은 성립成立되리라 하시

니 대개$^{大槪}$ 종도$^{從徒}$들은 천하사$^{天下事}$를 도모$^{圖謀}$하는데 위지$^{危}$$^{地}$에 들어가서 죽게 될지라도 믿겠느냐는 뜻으로 알았더라

9: 19  천사$^{天師}$ 천지공사$^{天地公事}$를 마치셨음을 종도$^{從徒}$들에게 성명$^{聲明}$하시니 경학$^{京學}$이 여쭈어 가로대 공사$^{公事}$를 마치셨으면 나서시기를 바라나이다 가라사대 사람들이 없으므로 나서지 못하노라 경학$^{京學}$이 가로대 제가 비록 무능$^{無}$$^{能}$하오나 몸이 닳도록 두 사람의 일을 대행$^{代行}$하려 하나이다 가라사대 그렇게 되지 못하느니라 경학$^{京學}$이 가로대 그러면 우리는 모두 쓸데없는 사람이오니 선생$^{先生}$을 따른들 무슨 소용이 있으리이까 하고 모든 종도$^{從徒}$들에게 일러 가로대 우리는 다 복$^{福}$없는 사람이니 함께 손잡고 물러감이 옳도다 하고 일어서서 문 밖으로 나가니 천사$^{天師}$ 만류$^{挽留}$하여 가라사대 좀 기다리라 하시거늘 경학$^{京學}$이 거역$^{拒逆}$치 못하고 다시 들어오니 천사$^{天師}$ 드디어 누우사 여러가지 병을 번갈아 앓으시며 가라사대 내가 이러한 모든 병을 대속$^{代贖}$하여 세계 창생$^{蒼生}$으로 하여금 영원한 강령을 얻게 하리라 하시더라 이렇게 모든 병을 두어시간씩 번갈아 앓으시되 매양 한 가지 증수$^{症祟}$를 앓으신 뒤에는 문득 일어나 앉으사 약을 알았다 하시고 거울을 들어 얼굴을 이윽히 보시면 그 수척$^{瘦瘠}$하고 열기$^{熱氣}$가 떠 올랐던 기상$^{氣像}$이 씻은 듯이 곧 원기$^{元氣}$를 회복$^{恢復}$하시니 그 증수$^{症祟}$는 대략 운기$^{運氣}$ 상한$^{傷寒}$ 황달$^{黃疸}$ 내종$^{內腫}$ 호열자$^{虎列刺}$ 등속$^{等屬}$이러라 다시 가라사대 세상$^{世上}$에 있는 모든 병을 다 대속$^{代贖}$하였으나 오직 괴병$^{怪病}$은 그대로 남겨두고 너희들에게 의통$^{醫統}$을 전하리라 하시니라

9: 20  이때에 돈 사십원四十圓을 궤櫃속에 넣어 두시고 다른 곳에 쓰지 못하게 하시니라

9: 21  이 때에 갑칠甲七에게 장령將令을 붙여 서양으로부터 우사雨師를 넘겨 오신 뒤에 유찬명柳贊明이 여쭈어 가로대 이러한 묘한 법을 세상 사람이 다 알지 못하니 원컨대 세상 사람으로 하여금 널리 알게 하소서 천사天師 가라사대 너는 내가 길게 살기를 바라는 도다 하시고 옛글을 외어주시니 이러하니라 「치아곡문모하지 위도청산채채지 일락서산인불견 갱장하설답제아 稚兒哭問母何之 爲道靑山採菜遲 日落西山人不見 更將何說答啼兒」 또 남원南原 양봉래楊蓬萊의 자만시自挽詩를 외어주시니 이러하니라 「시중이백주중령 일거청산진적요 우거강남양진사 자고방초우소소 詩中李白酒中伶 一去靑山盡寂寥 又去江南楊進士 鷓鴣芳草雨蕭蕭」

9: 22  스무 하룻날 저녁에 송환松煥으로 하여금 자현自賢을 부르사 물어 가라사대 네가 나를 믿느냐 자현自賢이 대하여 가로대 내가 만일 믿음이 부족할진대 고부古阜 화란禍亂 끝에 곧 배반背反하였을 것이외다 천사天師 가라사대 네 말이 옳도다 내가 이제 일이 있어서 장차 어디로 떠나려 하노니 돌아오도록 잘 믿고 있으라 만일 내 그늘을 벗어나면 죽으리라 자현自賢이 청하여 가로대 내가 모시고 따라 가려 하나이다 가라사대 너는 갈 곳이 못 되느니라

9: 23  스무이튿날 형렬亨烈을 불러 물어 가라사대 네가 나를 믿느냐 대하여 가로대 믿나이다 가라사대 성인聖人의

말은 한마디도 땅에 떨어지지 아니하나니 옛적에 자사<sup>子思</sup>는 성인<sup>聖人</sup>이라 위후<sup>魏候</sup>에게 말하되 「약차불이<sup>若此不已</sup> 국무유의<sup>國無有矣</sup>」라 하였으나 위후<sup>魏候</sup>가 그 말을 쓰지 아니하였으므로 위국<sup>魏國</sup>이 참혹<sup>慘酷</sup>히 망하였나니 나의 말도 또한 땅에 떨어지지 아니할지니 오직 너는 나의 말을 믿으라 또 가라사대 믿는 자가 한 사람만 있어도 나의 일은 되리니 너는 알아서 할지어다

9: 24 또 형렬<sup>亨烈</sup>에게 물어 가라사대 네가 내 사무<sup>事務</sup>를 대신 보겠느냐 형렬<sup>亨烈</sup>이 대하여 가로되 재질<sup>才質</sup>이 둔<sup>鈍</sup>하고 배운 바 없사오니 어찌 능<sup>能</sup>히 감당<sup>堪當</sup>하리이까 가라사대 미유학양자이후<sup>未有學養子而後</sup>에 가자야<sup>嫁者也</sup>라 우순<sup>虞舜</sup>이 역산<sup>歷山</sup>에 밭갈고 뇌택<sup>雷澤</sup>에 고기잡고 하빈<sup>河濱</sup>에 질점할 때에 선기옥형<sup>璿璣玉衡</sup>을 알지 못하였나니 당국<sup>當局</sup>하면 아느니라

9: 25 또 형렬<sup>亨烈</sup>에게 일러 가라사대 모든 일에 삼가하여 무한유사지불명<sup>無限有司之不明</sup>하라 마속<sup>馬謖</sup>은 공명<sup>孔明</sup>의 친구<sup>親舊</sup>로되 처사<sup>處事</sup>를 잘 못하므로 휘루참지<sup>揮淚斬之</sup>하였느니라

9: 26 이달 초 열흘께 부터 음식<sup>飮食</sup>을 폐<sup>廢</sup>하고 소주<sup>燒酒</sup>만 마시시다가 스무 이튿날 형렬<sup>亨烈</sup>을 명하사 보리밥을 지어오라 하시니 곧 지어 올리거늘 천사<sup>天師</sup> 보시고 가져다두라 하시더니 반<sup>半</sup>나절을 지낸 뒤에 명하사 다시 가져오니 밥이 쉬었거늘 가라사대 이는 절록<sup>絶祿</sup>이니라 하시니라

9: 27 스무사흘날 오전에 여러 제자<sup>弟子</sup>들에게 일러 가

라사대 이제 때가 바쁜지라 너희들 중에 임술생壬戌生으로서 누이나 딸이 있거든 수부首婦로 내 세우라 하시니 형렬亨烈이 대하여 가로대 수부首婦는 저의 딸로 들여 세우겠나이다 가라사대 세수洗手 시키고 빨은 옷을 갈아입혀서 데려오라 하시니 형렬亨烈이 명하신 대로 하여 그 딸을 약방藥房으로 데려오거늘 천사天師 제자弟子들로 하여금 약장藥藏을 방房 한 가운데로 옮겨 놓게 하신 뒤에 형렬亨烈의 딸을 명하사 약장藥藏 주위周圍를 세 번 돌게하신 뒤에 그 옆에 서게 하시고 경석京石을 명하사 「대시태조 출세 제왕 장상 방백 수령 창생점고 후비소 大時太祖 出世 帝王 將相 方伯 守令 蒼生點考 后妃所」라는 글을 쓰게 하시니 경석京石이 받아 씀에 후비소后妃所를 후비소后妣所라 썼거늘 가라사대 잘 못썼다 하사 불사르시고 다시 쓰게하사 약장藥藏에 붙이게 하신 뒤에 가라사대 이것이 예식禮式이니 너희들이 증인證人이 되라 하시고 형렬亨烈의 딸을 돌려보내신 다음에 경석京石으로 하여금 그 글을 거두어 불사르시니라

9: 28 이날 오후午後에 약방藥房 마루 위에 누우셨다가 다시 뜰에 누우시고 또 사립문 밖에 누우셨다가 형렬亨烈에게 업혀서 형렬亨烈의 집에 가서 누우셨다가 다시 약방藥房으로 돌아오사 이렇게 너댓번 왕복往復하시니 형렬亨烈이 심히 피곤疲困하거늘 경석京石이 가름하여 두어번을 왕복往復한 뒤에 또 다섯사람을 시켜 사지四肢와 머리를 각기 붙들어 떠 메이고 약방藥房으로 가서 누우사 가라사대 죽고 살기는 쉬우니 몸에 있는 정기精氣를 흩으면 죽고 모으면 사느니라 하시며 경석京石으로 하여금 「전라북도 고부군 우덕면 객망리 강일순서신사명 全羅北道 古阜郡 優德面 客望里 姜一

淳西神司命」이라 써서 불사르시니라

9∶29  이날 밤에 공우公又를 침실寢室로 불러들여 일러 가라사대 네 입술에 곤륜산崑崙山을 달라 무진戊辰 동지冬至에 기두起頭하여 묻는 자가 있으리니 의통인패醫統印牌 한벌을 전하라 나머지가 너희들 차지가 되리라

9∶30  스무 나흗날 신축辛丑 아침에 형렬亨烈을 명命하사 밀수蜜水 한 그릇을 가져오라 하사 마시시고 사시巳時에 모든 종도從徒들은 문 밖으로 물러가고 경석京石이 들어오거늘 흘겨 보시며 가라사대 정가鄭哥 정가鄭哥 글도 무식無識하고 똑똑치도 못한 것이 무슨 정가鄭哥냐 하시고 곧 화천化天하시니 단군기원檀君紀元 사천이백사십이년四千二百四十二年 이조순종李朝順宗 융희삼년隆熙三年 기유己酉 유월六月 이십사일二十四日 서력기원西曆紀元 일천구백구년一千九百九年 팔월八月 구일九日이라 수壽는 삼십구세三十九歲러라

9∶31  여러 종도從徒들이 천사天師의 시체屍體를 방안에 모시고 문을 닫고 나와서 탄식歎息하여 가로대 허망虛妄한 일이로다 대인大人의 죽음이 어찌 이렇게 아무 이상이 없이 잠자는 것과 같으리오 하니 문득 비가 뿌리며 우뢰雨雷가 크게 일어나고 번개가 번쩍이더라

9∶32  이날 손바래기 본댁本宅에 부고訃告하여 천사天師의 부친父親을 모셔오고 궤櫃 안에 장치藏置한 돈으로 치상治喪해서 구릿골앞 큰 골 장탯날 기슭에 외빈外殯하니라

# 대순전경<sup>大巡典經</sup> 삼간사<sup>三刊辭</sup>

 1  대순<sup>大巡</sup> 오십삼년<sup>五十三年</sup> 임술년간<sup>壬戌年間</sup>에 내가 서울에 가서 공개포교<sup>公開布教</sup>할 때에 천사<sup>天師</sup>의 일대<sup>一代</sup> 언행<sup>言行</sup>을 수집<sup>蒐集</sup>하여 써 경전<sup>經典</sup>을 편찬<sup>編纂</sup>하여야 할 필요<sup>必要</sup>를 통감<sup>痛感</sup>하였었다 이에 차월곡<sup>車月谷</sup> 선생<sup>先生</sup>에게서 재료를 수집하기 시작하였으며 그 뒤 을축년<sup>乙丑年</sup>에 김태운<sup>金太雲</sup> 선생<sup>先生</sup>을 만나 많은 재료<sup>材料</sup>를 얻었었다 그리하여 병인년<sup>丙寅年</sup> 삼월<sup>三月</sup>에 두 선생<sup>先生</sup>에게서 얻은 재료<sup>材料</sup>를 수집<sup>蒐集</sup>해서 증산천사공사기<sup>甑山天師公事記</sup>라는 제호<sup>題號</sup>로 간행<sup>刊行</sup>한 일이 있었다

 2  그 뒤로 계속<sup>繼續</sup>하여 친자종도<sup>親炙從徒</sup> 여러분을 방문<sup>訪問</sup>하며 천사<sup>天師</sup>께서 순유<sup>巡遊</sup>하시던 지대<sup>地帶</sup>를 답사<sup>踏査</sup>하고 천사<sup>天師</sup>께 지면<sup>知面</sup>이 있던 촌로<sup>村老</sup>들을 역방<sup>歷訪</sup>함에 재료<sup>材料</sup>가 더욱 많이 수집<sup>蒐集</sup>되어서 대순<sup>大巡</sup> 오십구년<sup>五十九年</sup> 기사<sup>己巳</sup> 삼월<sup>三月</sup>에 비로소 십삼장<sup>十三章</sup>으로 분류<sup>分類</sup> 편찬<sup>編纂</sup>한 국한문본<sup>國漢文本</sup> 대순전경<sup>大巡典經</sup>을 초간<sup>初刊</sup>하게 되었었다 그러나 일제시대의 시휘<sup>時諱</sup>관계<sup>關係</sup>로 수집<sup>蒐集</sup>된 재료중<sup>材料中</sup>에서 가장 중요<sup>重要</sup>한 것은 기재<sup>記載</sup>할 수 없었을 뿐 아니라 기재<sup>記載</sup>된 부분중<sup>部分中</sup>에서도 삭제<sup>削除</sup>를 많이 당하였으므로 이로써 천사<sup>天師</sup>의 진체<sup>眞諦</sup>를 구명<sup>究明</sup>하기 어렵게 되었던 것은 만부득이<sup>萬不得已</sup>한 사정<sup>事情</sup>이 있었다

 3  그 뒤에 교우<sup>教友</sup>들 중에서 국문본<sup>國文本</sup>을 희망<sup>希望</sup>하는 분이 많으므로 대순<sup>大巡</sup> 육십삼년<sup>六十三年</sup> 계유<sup>癸酉</sup> 칠월<sup>七月</sup>에 국문본<sup>國文本</sup>으로 재간<sup>再刊</sup>할 때 분류중<sup>分類中</sup>에 문명<sup>文明</sup>과 인고

문명$^{引古文明}$과 이표$^{異票}$를 다른 장$^{章}$으로 합쳐서 십장$^{十章}$으로 줄이고 또 시휘$^{時諱}$에 크게 꺼리끼지 아니할 만한 재료$^{材料}$를 더 증보$^{增補}$하였으나 역시$^{亦是}$ 중요$^{重要}$한 재료$^{材料}$는 기재$^{記載}$할 수 없었음은 유감$^{遺憾}$이 아닐 수 없었다

    4  을유$^{乙酉}$해방$^{解放}$으로 세태$^{世態}$가 일변$^{一變}$함에 언론$^{言論}$ 집회$^{集會}$ 출판$^{出版}$ 신앙$^{信仰}$ 사대$^{四大}$자유$^{自由}$를 보장$^{保障}$하는 세계$^{世界}$정의$^{正義}$의 은광$^{恩光}$ 아래서 수십년$^{數十年}$ 동안 수집$^{蒐集}$하여 두었던 모든 재료$^{材料}$를 전부$^{全部}$ 망라$^{網羅}$하고 크게 정리$^{整理}$를 행하여 분류중$^{分類中}$에 유년시대$^{幼年時代}$와 유력$^{遊歷}$ 두 장$^{章}$을 합$^{合}$하여 유소시대$^{幼少時代}$라고 장명$^{章名}$을 고치고 전부$^{全部}$ 구장$^{九章}$에 분류$^{分類}$하여 완편$^{完編}$을 이루어 한자현역$^{漢字懸譯}$ 국문본$^{國文本}$으로 삼판$^{三版}$을 발행$^{發行}$할 준비$^{準備}$를 진행$^{進行}$하여 오다가 이제야 비로소 간행$^{刊行}$하게 되었노라

    5  구년간$^{九年間}$ 공사$^{公事}$와 일대$^{一代}$ 성훈중$^{聖訓中}$에서 근소$^{僅少}$한 수집$^{蒐集}$에 지나지 못한다 할지나 갑진$^{甲辰}$을사$^{乙巳}$양년간$^{兩年間}$ 공사$^{公事}$가 궐루$^{闕漏}$된 이외$^{以外}$에는 주요$^{主要}$한 것이 거의 전부$^{全部}$ 수집$^{蒐集}$되었으며 이제는 친자종도$^{親炙從徒}$들도 오직 삼사인$^{三四人}$이 재세$^{在世}$할 뿐이요 천사$^{天師}$께 지면$^{知面}$이 있던 촌로$^{村老}$들도 거의 다 서세$^{逝世}$하였음에 더 듣고 수집$^{蒐集}$할 곳이 없게 되었으므로 이로써 대순전경$^{大巡典經}$의 완벽$^{完璧}$을 고$^{告}$하노니 이 전경$^{典經}$이 우리의 유일$^{唯一}$한 신앙$^{信仰}$ 표본$^{標本}$이 되는 동안 지아$^{知我}$ 죄아$^{罪我}$의 책임$^{責任}$을 후세$^{後世}$ 영년$^{永年}$에 지게 될 것을 특$^{特}$히 성명$^{聲明}$하노라

    6  대순전경$^{大巡典經}$ 한자제호$^{漢字題號}$는 순교동지$^{殉敎同志}$ 고$^{故}$

312_ 대순전경$^{大巡典經}$

임경호씨林敬鎬氏의 필적筆蹟으로 초판初版에 사용使用하였던 것을 인용因用하였노니 동지同志의 평소平素 정성精誠과 순교대의殉敎大義를 이로써 영원永遠히 기념記念코자 함이로다

7  간행刊行할 때마다 교우敎友 동지同志들의 지성至誠 협력協力을 감사感謝하오며 이번 삼간三刊에는 미증유未曾有의 물가등귀物價騰貴로 인因하여 간행刊行할 길이 막연漠然하여 협력協力하신 여러 동지同志들의 후의厚誼를 저버리게 될까 염려念慮하였더니 뜻밖에 남상기南相錡 유태효劉泰孝 양씨兩氏의 헌신적獻身的 노력努力과 김헌식씨金憲植氏의 특지적特志的 알선斡旋으로 간행刊行하게 되노라 이제 초간初刊 이래以來 여러 동지同志들의 협력協力과 정성精誠을 기념記念하기 위爲하여 만세성전萬世誠典이란 제호題號로써 여러 동지同志들의 성명姓名을 기재記載하여 전傳하노니 대순전경大巡典經이 후천後天 만세萬世의 빛이 되는 동안 여러 동지同志들의 정성精誠이 또한 만세萬世의 공덕功德이 될 것을 확신確信하는 바이로다

　　　　　　　대순 칠십칠년 십이월 이십이일 저자 지
　　　　　　　大巡 七十七年 十二月 二十二日 著者 識

## 개정판 1쇄 출간을 기리며

　대순전경 12판을 간행한 것이 18년 전이다. 전경의 속간이 이토록 천연된 데는 여러 가지 사정이 있겠지만 그 중에 가장 주된 이유는 바로 지속적인 수요의 감소 때문이라 해야 할 것이다. 이제 다시 전경을 출간함은 12판의 재고가 보존 본을 제외할 경우 얼마 남지 않았고 차츰 이 책을 찾는 분들이 늘어나고 있는 까닭이다.

　개정판을 간행한다 해서 그 내용을 새로이 첨삭한 것이 아니라 세로로 조판되어 있는 본문을 가로쓰기와 좌철 제본으로 바꾸고 간혹 눈에 뜨이는 오·탈자와 문맥상 어긋나는 문장과 호칭, 그리고 띄어쓰기를 바로잡는데 그쳤다. 이 부문에 대한 논란과 시비는 오롯이 저작권과 판권을 소유한 본 편집자가 감당할 것임을 밝히는 한편, 여러 가지 어려움에도 불구하고 개정판 전경의 출간에 도움을 주신 강희정 종령, 여러 교우들과 교정에 노고를 아끼지 않은 김기태 교우에게 감사를 드린다.

　끝으로 이제 세상에 내어놓는 대순전경 개정판을 부디 많은 사람들이 찾아 읽어 쇄를 거듭함으로써 증산甑山 천사天師의 높은 뜻과 가르침이 세상 모든 곳에 닿아 드러나기를 바라는 마음 간절하다.

2019. 6, 30

이　영　옥 拜

## 만세성전 萬世誠典

| | | | |
|---|---|---|---|
| 강기식 | 강대웅 | 강문규 | 강영선 |
| 강희정 | 곽인자 | 구재희 | 권연란 |
| 김기태 | 김미숙 | 김민자 | 김일신 |
| 김재학 | 김한수 | 김현승 | 박덕자 |
| 박보경 | 박복신 | 박상현 | 박희수 |
| 변태석 | 소계열 | 신광희 | 신용찬 |
| 심능래 | 예종백 | 오은숙 | 오창건 |
| 위재현 | 윤서준 | 윤석분 | 윤성인 |
| 윤예주 | 윤제천 | 이용규 | 이재원 |
| 이종분 | 장안웅 | 전영숙 | 전정순 |
| 조병재 | 조종근 | 최영돈 | 최영순 |
| 최윤석 | 최정숙 | 하주영 | 하지민 |
| 하지희 | 하현균 | 황경수 | 황보영희 |
| 황보정 | | | |

# 大巡典經

| | | | |
|---|---|---|---|
| 1929년 | 7월 | 30일 | 초판 국한문본 발행 |
| 1933년 | 7월 | 15일 | 재판 국한문본 발행 |
| 1947년 | 12월 | 22일 | 3판 대한자현역국문본 발행 |
| 1949년 | 2월 | 16일 | 4판 발행 |
| 1960년 | 5월 | 20일 | 5판 발행 |
| 1965년 | 12월 | 22일 | 6판 발행 |
| 1975년 | 11월 | 25일 | 7판 발행 |
| 1979년 | 1월 | 30일 | 8판 발행 |
| 1982년 | 7월 | 30일 | 9판 발행 |
| 1987년 | 3월 | 26일 | 10판 발행 |
| 1991년 | 3월 | 26일 | 11판 발행 |
| 2001년 | 1월 | 26일 | 12판 발행 |
| 2019년 | 6월 | 30일 | 개정판 1쇄 발행 |

지은이    李 祥 昊
발행인    李 永 玉
발행처    도서출판 **말과 글**
         등록 제 471-2016-000002호
         전라북도 김제시 금산면 우림로 7-27
         Tel   070- 8814- 3290
         E-mail : okl22@hanmail.net
판매원    증산교 본부
         전북 김제시 금산면 모악8길 35-4
         Tel   063) 542- 3315

ISBN    979-11-962378-2-0    03290

· 지은이와의 협약에 의해 인지를 붙이지 않습니다.
· 잘못된 책은 바꿔 드립니다.
· 이 책에 실린 글과 사진의 무단 전재와 복제를 금합니다.

값 30,000원